思想道德与法治
实践教程

主　编　杨丽莉　杨　娟
副主编　刘书良　李秋实
参　编　杨雁骄　张　傲　张静茹　江舶诚
　　　　李凯琳　翟雪霏　李　悦

北京理工大学出版社
BEIJING INSTITUTE OF TECHNOLOGY PRESS

内容提要

本书为"思想道德与法治"课程实践教材，全书主要内容包括担当复兴大任 成就时代新人、领悟人生真谛 把握人生方向、追求远大理想 坚定崇高信念、继承优良传统 弘扬中国精神、明确价值要求 践行价值准则、遵守道德规范 锤炼道德品格、学习法治思想 提升法治素养，内容涵盖知识框架、教学目标、引经据典、中国故事、明辨思考、实践课堂和参考资料七部分。本实践教程凝结了教学团队老师的心血，展现了教学团队对德法课的思考和探索。

本书可作为高等院校各专业学生教材，也可作为相关人员参考用书。

版权专有　侵权必究

图书在版编目（CIP）数据

思想道德与法治实践教程 / 杨丽莉，杨娟主编. -- 北京：北京理工大学出版社，2023.7

ISBN 978-7-5763-2567-6

Ⅰ.①思… Ⅱ.①杨… ②杨… Ⅲ.①思想政治教育－中国－高等职业教育－教材 Ⅳ.①G641

中国国家版本馆CIP数据核字（2023）第125718号

责任编辑：王晓莉		文案编辑：王晓莉	
责任校对：周瑞红		责任印制：王美丽	

出版发行 / 北京理工大学出版社有限责任公司

社　　址 / 北京市丰台区四合庄路6号

邮　　编 / 100070

电　　话 /（010）68914026（教材售后服务热线）

　　　　　（010）68944437（课件资源服务热线）

网　　址 / http：//www.bitpress.com.cn

版 印 次 / 2023年7月第1版第1次印刷

印　　刷 / 河北鑫彩博图印刷有限公司

开　　本 / 787 mm×1092 mm　1/16

印　　张 / 12.5

字　　数 / 271千字

定　　价 / 38.00元

图书出现印装质量问题，请拨打售后服务热线，负责调换

前 言 Foreword

本书严格按照高等教育出版社马克思主义理论研究和建设工程重点教材《思想道德与法治》的教材内容进行编写，目的是在思想政治理论课教学中做到理论课教学与实践课教学相结合，通过实践课堂的运用进一步提升思想政治理论课的亲和力、实践性，以及学生对思想政治理论课堂的参与度和获得感。

本书针对高等院校学生编写，体现出实践内容的整合性、创新性、实用性、可操作性。本书主要内容包括担当复兴大任　成就时代新人、领悟人生真谛　把握人生方向、追求远大理想　坚定崇高信念、继承优良传统　弘扬中国精神、明确价值要求　践行价值准则、遵守道德规范　锤炼道德品格、学习法治思想　提升法治素养。本书亮点在于每章融合了中华优秀传统文化，引入"中国故事"，通过中国故事的传播，使学生能够对世界观、人生观、价值观有更加准确的理解和定位；"明辨思考"是本书的着眼点，是关于"中国故事"的思考，使学生能够提升思维能力，更加具象化地辨别是非，明白道理；更加立体化地对每章进行学习，使学生能够树立正确的世界观、人生观、价值观、道德观、法治观和社会主义核心价值观。本书的实践特色在于加入了"实践课堂"，旨在使学生在"实践课堂"通过丰富的教学实践活动，翻转课堂，让学生主动参与到学习中，由被动学习转变为主动学习，从学习中感悟生活，认真积极地对待生活，从而提高实践能力，在实践中实现自己的人生价值，争当实现中华民族伟大复兴的时代新人。

本书由长春职业技术学院杨丽莉、杨娟担任主编，由长春职业技术学院刘书良、李秋实担任副主编。具体编写分工如下：第三章和第六章由杨娟编写；绪论、第五章、第二章的一、二、

三、五、六由杨丽莉编写;第四章由刘书良编写;第一章、第二章的四由李秋实编写。长春职业技术学院杨雁骄、张傲、张静茹、江舶诚、李凯琳、翟雪霏、李悦参与了本书的编写工作。全书由杨娟统稿。

本书在编写过程中参阅了大量文献资料,在此向原作者致以衷心的感谢!由于编写时间仓促,编者的经验和水平有限,书中难免有待商榷之处,恳请专家和读者批评指正。

编　者

目 录 Contents

绪论　担当复兴大任　成就时代新人 ·· 1
　　一、知识框架 ··· 1
　　二、教学目标 ··· 2
　　三、引经据典 ··· 2
　　四、中国故事 ··· 3
　　五、明辨思考 ··· 26
　　六、实践课堂 ··· 27

第一章　领悟人生真谛　把握人生方向 ·· 30
　　一、知识框架 ··· 30
　　二、教学目标 ··· 31
　　三、引经据典 ··· 31
　　四、中国故事 ··· 32
　　五、明辨思考 ··· 49
　　六、实践课堂 ··· 50

第二章　追求远大理想　坚定崇高信念 ·· 53
　　一、知识框架 ··· 53
　　二、教学目标 ··· 54
　　三、引经据典 ··· 54
　　四、中国故事 ··· 55
　　五、明辨思考 ··· 77
　　六、实践课堂 ··· 77

第三章　继承优良传统　弘扬中国精神 ·· 80
　　一、知识框架 ··· 80

- 二、教学目标 ... 81
- 三、引经据典 ... 81
- 四、中国故事 ... 82
- 五、明辨思考 ... 103
- 六、实践课堂 ... 103
- 七、参考资料 ... 105

第四章　明确价值要求　践行价值准则 ... 106
- 一、知识框架 ... 106
- 二、教学目标 ... 106
- 三、引经据典 ... 107
- 四、中国故事 ... 108
- 五、明辨思考 ... 136
- 六、实践课堂 ... 136
- 七、参考资料 ... 138

第五章　遵守道德规范　锤炼道德品格 ... 139
- 一、知识框架 ... 139
- 二、教学目标 ... 140
- 三、引经据典 ... 141
- 四、中国故事 ... 142
- 五、明辨思考 ... 165
- 六、实践课堂 ... 165

第六章　学习法治思想　提升法治素养 ... 168
- 一、知识框架 ... 168
- 二、教学目标 ... 169
- 三、引经据典 ... 170
- 四、中国故事 ... 172
- 五、明辨思考 ... 187
- 六、实践课堂 ... 187

参考文献 ... 193

绪论　担当复兴大任　成就时代新人

一、知识框架

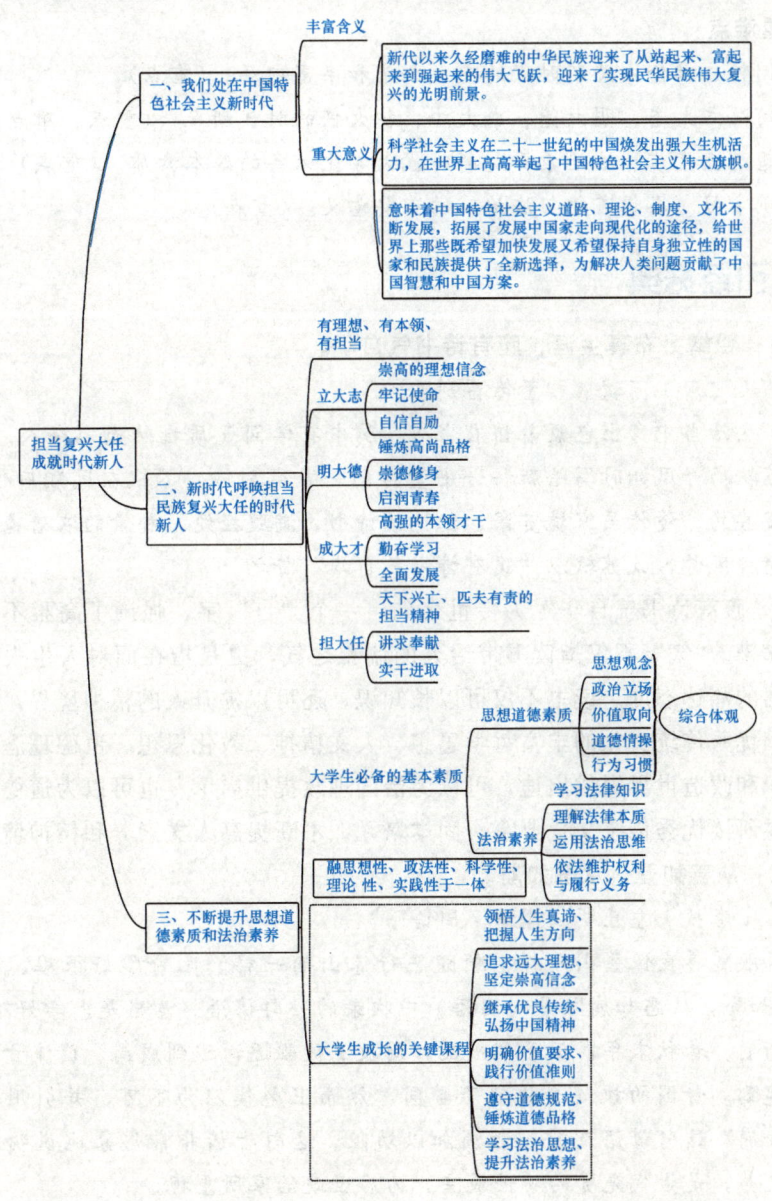

二、教学目标

知识目标：理解所处的历史方位新时代的内涵及重要意义；明确新时代对时代新人提出的要求；了解学习本门课程的重要意义。

能力目标：能够领悟时代新人要以民族复兴为己任，以有理想、有本领、有担当为根本要求，以立大志、明大德、成大才、担大任为自身使命。

素质目标：提升自身的思想道德素质和法治素养，成为中国特色社会主义事业的合格建设者和可靠接班人，立志成为新时代的奋进者、开拓者、奉献者。

教学重难点：

1. 中国特色社会主义新时代的重大意义和丰富内涵。（重点）
2. 如何做立大志、明大德、成大才、担大任的时代新人。（重点、难点）
3. 思想道德素质和法治素养是新时代大学生必备的基本素质。（重点）
4. 明确学习《思想道德与法治》的重要意义。（重点）

三、引经据典

原典1：粗缯大布裹生涯，腹有诗书气自华。

出处：〔北宋〕苏轼《和董传留别》

释义：生活当中身上包裹着粗衣劣布，胸中有学问气质自然光彩夺人。《和董传留别》是苏轼离开凤翔时写给新科进士董传的一首留别诗。苏轼在凤翔府任判官时，与董传私交甚笃。董传虽家境贫寒，但饱读诗书，满腹经纶，朴素的衣着掩不住他积极进取的精神风骨，故苏轼以"腹有诗书气自华"赞之。

解读："腹有诗书气自华"为传世名句，一个"自"字，强调了高雅不凡的气质源于书香熏染。"气"不仅指读书带给人的儒雅之气，更是指在面对人生失意和窘迫时所表现出的豁达态度。读书不仅可以长知识，还可以提升人的精神境界，使人气质高雅。中国优秀传统文化的丰富哲学思想、人文精神、教化思想、道德理念等，可以为人们认识和改造世界提供启迪，可以为治国理政提供启示，也可以为道德建设提供启发。通过研读优秀传统文化典籍，固本培元，不断提高人文素养和精神境界。

原典2：从善如登，从恶如崩。

出处：〔春秋〕左丘明《国语·周语下》

释义：顺随善良像登山一样，顺随恶行像山崩一样。比喻学好很难，学坏极容易。"从善如登，从恶如崩"是《国语》中收录的一句谚语。意思是，学好难如登山，学坏易似山崩。春秋末年，王子朝叛乱，周敬王被驱逐，逃到成周。诸流亡大臣拟在成周筑城建都。晋国的执政者魏献子赞同，然而卫彪傒以为不可，并引用"从善如登，从恶如崩"这句谚语及前朝教训加以劝阻。这句古谚非常形象地说明了从善之难、从恶之易，是古代先贤的劝世箴言，为后世政治家所重视。

解读：难和易的对比，在"修身"方面，体现尤其明显。善德善行，大多与节制、奉献、坚持有关，要有更强的意志品质、更高的精神境界，因而显得尤其艰难。而恶德恶行，往往会给人一时的快感和享受，因而让人沉迷放纵。从善越是难、从恶越是易，领导干部就越要加强内心自律。一次雪崩，往往是由一片雪花引起。对于普通人，这就需要自觉树立和践行社会主义核心价值观，始终保持积极的人生态度、良好的道德品质、健康的生活情趣；而领导干部更需要心怀坚定的意志，努力做到慎独、慎初、慎微，固守内心那一方净土。

原典 3：空谈误国，实干兴邦。

出处：〔明末清初〕顾炎武《日知录》

释义：只泛泛而谈地讨论国家大事、不联系实际解决问题，会耽误国家的发展，只有脚踏实地、真抓实干，才能使国家兴旺发达。顾炎武是生活在明末清初的人，眼见明朝灭亡这样一个惨剧，他在反思明朝为什么灭亡后得出一个结论：明朝灭亡的一个重要原因就是大家崇尚空谈。所以，这种空谈误国是一个千古教训。事实证明，实干才可以兴邦。

解读：实现中华民族伟大复兴，绝非易事，距离实现中华民族伟大复兴中国梦越近，就越需要我们不能松懈，越需要我们更加努力，越需要大家撸起袖子加油干。因为新时代需要无数的实干家。

四、中国故事

中国故事 1　中国核潜艇先驱黄旭华

2019 年 10 月，黄旭华这位共和国的第一代攻击型核潜艇和战略导弹核潜艇总设计师，从习近平总书记手中接过了国家最高科学技术奖奖章。

作为中国工程院院士、共和国勋章获得者、2013 年度感动中国人物、全国道德模范，功勋卓著、光环加身，黄旭华的科研成就得到了举国认可。那么，到底是什么样的经历让他成为顶尖科学家？又是什么样的精神力量支撑他为我国核潜艇事业奋斗终身呢？

1924 年（一说 1926 年），黄旭华出生于广东省海丰县的一个小镇，他从小的志愿是学医，想成为一名好医生，继承父母治病救人的志愿。然而小学毕业时，正好"七七事变"爆发，沿海城市的学校大多被迫停办，日军攻占长沙，西南大撤退开始。而黄旭华不得不徒步赶往已经搬迁到重庆的学校。

"想轰炸就轰炸，想登陆就登陆，中国这么大的土地，我却连可以安心读书的地方都没有，什么道理！"这是黄旭华在《开讲啦》说到的。尽管怀着悲愤的心情，他也深深明白，这是因为我们国家太弱了！弱国就要受欺凌，受宰割。于是，他下定决心要学航空、学造船，要制造飞机，制造军舰，要科学救国！黄旭华以造船系第一名的成绩进入当时的国立交通大学（今上海交通大学），学术成长由此起步。

1958年，中国启动核潜艇研制工程。首批只有29人，平均年龄不到30岁，而黄旭华就是其中一员，也是从那时候起，他再也没有离开过核潜艇的研制领域。

社会主义建设初期，我国为了早日掌握核潜艇的研制技术，突破帝国主义国家对我们的包围、封锁，曾经寄希望于苏联的技术援助，赫鲁晓夫在他的回忆录里写过这样几句话："中国要研制核潜艇，简直是异想天开。"他傲慢地拒绝了中国的要求，说核潜艇技术复杂、要求高、花钱多，中国没有水平，也没有能力来研制核潜艇。毛泽东听后非常气愤并表示，核潜艇，一万年也要搞出来。至此，中国走上了独立自主研制核潜艇的道路。黄旭华也因此更加坚定了献身核潜艇事业的人生方向。

1965年，核潜艇研制工作全面启动，核潜艇总体研究设计所在辽宁葫芦岛成立，黄旭华开始了"荒岛求索"的人生。

进入研制领域后，黄旭华不仅面临国家科学技术水平和工业生产能力低弱的问题，更大的困难在于这方面的人才一个也没有，不仅缺乏相关专业知识，也没有任何可以参考的技术资料。摆在黄旭华和同事们面前的情况十分棘手。于是他们就从国外浩瀚的报刊中寻找，用大海捞针的方式，把零零碎碎的资料经过分析、整理、汇总，拼出美国核潜艇的总体布局。甚至，对被"弄来"的两个美国"华盛顿"号导弹核潜艇的儿童玩具模型爱不释手，多次把这两个模型肢解，拆了装、装了拆，然后发现这两个模型同搜集到的资料基本一致，这加大了他们研制的信心。没有条件就创造条件。那时的计算工具只有算盘和计算尺，为了使计算结果准确可信，他们分两组同时进行，两组结果不一样就从头再来，因为核潜艇的重心和重量直接关系它的不沉性，所以对于计算结果要求特别严苛。在没有高科技手段控制的基础上，黄旭华他们想出了一个"土办法"，就是在船台入口处摆了个秤，只要是拿进船台的东西不管是什么都要过秤并记录在案，同样，施工过程中拿出船台的任何东西也要称一称，几年下来，天天如此，于是大家就称之为"斤斤计较"。这就是核潜艇研制初期的状况。条件虽然艰苦，但是大家依然克服任何困难，创造条件，干劲十足。

时光运转，我国迎来核潜艇首次深潜试验。新型号的潜水艇在研制最后阶段，交付海军使用之前，都必须进行极限深度的深潜试验。深潜试验是一个风险性很大、考验性很强的试验。一张扑克牌大小的面积要承受一吨多的海水压力，任何一块钢板不合格、一条焊缝有问题、一条管道不牢固、一个阀门没封严，承受不起海水压力，都可能造成艇废人亡的后果。

美国有一艘叫作"长尾鲨"号的王牌核潜艇，1963年在做一次深潜试验时，下潜还不到200米就沉没海底了，全艇官兵无人生还。试乘人员担心会像美国海军那样一去不复返，思想波动较大，有个别人给家里写信，说要出去执行任务，万一回不来，有种种未了的事情，请家里代为料理，其实就是遗书。

黄旭华作为总工程师，当下决定与试乘人员一起下去。"艇的结构设计和数据测试都是安全的，我很有信心，也请大家放心；万一有情况，我同大家一起处理。"黄旭华说，"我们要去把试验数据完整地拿回来！"他这样做，不仅稳定人心、鼓舞士气，更重要的是在整个深潜过程中，如果出现异常现象，可以协助艇上人员及时采取措施，避免恶性事故扩大，最重要的是要保障艇上170名试乘人员的生命安全。

10米、100米、200米……核潜艇不断向极限深度下潜。海水挤压着艇体，舱内不时发出"咔嗒、咔嗒"的巨大声响，每一秒都惊心动魄。只见黄旭华，全程沉着冷静、全神贯注地记录和测量着各种数据。

成功了！核潜艇稳稳地潜到了极限深度。当核潜艇浮出水面时，现场人群沸腾了。此时，黄旭华终于掩饰不住激动的心情，欣然题诗："花甲痴翁，志探龙宫。惊涛骇浪，乐在其中！"

然而，忠孝难两全，1958年到1986年，黄旭华从上海调去北京，直接就被留在北京，三十年没有回过海丰老家探望父母，家人不知道他在什么单位，更不知道他在干什么。离家研制核潜艇时，刚三十出头，等到回家见到亲人时，他已是六十多岁的白发老人了。而他的父亲直到去世也未能再见他一面。1987年，上海一家杂志刊登了报告文学《赫赫而无名的人生》，比较详细地介绍了中国核潜艇总设计师的人生经历，于是，他把这份报告文学寄给了自己的母亲。这篇文章永远只提"黄总设计师"，没有具体名字，但它提到了黄总设计师的夫人李世英的名字。母亲这时才知道，这就是30年没有回过老家而被弟弟妹妹们误解为不要家、忘记了养育父母的"不孝"的三儿子。母亲一而再再而三地阅读这篇文章，满脸泪水，痛心之余也自豪不已，还把子孙们都召集到跟前说："你们三哥的事情，大家要理解，要谅解。"

黄旭华曾说："当祖国需要我一次把血流光的时候，我就一次流光；当祖国需要我一滴一滴流血的时候，我就一滴一滴地流！"他用一生诠释了"对国家的忠，就是对父母最大的孝。"

中国成为继美国、苏联、英国、法国之后世界上第五个拥有核潜艇的国家，辽阔海疆从此有了护卫国土的"水下移动长城"。

在夫人李世英的眼中，黄旭华好像永远没有歇一歇的时候，有时甚至有些"痴傻"。有时思考问题太入迷，出门时竟没发现左右脚的鞋穿反了，一路走到办公室。平日在家，黄旭华只顾趴在书桌前埋头搞科研，饭也不吃，头发长了也不管。"他说去理发店要排队很久，浪费时间。"无奈之下，李世英只得买了理发工具，在家为黄旭华剪发。这一剪，就是大半辈子。黄旭华爱好音乐，口琴吹得十分好听，但他又很忙，一架扬琴摆在角落落了灰，等到想起来弹，弦已经坏了。他自称是"一个不称职的儿子、不称职的丈夫、不称职的父亲"，黄旭华对家人满是愧疚。"我要感谢我的夫人，我要上艇深潜，她支持我；父亲去世我不能回家奔丧，她理解我；女儿小时候摔倒在山沟，在医院躺了九天九夜，怕影响我工作，她一人承担了下来，我回到家里才知道……我代表所有科研人员感谢她和所有女同志！"

黄旭华的视力一度因严重白内障受到影响，甚至看不清女儿的脸，自觉科研生涯走到了尽头。2018年，黄旭华做完白内障手术，摘下纱布的那一刻，他连手机上的小字都能看清了，乐得像个孩子。如今黄旭华近百岁高龄，他的眼睛依然炯炯有神，他身上那股热情和干劲，亦如六十年前一样。

今天的中国，已经和当年不可同日而语，作为见证人、引领者，以黄旭华为代表的核潜艇阵线广大员工呕心沥血、隐姓埋名，奉献了他们一生最宝贵的年华。正如词作家阎肃写的词：

试问大海碧波，何谓以身许国？
青丝化作白发，依旧铁马冰河。
磊落平生无限爱，尽付无言高歌。

学习思考

"时代到处是惊涛骇浪，你埋下头，甘心做沉默的砥柱；一穷二白的年代，你挺起胸，成为国家最大的财富。你的人生，正如深海中的潜艇，无声，但有无穷的力量。"这是2013年感动中国十大人物黄旭华的颁奖词，也是他一生的写照。

从1958年到1986年，从32岁到60岁的近30年间，"中国核潜艇之父"黄旭华将毕生青春奉献给了祖国的核潜艇事业，30年来隐姓埋名，从未回过老家，连通信地址也没有告诉家里人，父母不知道他干的是什么工作，甚至直到他父亲去世也没再见到他。当有人问及黄旭华"忠孝是不是不能两全"，他回答说："对国家的忠，就是对父母最大的孝。"他能倾其一生致力于祖国科研事业，是因为早在"七七事变"发生时，他就已经意识到，只有用最先进的科学，造最强大的武器，才能捍卫中国的尊严。国家富强、民族独立、人民幸福，这就是他作为一名共产党员一生的志向、一生努力的方向。现在，虽然年过九旬，他仍心系国家，将自己个人所获奖金约2000万元捐赠给中国船舶七一九所，设立科技创新奖励基金，用于推动装备研制事业创新发展。黄旭华用一生诠释了社会主义建设初期那代科学家的责任担当与奉献精神，在面对国家建设的机遇与挑战时，没有任何借口、迟疑和停留，不忘初心、牢记使命、艰苦奋斗，为中华民族伟大复兴贡献智慧与力量。

中国故事2 "大地之子"黄大年

他，在人生的黄金时代勤奋求学、"海漂"18年；他，在祖国的召唤声中第一时间放弃一切、归国报效，把每一分的光阴和智慧都奉献给了国家；他，用最极致的努力和拼搏，推动中国深探事业用5年时间走完了发达国家20年的道路，使中国正式进入了"深地时代"；他，用自己的无悔选择和毕生实践兑现了自己最初的入党誓言，"人的生命相对历史的长河不过是短暂的一现，随波逐流只能是枉自一生，若能做一朵小小的浪花奔腾，呼啸加入献身者的滚滚洪流中推动历史向前发展，我觉得这才是一生中最值得骄傲和自豪的事情。"他就是我国著名战略科学家、地球物理学家、吉林大学地球探测科学与技术学院教授黄大年。

2017年1月8日,这个像转子一样超速运转的人,在58岁盛年,带着对祖国的无限眷恋,带着对事业的无限留恋,带着对学生的无限惦念,永远地离开了。

斯人虽逝,但他"振兴中华,爱国奋斗"的精神丰碑却长存人世间。仰望星空,爱国者的精神之光熠熠生辉,照亮我们前行之路;奋斗者的精神力量,正与新时代的使命召唤相辉映,鼓舞着更多人为梦想而拼搏,为实现中华民族伟大复兴的中国梦而奋力向前。

今天,我们追寻黄大年的成长足迹可以发现,他的人生在每个关键节点的抉择,都写满了"爱国""奋斗"的印记。

1958年,黄大年出生于广西南宁的一个知识分子家庭,之后随父母下放到偏僻的山村。在父母引导下,他从小就对科学知识有着强烈渴望,良好的家庭教育和严格的学习训练让黄大年具备很强的学习能力。高中毕业后,17岁的黄大年到地质队工作,开始接触航空地球物理。1977年,国家恢复高考,黄大年以超出录取分80分的成绩,考入长春地质学院(现吉林大学朝阳校区),成为恢复高考后的首届大学生。凭着刻苦拼搏的精神,以优异成绩完成本科和硕士学业,毕业后留校任教。

1982年,黄大年大学毕业。在给同学的一张写有毕业赠言的照片上,黄大年留下了"振兴中华,乃我辈之责"的豪言壮语。1988年,黄大年被批准入党。他在入党志愿书的最后一段动情地写道:"人的生命相对历史的长河不过是短暂的一现,随波逐流只能是枉自一生,若能做一朵小小的浪花奔腾,呼啸加入献身者的滚滚洪流中推动历史向前发展,我觉得这才是一生中最值得骄傲和自豪的事情。"

1992年,黄大年获得中英友好奖学金项目全额资助,作为唯一的地学研究者远赴英国深造,四年后他以排名第一的成绩获得利兹大学地球物理学博士学位,随后进入英国知名公司担任高级研究员十二年,成为航空地球物理研究领域享誉世界的科学家。

2004年3月,父亲病重,彼时他正在北大西洋海底,参与航空重力梯度仪军用转民用的试验。本来他是没有资格参与这个尖端科学实验的,是在导师的极力推荐下才有机会参与其中的,这个关键时刻不能前功尽弃。等到半个月后回到陆地,他在父亲的坟前长跪不起。想不到,两年后,母亲弥留之际联系他,那时他正在大洋彼岸的万米高空,继续着这项技术研究。没能为父母尽孝,成为他终身的遗憾,但是为祖国尽忠,却是刻不容缓。"位卑未敢忘忧国",2009年,当得知国家的"海外高层次人才引进计划"(简称"千人计划")时,面对母校邀请,黄大年毫不犹豫地放弃在英国取得的一切,成为第一批归国人,他认为高端科技人员在果实累累的时候回来最有价值,剑桥河旁花草簇拥的洋房、麾下包括诺贝尔奖提名者在内的"多国军团"都无法阻挡赤子归家报国的脚步,"对我来说很简单,根源就是(爱国)情结。"面对质疑和询问,他的回答铿锵而简洁。

追溯黄大年的足迹，会发现他的爱国情感始终是他心中的情结。无论身在何处，《我爱你，中国》都是黄大年最喜爱的歌。他把为祖国富强、民族振兴、人民幸福贡献力量，与祖国共同实现中国梦作为最高信仰，他曾说过："作为一个中国人，国外的事业再成功，也代表不了祖国的强大，只有在祖国把同样的事做成了，才是最大的满足。"

骄人成果的背后是艰辛的付出，"我是国家培养出来的，只要祖国需要，我必全力以赴"，回国7年的时间，他就像陀螺一样不知疲惫地旋转，为了实现科技强国梦，他的生活就是工作，不是工作到凌晨就是为了节省时间坐最后一班航班出差，平均每年出差130多天；深夜的地质办公大楼里，常常只剩他一个人；几乎没有休过寒暑假和节假日，多次晕倒在工作岗位上，在他最后一次晕倒在飞机上时，还不忘嘱咐身边的工作人员，一旦自己不行了，一定要把计算机交给国家，里面的资料很重要；他在重病入院后还在病床上给学生讲解问题，和同事研究工作，他忘我拼搏，惜时不惜命，他说："我活一天赚一天，哪天倒下，就地掩埋。"大家都称他"拼命黄郎"。很多人不理解他为什么这么拼，黄大年却说："中国要由大国变成强国，需要有一批'科研疯子'。其中能有我，余愿足矣！"

也是因为这股拼劲，回国仅半年多，黄大年就统筹各方力量，绘就了一幅宏大的吉林大学交叉学部蓝图。2016年9月，一个辐射地学部、医学部、物理学院、汽车学院、机械学院、计算机学院、国际政治系等非行政化科研特区初步形成，黄大年担任吉林大学新兴交叉学科学部首任部长。

还是因为这股拼劲，回国7年间，黄大年带领400多名科学家创造了多项"中国第一"，为我国"巡天探地潜海"填补多项技术空白。以他所负责的项目"深部探测关键仪器装备研制与实验"的结题为标志，中国"深部探测技术与实验研究"项目5年的成绩超过了过去50年，深部探测能力已达到国际一流水平，局部处于国际领先地位。7年间，他培养了18名博士、26名硕士，在各领域的交叉团队达到400余人，为我国实施地球探测计划奠定了技术基础和人才储备。

这么有拼劲的人，轮到自己的事情却抽不出时间了，学校多次催他抓紧申报院士，他总是婉拒，"先把事情做好，名头不重要"。他参加学术会议或者讲座，可以一口气准备十几页的材料，但是填报评奖材料，半页纸不到，却总说没时间。他把所有的拼劲都献给了事业，把所有时间和心血都献给了祖国，却唯独忽略了自己，包括自己的健康。

由于长期过度劳累，身体已经严重透支，2017年1月8日，黄大年终因胆管癌医治无效病逝于长春，享年58岁。

然而对于他身边的同事、他的学生来说，黄大年从未离去，他精神的火炬，还在照亮他的团队继续前行的道路。

按照黄大年生前设计的战略规划，黄大年团队的科研成果不断涌现："地壳一号"万米大陆科学钻探钻机创造了7 018米井深的新纪录，智能化重载荷物探专用无人机搭载平台已建成,航空重力梯度仪工程样机研制重点研发项目已启动……这支平均年龄35岁的吉林大学黄大年团队,正以饱满的拼搏精神不断前行。

吉林大学按照黄大年生前"建设一流学科、一流平台、一流团队"的设想继续前进,成立"吉林大学黄大年创新试验班",吸引许多优秀学生学习和践行黄大年精神;组建"吉林大学黄大年创新团队",在重力探测方向取得重大突破;建立"吉林大学黄大年实验室",凝聚智慧力量;持续推进黄大年生前倾注心血的吉林大学移动平台中心发展。

教育部追授黄大年为"全国优秀教师"、"2017年度感动中国人物"、时代楷模、杰出科学家等荣誉称号。2022年,吉林大学黄大年纪念馆、广西贵港市港北区高级中学、广西第六地质队黄大年同志事迹展馆获评国家科学家精神教育基地。

回顾黄大年的一生,是报效祖国、追逐梦想、热衷科研、勤勉教学的辉煌一生,他用毕生努力实现了爱国之情、强国之志、报国之行的统一,他用崇高的爱国情怀、强烈的敬业精神、深厚的学术造诣和高洁的道德情操感染、鼓舞和激励着一代又一代学子。"黄大年"不仅是一个名字,它还是标志、是精神、是时代的榜样,更是奋起的力量!

学习思考

"作别康河的水草,归来做祖国的栋梁,天妒英才,你就在这七年中争分夺秒,透支自己,也要让人生发光,地质宫五楼的灯,源自前辈的薪传,永不熄灭。"这是2017年度感动中国人物黄大年的颁奖词。黄大年!黄大年!当我们深情呼唤他的名字时,他已经永远地离开了我们。正如他在采访中说到的:"(我归国的原因)对我来说很简单,因为简单的根源就是情结问题。惦记着养育我成长的这片的土地,我们国家从大国向强国迈进的过程中,需要很多很多像我这样的人回来参与建设。"

以黄大年同志为榜样,习近平总书记强调3个"学习":学习他心有大我、至诚报国的爱国情怀,学习他教书育人、敢为人先的敬业精神,学习他淡泊名利、甘于奉献的高尚情操,把爱国之情、报国之志融入祖国改革发展的伟大事业之中,融入人民创造历史的伟大奋斗之中,从自己做起,从本职岗位做起,为实现"两个一百年"奋斗目标、实现中华民族伟大复兴的中国梦贡献智慧和力量。

"黄大年"不仅仅是一个名字,还应该是一种精神、时代的榜样,奋起的力量。伟大时代呼唤伟大精神,崇高事业需要榜样引领。时代需要黄大年这样"心有大我、至诚报国""淡泊名利、甘于奉献""燃烧自己、照亮未来"的榜样引领。

中国故事3　"大山的女儿"黄文秀

"有些人从山里走了,就不再回来,有人从城里回来,却再也没有离开。"就有这么一个人,硕士,毕业于北京师范大学,却放弃了大城市的工作机会,回到家乡扎进泥土;为了工作,住在临时搭建的棚屋,每天翻山越岭走遍每家每户;忍痛告别重病卧床的父亲，深夜冒雨奔向受灾群众；面对危险，面对困难，依然坚定前行，不惜奉献自己的生命。30岁，年轻的生命永远定格在了2020年，她就是黄文秀，广西壮族自治区百色市乐业县百坭村的第一书记。

早在高考时，黄文秀就选择了师范院校，她姐姐说："黄文秀最大的梦想是在村里办一所幼儿园，她曾希望成为一名老师，把自己所学的知识全部教给乡村的孩子。"在读研期间，黄文秀也一直关注基层教育及扶贫，毕业前她决定报考广西定向选调生，因为她认为自己来自广西贫困山区，也要回去把希望带给父老乡亲，要改变家乡贫穷落后的面貌，尽自己的绵薄之力。

为了这个从小的梦想，尽管硕士毕业的同学们大都选择了留在大城市，尽管黄文秀也接到了北京好几个公司的录取通知，面对高薪和繁华的大都市，她坚守了自己的初心，选择回到家乡广西百色支援建设，2018年3月，她又主动请缨担任百色市乐业县百坭村驻村第一书记。

面对从城里来的"肩不能挑，手不能提"的大学生，村民认为她一个女娃娃不懂农村，不懂农业，是来镀金的，也质疑谁会真心留在这个"鸟不拉屎"的地方呢。面对乡亲们的猜疑与拒绝，也为了尽快熟悉情况，改变这个深度贫困村的面貌，她放弃双休日，挨家挨户上门走访。山路泥泞不堪，百坭村的11个屯之间相隔很远，有的两个屯之间相距十几里山路，有时，她忍着双腿的酸痛到了村民家门口，村民却不让她进来，她也不害怕、不气馁，一次不成，她就去两次、三次，一家一家敲响村民的门，乡亲不在家，她就去田里，边帮他们干农活边聊天，了解村民的基本情况，来回跑得多了，渐渐地都熟悉起来，她就将所有情况记录在自己随身带着的小本里，然后利用休息时间自己手绘了一份全村的贫困户分布图，上面标注了每一户的姓名和方位。脱贫攻坚战中，脱贫干部会使用不同方法来开展工作，但像黄文秀这样绘制一份详尽的分布图的情况，也是少见的。两个月的时间，她就基本掌握了全村贫困概况和致贫原因。经过走访了解，百坭村是革命老区，整个村子有472户人家，其中贫困户有195家，比例算是相当高的，而且村里信号不好，很多时候连电话都打不通，为了让村民遇到困难时，能第一时间找到人帮忙解决，她建了一个群，将所有的干事都拉进去，让大家能够群策群力，尽快解决村民的燃眉之急。

除此之外，她还帮助村民解决上学难、看病难、贷款难、基础设施差等一系列的生活难题，经常帮贫困户做家务、搞卫生，到田间地头和农户一起耙田、插秧、种果树，帮着村里跑项目、争取支持，建水池、硬化道路；带领群众大力发展种植，建标准化果园；帮村里建起电商服务站，为贫困户销果创收，乡亲们也开始信任她。但是黄文秀明白，解决眼前这些困难不是关键，带领村民脱贫致富，从根本上改变之前的生存方式，才是问题关键所在。

经过一段时间的走访观察，黄文秀发现村民大多是靠着种地为生。但是村里的土壤并不适合种植普通的农作物，也就导致连年歉收，村民的收入微薄。面对这种自然条件，黄文秀想到了因地制宜的办法，既然土壤不适合种植农作物，那么能不能换成更适合的植物呢？什么又是适合的呢？面对这些问题，原本对农学一窍不通的她开始钻研农用书籍，在请教了一些专业人士后，黄文秀发现百坭村的土地种植砂糖橘是最适合的。而甘甜的砂糖橘在市场的需求和收益都是不错的，可以为村民增加收入。接下来的问题就是山村道路崎岖不平，山路陡峭，丰收后的砂糖橘该如何运出去、卖出去呢？面对这些问题，黄文秀先后跑了好几家银行，为村子里贷款修了一条非常平整的柏油路。2018年年底，百坭村的砂糖橘产量非常高，一辆辆车运着砂糖橘进行售卖，销售也非常好。解决完村民的收入来源后，黄文秀又盯上了村里的基础设施，为了夜晚村民的安全，在路边专门安装了路灯，村民们有钱了，有的人盖了大房子，有的人开上了小汽车，别提多美了。

在黄文秀的带领下，百坭村的贫困率从22.88%下降至2.71%，471人成功脱贫。村民刚富起来，生活越来越好了，意外却不可预知地降临了。

2019年6月16日的晚上，百坭村突然下起了大暴雨，本来回家看望卧病在床的父亲的黄文秀，担心大暴雨引发山洪会损毁山路，冲断灌溉农田的渠道，因为这毕竟是村民们致富的来源，如果这时正巧有村民外出被困在山路上呢？担忧不已的黄文秀在黑夜的大雨磅礴中离开了家，驾车往村子方向开去。在路上，她联系了村民，发现大家都安然无恙才稍微放下心。但是雨越下越大，山上已经形成了泥石流，虽然车子以龟速前行，但是两旁的水都快要没过车子了，意外就在这时降临了，车子被洪水卷走了。同事们遗憾着："她昨天还计划着要去李奶奶家里拜访呢。"村民们依依不舍："那个总是一脸笑容的姑娘就这样消失了。"黄文秀的父亲追悔莫及："昨晚就应该拦下她的。"那个坚强爱笑、热情真诚的第一书记就这样永远地离开了，怀着强烈的爱民、忧民、为民之心，带着对百坭村的深情和对扶贫事业的牵挂，带着对年迈且身患重症父母的依恋，走了，给我们留下无尽怀念。

黄文秀的葬礼上，来了很多人，有的是从未有过一面之缘，只因敬佩她的为人，有的是曾经受到过她的帮助，还有很多同事、朋友、乡亲们。村民们自发地去黄文秀家里拜访，才发现，这个带领大家致富，总是用自己工资资助贫困家庭的女书记，自己家里却一贫如洗，光秃秃的红砖墙连漆都没有刷，老旧的电视机便是家里唯一的电器，父亲身患肝癌，已经动了两次手术，花光了家里的所有家底，母亲患有先天性心脏病，腿上还有残疾。在场的人无不为之动容。这个第一书记把自己的全部奉献给了人民。

习近平总书记对黄文秀同志先进事迹做出重要指示时强调，黄文秀研究生毕业后，放弃大城市的工作机会，毅然回到家乡，在脱贫攻坚第一线倾情投入、奉献自我，用美好青春诠释了共产党人的初心使命，谱写了新时代的青春之歌。习近平总书记要求，广大党员干部和青年同志要以黄文秀同志为榜样，不忘初心、牢记使命，勇于担当、甘于奉献，在新时代的长征路上做出新的更大贡献。

我们要学习黄文秀用行动践行了中国共产党全心全意为人民服务的宗旨。中国共产党来自人民、植根人民、服务人民，除了国家、民族和人民的利益，没有任何自己的特殊利益。黄文秀怀着服务人民、奉献社会的初心，始终把群众放在心中的最高位置，她在驻村日记里写道："一个国家的落后在于精英的落后，而精英的落后在于嘲笑民众的落后。我们党深刻明白这个道理，从而提出要教育扶持一批人脱贫，并且扶贫要扶志和扶智相结合。这样一个切实为群众谋发展、谋福利的党，怎么能不响应它的号召呢！""只有扎根泥土，才能懂得人民。"

我们要学习黄文秀将个人前途与国家命运紧密联结，用短暂而光荣的一生，用知难而上的实际行动，诠释了一名共产党员的理想信念，诠释了对党的忠诚、对人民的忠诚。正如她自己所说："自己的工作能够让群众真切感受到共产党的好，对我来说是非常大的鼓舞。"

黄文秀是脱贫攻坚一线涌现出来的时代楷模，要向黄文秀同志学习，坚决打赢脱贫攻坚战，不获全胜，绝不收兵。2015年3月，习近平总书记在全国"两会"期间参加广西代表团审议时提出，希望下一个5年，整个百色地区同全国一起实现全面建成小康社会。这是习近平总书记对老区人民的殷切关怀，是对百色广大党员干部的谆谆嘱托。我们以脱贫攻坚统揽经济社会发展，把打赢脱贫攻坚战当作最大的政治任务、最大的民生工程、最大的发展机遇，因地制宜、突出重点、步步为营、稳妥推进，产业发展、移民搬迁、生态保护利用、教育扶贫和社会保障等工作都取得了显著成效。全市贫困人口从2015年的68.2万人减少到2018年的19.46万人，贫困发生率从20.25%降到5.56%，脱贫攻坚战取得了决定性进展，得到了中央、自治区的充分肯定。

马克思曾说："如果我们选择了最能为人类而工作的职业，那么，重担就不能把我们压倒，因为这是为大家作出的牺牲；那时我们所享受的就不是可怜的、有限的、自私的乐趣，我们的幸福将属于千百万人。我们的工作是默默的，但它将永恒地发挥作用。面对我们的骨灰，高尚的人们将洒下热泪。"黄文秀把自己的理想信念融入国家富强、民族振兴、人民幸福的中国梦，是当代马克思主义的坚定信仰者和忠实践行者，是新时代的楷模。她虽然离开了我们，但人民会永远怀念她！她坚定的信仰、乐观的精神、实干的斗志、奉献的情怀，会永远感染着一代代中国人，会成为激励我们奋勇前进的不竭动力！

学习思考

"有些人从山里走了，就不再回来，你从城里回来，却再没有离开。来的时候惴惴，怕自己不够勇敢，走的时候匆匆，留下最美的韶华。百色的大山，你是最美的朝霞，脱贫的战场，你是醒目的黄花。"这是2019年感动中国人物黄文秀的颁奖词。

我国脱贫攻坚战取得了全面胜利。在这份胜利与荣耀的背后，是1 800余人牺牲在脱贫攻坚一线（数据截止到2020年年底）。其中就包括黄文秀。她在日记里曾这样写道："一个国家的落后在于精英的落后，而精英的落后在于嘲笑民众的落后。我们党深刻明白这个道理，从而提出要教育扶持一批人脱贫，并且扶贫要扶志和扶智相结合。这样一个切实为群众谋发展、谋福利的党，怎么能不响应她的号召呢！"带着这份责任感和青春热血，黄文秀研究生毕业后，响应祖国的号召，顺应时代发展的需求，放弃了在北京的工作机会和舒适的生活条件，选择回到落后的家乡百色做一名人民公仆。从课本到田野，从理论到实践，她虚心请教，学习经验，一心为民，深入了解情况，全面开展工作，打开扶贫之路新局面。针对当地气候及特色产业，引进科学种植技术，提高农业质量和产量，建立多种销售平台，发展多种经营，带领全村脱贫致富。

30岁，人生最美好的年华才刚刚开始，而黄文秀却永远定格在这一年。"为天地立心、为生民立命、为往圣继绝学、为万世开太平"，黄文秀就是秉持这种积极入世的实践态度，高度的社会责任感，坚持国家至上、人民至上的爱国情怀，在推动国家富强、民族复兴、人民幸福的时代浪潮中书写自己的精彩故事的。

中国故事4　张富清——60多年深藏功名

1924年，张富清出生于陕西汉中洋县马畅镇双庙村的一个贫农家庭，兵荒马乱的年月，他在家种过地，给地主当过长工，但是从来没有上过一天学。1945年下半年，家中唯一的壮劳力二哥被国民党抓壮丁，为了维持一家人生计，他用自己将二哥换了出来。1948年，宜川战役中，国民党军整编第90师在瓦子街落入我军伏击圈被歼，作为该师杂役的张富清，选择参加革命，成为王震所领导的英雄部队——359旅718团2营6连的一名人民子弟兵。

1948年7月，壶梯山战役打响。这是1948年9月我军转入战略决战前，西北野战军为牵制胡宗南部队而发起的澄合战役中的一场激烈的战斗。在这场战斗中，张富清荣立一等功，被授予师"战斗英雄"称号。

1948年11月，永丰城战斗打响。此时，我军已转入战略决战，西北野战军配合中原野战军、华东野战军作战。在永丰城战斗中，张富清带着2个炸药包、1支步枪、1支冲锋枪和16个手榴弹，攀上寨墙，炸掉了敌人两座碉堡，子弹将他的头皮弄出一条沟，满脸是血也顾不上疼，在身受重伤的情况下，仍独自坚守阵地到天明，数次打退敌人反扑。他因此荣立一等功，被授予军甲等"战斗英雄"称号，并被西北野战军加授特等功。

一次特等功、三次一等功、一次二等功，两次"战斗英雄"称号，这就是张富清在战场上向党和人民交出的满意答卷。

1953年3月至1954年12月，张富清进入中国人民解放军防空部队文化速成中学学习。1955年1月退役转业时，"党让我去哪就去哪儿，哪里最艰苦就去哪儿"，他服从组织安排并主动要求到当时最艰苦困难的武陵山区来凤县工作。他带着爱人孙玉兰扎根来凤县，一口皮箱锁住了他在战场上获得的全部荣誉。

从1955年担任来凤城关粮油所主任，到1985年从来凤县建设银行副行长岗位上离休，30年间，他先后在来凤县粮食局、三胡区、卯洞公社、外贸局、建设银行来凤支行等工作，无论何种岗位，他都脚踏实地，时刻牢记自己中国共产党党员的身份，竭尽所能为群众办事。

1959年至1961年，来凤县三年大旱，在最困难的时候，张富清担任全县最贫困的三胡区副区长。最开始的工作进展得并不顺利，面对工作中的困难，他不躲不绕，想方设法，克服解决。刚开始进驻生产大队时，群众不买账、不认可。入户工作的张富清没地方睡觉，就住进最穷的社员家，常常在社员猪圈上的棚屋过夜；白天和社员一同上山干活，晚上一起开会商量对策，一有空就帮社员挑水扫地、打扫院子。张富清还主导修建了三胡区老狮子桥水电站，供附近的两个生产队照明。这是三胡区历史上第一座水电站。"从一个区来讲，能够照上电灯是祖祖辈辈多少年来都没有的事，电灯更明亮，比照桐油灯好多少倍呀！"讲起这件事，张富清高兴地说。参与修建的二龙山水坝不仅解决了农田灌溉问题，还起到了发电作用，为三胡区老百姓点亮了家里的电灯，也点亮了人民群众对这位副区长的信任与感情。

20世纪60年代初，为了起到带头示范作用，张富清作为三胡区领导，妻子孙玉兰也在三胡供销社上班，于是带头把妻子"精简"了，失去了"铁饭碗"，孙玉兰就当保姆、捡柴火贴补家用。他还让大儿子张建国到卯洞公社万亩①林场当知青。

他想群众之所想，急群众之所急。进驻卯洞公社高洞管理区，群众反映出行难、吃水难后，他带着社员四处寻找水源，以50多岁的年纪腰系长绳，下到天坑底部找水。他带着社员修路，与社员一起在绝壁上抡大锤打炮眼。

1981年，张富清调任刚成立的建设银行来凤支行当副行长。现任中国建设银行来凤支行行长李甘霖介绍说："作为来凤建行的创始人之一，每年年底张富清都会到当时最大的放款户田坝煤矿上，和工人们同吃同住，确保贷款安全回收，还把自己所得拿出来解决职工生活困难。"

走进大山，几经辗转，张富清在一个个工作岗位上都留下了好口碑，却无人知晓他的革命英雄故事。

1985年1月，张富清站完最后一班岗，从建设银行来凤支行副行长岗位上离休。离休后，张富清保持艰苦朴素的作风，住老房子、穿老衣服、用老家具、过老生活。虽然离休了，但他未有一丝懈怠，时时处处严格要求自己。卧室的书桌上，摆着成堆的学习资料。书桌右侧的抽屉里，放着他的药——享受公费医疗政策的他，为了防止家人"违规"用自己的药，不惜锁住了抽屉。

2012年，88岁的他因膝盖脓肿，多地治疗都不见好转，只能截肢。手术前家人们还在为他的病情担忧，殊不知，他在手术后为了不影响子女"为党和人民工作"，等到伤口刚愈合，就开始练习走路。先是沿着病床走，后来扶着墙走，家里的墙壁上有的地方涂上扎眼的油漆，其实是妻子为了掩盖他练习走路时擦伤留在墙上的血迹。仅仅几个月的时间，借助支架，他不仅能自己走路，还能上下楼、买菜、做饭。

---

① 1亩≈666.67平方米。

2018年10月，张富清因患白内障入院做眼部手术，需要植入人工晶体，价格在3 000元到2万元不等。手术前，李甘霖行长特意叮嘱，张老是离休干部，医药费全额报销，可以选好一点的晶体。但张富清听说同病房的农民病友用的是3 000元的晶体，就坚持选用了同款晶体。"我在想，我为国家、为单位，虽然不能做什么贡献了，但我能够节约一点是一点。"这是张富清当时的想法，也是他对自己的标准和要求。

张富清的儿子张建全回忆起2018年12月3日的退伍军人信息采集，至今仍震撼不已。一直以来他都以为自己的父亲是一位普通的退伍军人，而为了配合信息采集，张建全在自己家里第一次看到被包裹得严严实实的红色包裹，里面有一张《立功登记表》、一张报功书，还有多枚军功章。这时，他才知道自己的父亲原来是在战争年代浴血奋战的战斗英雄。

60多年来，张富清将赫赫战功深埋心底，从不提起，他的老伴儿和儿女都不知情。张富清后来说："我起初不想把这些奖章和证书拿出来，但考虑到如果不拿出来，那就是对党不忠诚，是欺骗党的行为。"战斗英雄的事迹披露后，诸多光环加身，但他依然是老样子，还是坚守初心，保持本色。

2019年9月29日上午10时，中华人民共和国国家勋章和国家荣誉称号颁授仪式在人民大会堂隆重举行。张富清被授予"共和国勋章"。

2022年12月，张富清在武汉因病去世，享年98岁。

今天，我们提到张富清，依然耳边能回响起他曾经的话语："我要在有生之年，坚决听党的话，党指到哪里，我就做到哪里，党叫我做啥，我就做啥。"

学习思考

"都知道你朴实勤勉，却不知你曾战功赫赫。你把奖章深藏在箱底，对战友的怀念深藏在心底。从不居功索取，只为坚守使命初心，默默奉献。于国于民，你是忠诚伟大的士兵。"这是2019年感动中国人物张富清的颁奖词。

在战场，他浴血奋战、坚守阵地，到地方，他隐藏功名、默默奉献。他曾经是战场上的排头兵，也一直做祖国建设的螺丝钉，没有跟组织提过任何要求，一直住在20世纪80年代的房改房里，全额医疗也选用最便宜的药物。张富清用一生的实际行动诠释了一名老共产党员的初心和使命，一个有希望的民族不能没有英雄，一个有前途的国家不能没有先锋，国家发展筚路蓝缕，从一穷二白到富强繁荣，是无数个"张富清"作为开路先锋，他们心中没有小我，只有大我，他们无私奉献，他们朴实无华，他们心中有信仰，脚下有力量，他们红色基因镌刻在民族的血液里，流淌在中华大地上。在中华民族伟大复兴的新征程上，新时代新青年应该以张富清精神为榜样，感恩老一辈革命家的无私奉献，并不断从他们的光辉事迹中汲取力量，以坚定的理想信念和不畏艰险的豪情壮志，弘扬践行奉献精神，万众一心、众志成城，凝聚起实现中华民族伟大复兴的信心、奋进新时代的强大力量。

中国故事 5　中国盾构机从零到世界第一

我国有"基建狂魔"的称号,盾构机在我国的基建建设中发挥着重要的作用。我国盾构机的发展历史,可谓是一波三折,甚至用历尽坎坷来形容也丝毫不为过。像盾构机这样的"大国重器",从国外的技术封锁,到如今的远销海外,见证着我国科学技术的发展,也见证了新时代的历程。

我们来了解一下盾构机,它的全名叫盾构隧道掘进机(TBM),是一种隧道掘进的专用工程机械,一般情况下,我们可能很少有机会见到这个"重器",因为它常年混迹于地下。但是它具有一次开挖完成隧道的特色,从开挖、推进到撑开全都由它作业完成,开挖速度是传统钻爆法的 5 倍。而全球盾构机的发展,可以追溯到约两百年前。1818 年,法国工程师布鲁诺尔无意中看到了一条船蛆。它一边蠕动一边在木头上钻洞,同时从体内分泌的一种黏液能加固洞穴,还能抵抗木板的潮湿。于是,他提出了盾构掘进隧道的原理,根据这个原理设计的"开放型手掘盾构机"在英国获得了专利。1825 年,他研制出了矩形盾构机,首次应用于 1843 年泰晤士河隧道建设工程,成为世界工程史上一座重要的里程碑。1887 年,工程师格雷特在南伦敦铁路隧道施工中,成功使用了圆形盾构和压气组合工法,为现代盾构机奠定了基础。1952 年,美国南达科他州的欧阿希水坝是全球首个利用盾构机施工成功的案例。

20 世纪 70 年代,全球盾构机研发重点区域从欧洲向日本和美国转移,德日美三国的产品占据了国内 90% 的市场。

20 世纪 50 年代,我国在东北阜新煤矿用直径 2.6 米的手掘式盾构及小混凝土预制块修建疏水巷道,这是我国首条用盾构隧道掘进机施工的隧道。此后,1957 年,北京市下水道工程首次采用了两台自研盾构机施工,这距离西方首台盾构机已落后一百多年。20 世纪六七十年代,北京、上海、杭州等城市的研究机构,曾在盾构机研发上获得一定的突破,但受当时技术、经济条件及计划经济体制限制,发展一直比较缓慢。到了 20 世纪 90 年代,我国的盾构技术开始取得长足进步,其中以上海尤为明显。例如 1990 年,上海地铁 1 号线工程全线开工,18 千米区间隧道采用了 7 台中法联合制造的 ϕ6.34 米土压平衡盾构掘进机。此后,随着国内经济快速发展,要修建的铁路及隧道等设施越来越多,对盾构机的需求也同步迅速增加,无奈时间紧迫,当时在"造不如买"的思潮下,国内设备几乎全部依赖进口,使得德日美三国企业占据了 90% 以上市场。同时,也因为高度依赖国外设备,面临着诸多问题,如建设成本高昂、跨国沟通低效,甚至高额价格买来的机器需要维修设备时,技术专家要从别的国家请,检修时还需要拉警戒线等一系列问题。

1997 年,我国修建西康铁路需要穿过秦岭,如何挖掘隧道成了工程人员面对的难题。如果按照传统方法,要靠工人挖隧道、爆破,再运出碎石,不仅需要耗费大量的人力、财力、物力,而且工期长,容易造成塌方,危险系数高。盾构机是一种隧道掘进的专用工程机械,具有开挖切削土体、输送土渣、拼装隧道衬砌、测量导向纠偏等功能,用盾构机施工,优点很多,如自动化程度高、节省人力、减少对地面的影响等,圆柱体组成的壳体成为护盾,起着支撑的作用,承受着土层和地下水的压力,还能有效保护在盾构机内部工作的工程人员的安全,并且施工时间从原来的5年时间缩短为5个月,节约大量的人力和物力。因此,在反复比较、权衡施工方案后,原铁道部计划引进两台德国硬岩掘进机,用于西康铁路秦岭隧道。

这时,德国企业却漫天要价,开价7个亿,还不允许还价,而我们除了接受别无他法。可之后问题却远远没有结束,组装时,中国工程师发现图纸有错误,可德国企业不仅不赔偿,还要求中国花钱请德国工程师来改正他们的错误。组装完成后,盾构机又时常出问题,就需要继续请德国工程师跨国进行修理,可德方态度傲慢,漫天要价,盾构机换修就要300万元,工程师个人每天要3 000美元,要中方包食宿差旅,而德国工程师维修机器时,更是在修理现场拉警戒线禁止中国人观看,防小偷一样防中国人偷学其技术。对于盾构机这种科技来说,技术才是上帝,没有技术,就只能任人宰割。

这个时期我国的基础设施建设遍地开花,国内对盾构机的需求飙升至占全球60%以上,但是在应用上却处处受制于人,甚至导致建设项目施工进度受到极大的影响。全部花钱从国外进口,靠它们支撑中国基建产业,这终究不是长久之计,落后只会继续受气。这一切,都刺激着中国盾构人的自尊心及昂扬斗志。

因此,自主研发生产盾构机,成为摆在中国面前的唯一出路。

从2002年开始,国家科技部将盾构技术研究列入"863"计划,以国家力量为主导,集中力量进行盾构机专项研究,致力于"造中国最好的盾构"。而这项研究涉及地质、土木、机械、力学、液压、电气、控制、测量等多门学科技术,数十个领域的专家、学者参与研究,由央企带头进行整合。可就像现任中铁装备集团总工程师王杜娟说的:"对我们来说,别说研发盾构机了,很多人连见都没有见过。"

1978年出生于陕西省扶风县的王杜娟,因为同村一位女生先前考上了石家庄铁道学院,故而1997年参加高考时,也报考了该校并被顺利录取。2001年王杜娟大学毕业时,中国制造业开始走出低谷,她进入中铁隧道股份新乡机械制造公司工作。2002年10月,中铁隧道集团盾构机研发项目组正式成立,王杜娟成为项目组18位成员之一。这项艰巨的工程从开始就很艰难,那个18人的队伍,大多是刚毕业没几年的大学生,没有前人的经验,一切从零开始,研发团队只能钻隧道、爬高坡、下井坑,跑遍所有地铁施工城市,只为在隧道里观察盾构机,没有技术指导,从看实物、看设计图纸干起,把零件拆卸又重新组装。

2008年4月,王杜娟和同事们终于成功研制出我国第一台拥有部分自主知识产权的复合土压平衡盾构机,"中国中铁1号"盾构机下线了,顺利用于天津地铁。从此中国告别了完全依赖进口盾构机的局面。即便是中国已经造出来了自己的盾构机,即便其整机性能达到国际先进水平,多项关键技术达到国际领先水平,但是很多施工方依然选择使用国外进口机械,对一些施工方来说国内的盾构机才刚起步,质量有待商榷,面对复杂的地形条件不一定能好好处理,还不值得信任,不如国外进口的稳定,质量可靠,不敢用工程去冒险。直到成都 2 号线和 4 号线同时开工以后，这些质疑才逐渐消散。成都地区的地形条件复杂，需要高端盾构机来解决问题，国内制造的盾构机和国外制造的盾构机一左一右同时开工，这是一次真正意义上的大国比拼，是国产盾构机证明自己的机会。最终，施工结束，国产盾构机各项性能指标都不比进口盾构机差，甚至高出一些，国产盾构机证明了自己的价值。至于价格，那更是天差地别，国产盾构机完胜。德国、日本的盾构机一开始的价格是 3.5 亿元，国产盾构机只是它们的零头。

中国铁建、中国中铁、上海隧道制造的盾构机先后成功下线，中国盾构机高歌猛进，产品迅速迭代、升级，已经能够生产适应各种地质条件、各种项目需求的大型盾构机。目前，国产盾构机每年出厂台数、拥有量、盾构隧道施工里程，都是世界第一，逐步实现了引领。世界首台马蹄形盾构机、世界最大矩形盾构机、全球首台斜井双模式 TBM、全球首台永磁电机驱动盾构机等，这些领先技术都出自我国。中国在 10 多年时间里，不仅打破了外国垄断，还成为盾构机出口数量世界第一的科技大国。

正所谓"三十年河东三十年河西"，国产盾构机目前已占国内 90% 的市场份额。其中有六大王牌军：铁建重工、中铁装备、中交天和、上海隧道、三三工业、北方重工。前两者是领头羊，且个个创新能力爆表。此外，中国的盾构机性价比更高。例如过去中国花 3 亿元从德国进口一台盾构机，现在就以 2 亿元的价格出口。由于国产盾构机动辄比国外便宜 2 000 万元以上，国际同类产品价格硬是被拉低了 40%。

现在，德国进口的盾构机大概需要 5 000 万元，日本进口的盾构机大概需要 3 000 万元，而国产盾构机价格在 2 500 万～5 000 万元。在后续的一场场建设中，国产盾构机用价格和质量奠定了自己的地位，即使有重重难题关卡。到 2020 年 9 月，"粤海 14 号"正式下线，预示着中国中铁自主研制的第一千台盾构机成功下线，12 年的时间，中国完成了从 0 到 1 000 的飞跃。国产盾构机在国内的市场占有率高达 90%，占全球 2/3 的市场份额，中国企业成为世界盾构机的主要生产者，国产盾构机甚至成为世界盾构机发源地之一。国产盾构机已经出口 30 多个国家，占据了 2/3 的国际市场，甚至日本和德国也开始进口中国盾构机。中国盾构机早已扬眉吐气，成为中国的"争气机"。中国盾构机性价比高，产品质量好，性能可靠，还处处彰显大国风范和文化底蕴。如在涂装上，中国的盾构机设计中加入了独特的文化特点：加入"脸谱"元素的"京华号"；加入熊猫元素的"锦绣号"，加入广东醒狮元素的"深江号"，加入上海白玉兰元素的"新穿越号"；加入"神鸟"鸱鸮元素的"皖江奋斗号"；而出口到伊朗和菲律宾的盾构机用上了两国国旗的配色，出口秘鲁的盾构机还加上了秘鲁国花向日葵，这些盾构机不仅颜值高，更是对各国的尊重，对各国文化的尊重。中国早已成为全球第一的盾构机出口大国，这是中国工程师的奋斗成果，也是中国工程的逆袭史，一切正如中国工程师所希望的那样，"造中国人自己的盾构，造中国最好的盾构，造世界最好的盾构"，最终世界盾构看中国。

从无到有，从受制于人到技术突破，从自主创新到领先世界，经过十多年探索与开发，中国盾构机已从任人宰割，到登顶世界前列。如今已广泛用于地铁、铁路、公路、市政、水电等隧道工程。

从 2012 年中铁装备第一台盾构机走出国门，成功应用于马来西亚。至今，中国盾构机先后应用到新加坡、意大利、波兰、澳大利亚、法国等世界各地，中铁装备 2017 年、2018 年、2019 年连续三年产销量世界第一。

如今，"上天有神舟，下海有蛟龙，入地有盾构"，王杜娟和她代表的中铁装备已成为中国高端装备制造业的亮丽名片，正朝着"世界第一"的目标大步迈进着。

2014 年 5 月 10 日，习近平总书记到中铁装备集团视察，而王杜娟则和习近平总书记面对面，向习近平总书记详细介绍盾构机的研发生产情况。这次难忘的经历，也成为王杜娟不断创新、砥砺前行的永恒动力。作为国内领先、国际先进隧道掘进机制造企业，更作为"中国品牌日"的发源地，中铁装备始终牢记习近平总书记"三个转变"重要指示精神，以"智造"带"制造"，不断攀登世界技术高峰。"目前，我们正在研发智能化设备，通过智能化软件，给施工带来帮助。"在王杜娟看来，未来的装备制造业，必将迈入智能化、少人化乃至无人化时代。中国盾构将深入地球上一条条未知的隧道，洞见世界，迎接一个个光明时刻的到来。

学习思考

"她是盛开在盾构领域的杜鹃花，从造中国人自己的盾构到造全世界最好的盾构，从打破国外技术垄断到国产盾构出口 30 多个国家和地区，她用柔弱的肩膀扛起了国之重器的大旗，让中国盾构成为了一张亮丽的名片。"作为中铁装备总体设计的王杜娟，带领设计人员紧跟盾构掘进的步伐，从雪域高原到深海隧道，从冰封北疆到酷暑南国，从国内到国外，实现了"中国盾构"冲出国门、走向世界的实质性跨越。从业 20 余年，王杜娟始终坚守内心的"科研报国梦"，勇担振兴民族装备制造业的重任，在打破国外技术垄断的过程中迎难而上，在攻占技术制高点的道路上攻坚克难，为推动盾构重大技术装备的国产化及产业化做出了重大贡献。她带领团队脚踏实地，解决每一项细小的问题，这成为中国盾构机设计者们的工作常态，也逐渐成为中国盾构机走向世界的最具优势的核心武器。

在新时代的筑梦路上，王杜娟始终奋战在机械设计行业一线，几十年如一日，"对工作充满激情"，"善于团结调动周边人的积极性"，她身上一直闪耀着既激励自己又能感染身边人的品质，从小山村走来，虽然一路都是普通学校，没有太高的起点，但是对事业的专注和坚持，就是她成功的秘诀。

中国故事 6 艾爱国：当一个好工人

一双黑色的皮鞋，一身蓝灰的工作服，再配上一把焊接枪，73 岁的艾爱国在焊工车间一线一干就是 54 年，攻克技术难关 400 多个，"我的愿望就是湘钢能研发出更多的新产品，可以用在越来越多的超级工程上，为国争光。"这就是艾爱国的初心。

1968 年，18 岁的艾爱国在湖南株洲攸县黄丰桥公社插队当知青，作为上山下乡的知识青年，也要跟当地人一起干不少体力活。但他踏实肯干，别人扛 50 千克，艾爱国偏要比别人再多一些；人家干 8 小时，他就干 10 小时。19 岁那年，湘潭钢铁厂招聘工人，当地知青、农民、干部为他写了一封联名推荐信，于是他成了一名工人，当时做工人是件"光宗耀祖"的事情，父亲得知儿子要去湘钢，临行前找到艾爱国说："你要记住，当工人就一定要当个好工人，既要钻研技术，也要追求思想上的进步，争取早日入党。"

什么是好工人？初入工厂的艾爱国很快找到了榜样。刚进厂时，艾爱国的岗位是管道工。某次施工时，北京第二建筑工程公司派来焊工支援湘钢，他们身背氧气瓶、手拿焊枪、头戴面罩，如同裁缝一般将钢管裂缝"缝合"起来，手被四溅的火星烫出血泡也不在乎。水平高、肯吃苦，值得学习！艾爱国从此对焊接产生了浓厚兴趣，开始跟着北京师傅学习焊接技术。上班时，北京师傅教他几招；下班后，艾爱国借来工具，反复琢磨。半年后，艾爱国成功转岗成为一名焊工。"当好工人就要执着专注，始终如一；当好工人就要勤于钻研，掌握技术；当好工人就要勇于拼搏，舍得吃苦；当好工人就要乐于奉献，德技双馨。"这也是艾爱国后来总结的。

为了摸到焊接的窍门，艾爱国拿着焊枪对着接缝反复琢磨，没有面罩，就拿一块黑玻璃代替，就算皮肤被灼烧蜕皮，也舍不得放下手中的焊枪。焊接材料有上万种，焊接方法也不下百种，他利用业余时间研究起了专业技术书籍，学习《焊接工艺学》《焊接技术》等，连焊条的说明书也会收起来仔细研究。

翻开艾爱国当年的工作日志，扉页写下的"刻苦学习钻研，攻克难关，攀登技术高峰"，令人印象深刻。凭借着努力和积累，艾爱国在1982年以优异成绩考取了气焊合格证、电焊合格证，成为当时湘潭市唯一持有双证的焊接工人。

1983年，原冶金工业部组织全国多家钢铁企业联合研制新型贯流式高炉风口。如何将风口的锻造紫铜与铸造紫铜牢固地焊接在一起，是项目最为棘手的问题。当时还是普通焊工的艾爱国主动请缨，并提出采用当时国内尚未普及的氩弧焊工艺。他大胆创新，把交流氩弧焊机改造成直流焊机。寒冬腊月，他用湿棉被挡住身体，用石棉绳缠包住焊枪，在高于700摄氏度的高温材料旁持续奋战，外面鹅毛大雪，他的一身工作服却拧出了汗水，经过5个月的奋斗，经过X射线检查，他焊的21个风口全部符合国家技术标准。因为在攻关中表现突出，获得国家科技进步二等奖。

"当一名好工人，成为一名好工匠，就要善于从实践中提炼经验，从理论上搞清楚门道，我的制胜法宝就是不瞎干。"他总结经验撰写论文《钨极手工氩弧紫铜风口的焊接工艺》，又在此基础上总结出《紫铜氩弧焊接操作法》。2002年，艾爱国再次改进风口焊接工艺，用自动熔化极氩弧焊取代手工氩弧焊，焊接质量更有保障，大大提高工效的同时，减轻了工人的劳动强度。

2021年3月，湘钢工程技术公司在焦化厂的化产改造工程中，蒸氨塔钛合金管道安装遇到钛合金焊接难题，这是湘钢建厂以来从未遇到过的情况。71岁的艾爱国搜集了国内外有关钛合金的焊接案例，撰写焊接工艺方案，又参考自己曾经修复焊接钛合金管的经验，连续工作至深夜，直到焊接任务顺利完成，焊缝外观达到一级标准，焊缝探伤检验全部合格。该技术填补了湘钢在钛合金材料焊接领域的空白。

作为钢铁厂的焊工，艾爱国自称为"钢铁裁缝"，几十年如一日进行理论专研和操作实践，真正练就了"钢铁"般的过硬本领。

党的二十大报告提出，努力培养造就更多大国工匠、高技能人才。他备感振奋、深受鼓舞。50多年来，艾爱国手把手培养的600多个徒弟都在祖国各地发光发热，当中不少人还获得了全国五一劳动奖章、劳动模范等荣誉。"做好传帮带，实现高技能人才的传承，是我的责任。"

近些年，艾爱国积极培养下岗工人和农村青年，为个体户和民办企业的焊工免费上课，他还开启"在线答疑"模式，也从来没有喊累的时候。他没有什么业余爱好，每天下班回家，就是一头扎进焊接理论书籍中，常常研读到深夜。

2021年6月29日上午，庆祝中国共产党成立100周年"七一勋章"颁授仪式举行。在全国人民的见证下，习近平总书记向艾爱国颁发"七一勋章"。回想起当时的情景，艾爱国仍激动不已，"获得'七一勋章'是我最大的光荣，也是千千万万工人党员的光荣"。

如今，74岁的艾爱国，依然奋战在焊接工作第一线。作为一直扎根生产一线的工人，艾爱国认为，工匠精神就是一种敬业和专业精神。

虽然荣获"七一勋章"、全国劳动模范、全国技术能手、全国十大杰出工人等荣誉称号，但他没有躺在功劳簿上，平时重复最多的词，就是"学习"。他对徒弟们的要求也是学习，并且要学精。

"活到老学到老"用来形容艾爱国恰如其分。58岁时，他开始学电脑，从打字学起，不停地向周围的同事学习。遇到不懂的英文字母，艾爱国还用中文谐音标注音译名。这样陆续学了3个多月，艾爱国终于会用CAD软件绘制工程图，并熟练地通过电脑和智能手机学习国内外最先进的焊接工艺。

"一名好的工人要将工艺操作做到极致、做到最好。"艾爱国这么说。

学习思考

50多年来，艾爱国始终以"拼命三郎"的劲头引领着我国焊接事业不断发展。他曾说过："我对自己的技术要求是达到极致。只有做到极致，才能发挥党员的先锋模范作用。"干到老学到老，艾爱国坚信，实践中遇到的问题，都可以在理论中找答案。在高难度的焊接任务中，有很多罕见的金属材料。通过反复研究、累积和实验，艾爱国对专业知识都了然于胸。而且为了更好地工作，艾爱国在58岁时自学了五笔打字和工程制图软件，在他的身上，我们看到了一位大国工匠精益求精的工作责任心和坚持不懈、持之以恒的宝贵品质，这成为他实现自己人生价值的密码。"当工人，就要当一个好工人。那就是坚持得久一点，钻研得深一点，愿意吃苦多一点。"艾爱国用执着、坚守与创新，在攀登技术高峰的路程中，成就了自己的出彩人生。

中国故事 7 "工人院士"李万君

今天，当我们乘坐着高铁动车的时候，我们感受到的是平稳和舒适。而安装在车辆底部不显眼的转向架，就是决定轨道车辆速度和安全的关键。我国的高速动车组之所以能跑出如此之高的速度，其主要原因之一就是中车长客股份公司的转向架技术取得了重大突破。李万君是长客焊接工匠的代表人物。

1987年，19岁的李万君职高毕业后被分配到长春客车厂的电焊车间水箱工段当一名电焊工。即使在今天的现代高铁制造车间里，也是火星四溅、烟雾弥漫、声音刺耳、味道呛鼻，更别说在30多年前，那时用的还是老式焊条、电弧焊，20多个焊工电焊机一开，工作间就乌烟瘴气，10米之外看不见人。炎热的盛夏，焊枪喷射着2 300摄氏度的烈焰，瞬间将钢铁熔化。工作一天下来，鼻子里熏得黢黑，工作服上也烧得都是大大小小的窟窿。不到一年的时间，跟李万君同岗位的28个职高同学，25个离职了。

入厂第二年，李万君参加车间技能比赛夺冠，随后他首次代表长客公司参加长春市焊工大赛，虽然是最年轻的选手，但是三种焊法、三个焊件、三个第一轻松收入囊中。此后就经常与不同单位焊接高手切磋，技艺也不断增进，顺利考取了碳钢、不锈钢焊接等6项国际焊工（技师）资格证书，成为全能型焊工。很快，李万君小有名气了，厂里的尖端活、关键活都找他。多年的勤学苦练下来，李万君把焊枪使得出神入化。两根直径仅有3.2毫米的不锈钢焊条，可以被分毫不差地对焊在一起，不留一丝痕迹；20米外，只要听到焊接声，李万君就能判断出电流电压的大小、焊缝的宽窄、焊接质量如何。

2007年，中国铁路第六次大提速，旅客列车最高速度达250千米/小时，并在中车长客试制生产。该车型第一个转向架是李万君焊接的。但外国专家来做首件鉴定后连连说"No"，指出里面质量缺陷太多了，有开裂翻车风险。不仅如此，他们一边技术封锁，还一边说"风凉话"："你们中国对于这样高精尖的技术，就只能依赖进口，因为你们达不到我们所检验的标准，所以想要发展高速列车，技术必须进口。"

李万君心里憋着火，同时也在想"外国人也是人，只要外国人能干的活儿，我们中国就一定能干出来"。半个月来，李万君像个新来的学徒一样，抛开曾经的荣誉、骄傲，心里一遍遍地想着焊接标准、焊接部位、控制熔深、少接头、少瑕疵，极高的技术要求和苛刻的检测过程，让李万君一度心有余而力不足。他想过要请教当时外方的检验专家，但对方明显什么也不愿透露。

"一次机会，我发现焊枪嘴挨到大管子根儿没事，慢慢移动步伐转圈，能够边焊边走。"李万君对记者说得轻描淡写，但周长600毫米环口的周围有横梁和其他零件在旁边成为焊接障碍，别说边焊边转圈，就算拿着毛笔沿着画一圈，都未必能粗细一致。

最终，李万君一焊枪一气呵成、一个接头都没有的"环口焊接七步操作法"突破国外技术封锁，保证动车组转向架的批量生产，并且制定了属于自己的"中国标准"。

2009年，他参与我国高速动车组转向架横梁管接口及平板对接的焊接工艺评定，并制定了科学高效的焊接规程，他归纳总结的氩弧焊焊接铁路客车转向架横梁环口操作方法，填补了国家在此项领域的技术空白。

2011年以来，李万君带头完成国家发明专利21项、革新70多项、重大技术创新10多项，取得五小成果150多项，获奖104项。而在短短6年时间里，中国高铁也完成了速度250千米/小时、350千米/小时、380千米/小时的"三级跳"。

随着我国高铁产业不断升级，技术难题也越来越"高精尖"。2022年，李万君又带领团队攻克了美国纽约地铁列车转向架焊接难题，通过32道焊接把4厘米厚的钢板严丝合缝地焊在一起，用超声波探伤、射线技术检测也看不到任何缺陷。

随着高铁的发展，对人才的需求也越来越大，除了技术创新，李万君也看重人才培养。他利用业余时间举办高级电焊工培训班，一招一式地传，手把手地教，经常跪在地上指导操作。他还会根据大家的不同特点量身定做训练方案。三年来，为公司培训了1万多人次的焊工，他们考取各种国际、国内焊工资质证书2 000多项，满足了高速动车组、铁路客车、城铁客车、特种车辆等30多种车型的生产需要。此外，他培养的徒弟有8人获得吉林省第一批首席技师称号，多人在省市比赛中获得前三名的好成绩。随之设立的"李万君国家技能大师工作室"，既是传承技术的培训站，也是解决企业生产难题的攻关站。不仅培训企业内部和吉林省内其他企业的焊工，李万君还赴新疆阿勒泰地区对400多名技术工人进行培训，把自己的技能变成社会财富。"我的技能不能留给自己，传给企业和社会才更有价值。"李万君如是说。

李万君还承担了长春市高技能焊工传承工作，形成资源共享，使社会各企业高技能人才的技术水平得到快速提高。截至目前，共组织高技能人才交流培训1 000多人次。2012年8月，李万君参加吉林省总工会组织的高技能人才赴新疆技术援疆活动，分别对阿勒泰市、布尔津、哈巴河、吉木乃、富蕴地区400多名技术工人进行技术指导和经验交流，使参加活动员工的技能水平得到切实提高。

李万君先后获得长春市特等劳模、吉林省高级专家、国务院政府特殊津贴、全国五一劳动奖章、全国技术能手、中华技能大奖等荣誉，并在2012年当选党的十八大代表，他是当代中国技能型、知识型产业工人的先进典型，是新时期高铁工人的典范。

正如李万君所说："工匠精神有两种，一种是创新发明开拓，攻克非凡的难题；另一种是始终如一日，把平凡的工作做到极致。"而他，一直在这么做。

学习思考

"你是兄弟，是老师，是院士，是这个时代的中流砥柱。表里如一，坚固耐压，鬼斧神工，在平凡中非凡，在尽头处超越，这是你的人生，也是你的杰作。"这是2017年感动中国年度人物李万君的颁奖词。中国的高铁从无到有，再到冲出国门，走向世界，这凝聚和传承了中国工人朴素的匠人精神，而李万君就是把这种光荣和精神传承给了更多的人。无论工作的环境多么艰苦恶劣，他凭着自己一股不服输的钻劲、韧劲，反复演练，本着"干一行爱一行"的精神刻苦攻关、细心钻研，讲求奉献，实干进取，为中国高铁做出了杰出的贡献。

国家和社会为大学生提供了建功立业的大舞台，每个人都有机会在实现中国梦的伟大实践中创造自己的精彩人生，当代大学生一定要以青春之我、奋斗之我，为民族复兴铺路架桥，为祖国建设添砖加瓦，在开拓人生、奉献社会的进程中书写无愧于时代的诗篇。

中国故事 8　火箭"心脏"焊接人高凤林

高凤林 1962 年 3 月出生于河北东光的一户普通家庭，他从小就展现出对航空方面的兴趣，平时热衷于学习航空方面的相关知识，由于自幼聪明，学习也十分优秀。在高考时，他选择了与火箭航空有关的北京机部医院 211 厂技校机械加工专业。接触到专业实践后却发现跟自己的梦想大相径庭，他被分配到了焊接专业，他当时认为这是个再普通不过的专业，或许以后只能给别人焊焊铁，未来毫无前途可言，而且这离他的航天梦也十分遥远。有段时间他整日郁郁寡欢，懊悔不已。但是他从小树立了航天事业的目标，所以骨子里依然有一腔热血和一份不服输、不认输的倔强。在参观了实习车间的焊接工作后他又重新振作起来，原来这个专业与航空事业也有紧密联系，这不是普普通通的焊接，这里是中国航天设备的加工基地，拥有国家的财政支持，耗费的都是昂贵材料，这里被灌注了国家的大量心血。他开始意识到，焊接工作不是人人都能做好的，需要过硬的专业知识与操作技术。在了解到焊工专业与航空事业发展的紧密关系后，他重新振作，开始对这个专业、对未来的事业充满了热情与激情。

毕业后的高凤林进入航天工业部下属的军工企业工作，正式开启了与焊接工作的一生缘分。在工作中，他经常谦逊礼貌地向同事前辈讨教工作经验与方法，钻研焊接技术。他对这份工作充满了激情，并且极力做到极致。众所周知，要制造构造完美、没有缺陷的航天飞行器，成功升空，完成航天任务，就需要保证每一个环节都不能出错，尤其是焊接问题上更不容忽视，如果一个小地方焊接不到位，就能让庞大的航天设备在宇宙中解体，无论是对宇航员的生命安全还是对航天工作的进展都会造成不可估计的后果。所以这份焊接工作需要高度的认真和一丝不苟的严谨。

高凤林日复一日地重复同一个动作，从不会有丝毫厌烦，而是始终如一，历久弥新，不断地寻求自己的突破，没有最好，只有更好。他甚至把焊接完全融入自己的生活当中。他平常连吃饭都会模拟焊接，甚至把筷子当作自己的焊接工具，想象并模拟自己在焊接。而且为了增长专业知识，他选择到首都联合大学机械制造与工艺专业进行更加系统的进修。也许是因为这份初心的坚守，也许是因为这份热爱的执着，也许是因为这份责任的担当，在苦心钻研、多年摸索后，他的技艺突飞猛进，同时也找到了绝门焊接技巧，不仅安全可靠，而且效率极高，近乎零失误，成为一名高级技师。2000 年，高凤林到北京理工大学再次进修，学习更为专业的焊接知识，三年中，凭着他的勤奋与努力，成功取得了航天特级技师资质。

不久他就接到了一项任务，焊接我国火箭氢氧发动机中的大喷管。这项任务艰巨到连许多老技工也望而生畏。因为首先它的材质十分薄，仅有0.33毫米，而焊接的长度又很长，达到了九百米，这需要对材料焊接精准把握，对耐力也要求极高，焊接难度增加了数倍。但面对挑战，高凤林迎难而上。一个月时间内夜以继日地重复高精度训练，反复打磨，锻炼自己的肌肉记忆，缩小误差，直到小到可以忽略不计的程度。最终，他成功焊接出了我国第一台大喷罐。这是我国焊接事业的一大飞跃，为我国的航空火箭技术创造了巨大的突破口，从那以后，中国火箭的运载能力直线提升，而这个成就也间接提高了中国的国际地位。

我国一家飞机公司在俄罗斯购买的航空发动机，在进行地面飞行时出现了尾喷管开裂的质量问题，俄罗斯方面的专家进行实地考察后，表示在中国无法修复这个问题，若想让俄罗斯方面负责该发动机的所有维修费用，就必须将该发动机运回俄罗斯。可是当时该飞机急需投入使用，来回运输加上维修时间的消耗，会让该飞机公司损失巨大。当时除了邀请俄罗斯专家，还邀请了高凤林前来帮助解决该问题。他上前仔细观察和思考后，立即想出来解决方法，对俄罗斯专家说，只需要十几分钟，就可以解决这个质量问题。一旁的俄罗斯专家看到他拿起焊接工具，开始忙碌，眼中满是不屑。可随后高凤林的表现让他们大吃一惊，高凤林仅仅耗时9分38秒就完成了该发动机的修复工作，而且焊接没有任何缺陷，可以顺利投入使用。这让他们肃然起敬、称赞不已。

高凤林还解决了长三甲、长三乙、长三丙运载火箭设计的新型大推力氢氧发动机在使用新材料提高焊接难度上的重要难题，也曾帮助诺贝尔奖获得者丁肇中解决低温超导磁铁的制造难题，获得国际联盟及美国航空航天局的高度认同和赞赏。他曾为了保证顺利焊接"长征五号"火箭发动机，保证焊接工作零失误，练就了十分钟不眨眼的功夫，保证焊接过程完美零缺陷。

在高凤林35年的焊接工作生涯中，经他焊接过的火箭多达130枚，而且焊接这130枚火箭的时候都是零失误，没有出现过任何差错。与此同时，我国有近一半的航天飞行器都是他亲手焊接完成的，他的完美焊接保证了航天事业的顺利发展和高效进行。

2014年，高凤林凭借三项研究成果斩获德国纽伦堡国际发明展会上的三项金奖，让以工艺出名的德国为之震惊。有欧洲企业想要挖走他，便开出了他平常工资八倍的百万高价年薪，并加赠北京的两套房产，这对普通人来说是可望而不可即的聘请条件，让不少人羡慕不已。但是高凤林拒绝了，因为在他心中，国家利益高于一切，他也将为国家付出一切。他曾在央视节目采访过程中说出了自己的心声："每每我们看到我们生产的发动机把卫星打到太空，心中会不自主地产生一种成功以后的自豪感，你说金钱能买得到吗？"

但是，焊接也是十分辛苦的工作，在几十年如一日的艰苦环境下，高凤林的身体因此受了很多伤，他的手由于长期磨损，早已满是水泡。因为一次事故，他的胳膊还插入了深深的铁片，至今尚未取出。但是，他从没有说过一句辛苦，每次都是尚未痊愈就奋不顾身重新回到工作岗位，继续做着他的焊接实验。

高凤林是中国航天科技集团一院的一名特种熔融焊接工，被称为火箭发动机焊接的中国第一人，北斗导航、嫦娥探月、载人航天等国家重点工程中，都有他的杰出贡献。他获得的荣誉数不胜数，1996 年被授予"中央国家机关十杰青年"称号；1997年荣获"全国十大能工巧匠"称号；2006 年荣获中国高技能人才"十大楷模"称号；2007 年被授予全国五一劳动奖章；2009 年获国务院政府特殊津贴；2014 年荣获全国高端技能型人才培养实践教学二等奖；2014 年荣获德国纽伦堡国际发明展金奖三项。中国航天科技集团有限公司第一研究院 211 厂（火箭总装厂）特种熔融焊接工，国家高级技师，全国劳动模范，2016 年中国质量奖（这是质量领域国内最高奖项）唯一个人奖获得者，荣获全国十大能工巧匠、中华技能大奖、中央国家机关十杰青年等荣誉称号。1980 年至今一直从事火箭发动机焊接工作，攻克了发动机喷管焊接技术世界级难关，为载人航天、北斗导航、嫦娥探月等国家工程的顺利实施，以及长征五号新一代运载火箭研制做出了突出贡献。荣誉加身，他却坚守初心，始终如一，用一生践行自己的承诺，那就是为国家而献身，付出自己的一切。

学习思考

正所谓"三百六十行，行行出状元"。无论是哪一个行业的工作者，只要认真钻研，仔细探究，秉承工匠精神，时刻以工艺人的水准要求自己，就必然会获得意想不到的成果。在高凤林的手中，焊枪是针，弧光是线，他追寻着焊光，在火箭发动机的"金缕玉衣"上焊出了一片天。说高凤林是"金手天焊"，不仅因为早期人们把用比金子还贵的氩气培养出来的焊工称为"金手"，还因为他焊接的对象十分金贵，是有火箭"心脏"之称的发动机，更因为他在火箭发动机焊接专业领域达到了常人难以企及的高度。"金手天焊"是高凤林技艺高超、屡屡攻克焊接技术难关的写照，更是新时代航天高技能工人风采的体现。

在高凤林的身上，不仅我们看到了他孜孜不倦、努力钻研的工匠精神，更是让世界看到了精湛的中国工艺！中国精神！高凤林用 40 年的坚守，诠释了一个航天匠人对理想信念的执着追求，一个追求极致、传承坚守的"大国工匠"，他几十年如一日专注做一样东西，创造出了别人认为不可能的可能，梦想实现的自豪和满足感引领他一路前行，成就了他对人生价值的追求，也见证了中国走向航天强国的辉煌历程。

五、明辨思考

思考 1：结合中国故事，谈谈如何成为担当中华民族复兴大任的时代新人。

思考2：新时代新使命，如何规划自己的大学生活？

六、实践课堂

实践项目1：访谈活动——采访师兄/师姐

实践目的

步入大学之后，需要尽早适应新的环境，除自身的观察和思考外，还需要向有经验的"过来人"——师兄/师姐学习取经。将学习和生活方面的困惑与同龄人师兄/师姐们进行沟通交流，可以帮助我们更加深入地了解大学和大学生活，有助于我们尽早适应、熟悉大学环境和大学生活。和师兄/师姐们面对面地交流，答疑解惑，也可以让我们开阔视野、树立信心，更好地为自己的大学生活树立目标，此外，还可以锻炼我们的人际交往能力。

实践方案

（一）实践主题

本次访谈活动以采访师兄/师姐在学习和生活中的实践经验为主题，围绕个人刚进入大学的迷茫和困惑，进行深度交流与沟通。

（二）实践对象

大一学生，活动以个人或小组为单位，每个小组不超过5人。

（三）实践要求

(1) 任课教师宣布实践活动主题，并明确实践活动要求。

(2) 学生选取访谈对象，并发出邀请，预约访谈时间、地点。

(3) 提前结合自己在学习中和生活中的问题和困惑，拟定访问大纲。

(4) 提前到达访谈地点进行访问准备。

(5) 访谈结束后，整理访谈笔记，制作访谈记录表。

（四）实践成果

(1) 学生制作访谈笔记和访谈记录表提交给任课教师。

(2) 任课教师对本次实践活动进行总结，并对本次实践活动中集中存在的问题进行分析和正确引导。

实践项目 2：我的大学生涯规划

实践目的

大学阶段是人生发展的重要时期，是世界观、人生观、价值观形成的关键时期。在大学中，要学会处理好个人与集体、理想与现实、竞争与合作、权利与义务、自由与纪律、友谊与爱情等方面的关系，要学会整理完成自己大学阶段的人生的课题，在学习和生活实践中，要学会观察、思考、选择、判断，明确大学既是学习知识和技能的殿堂，也是不断完善自身的练习场，这是人生新阶段的开始，也是放飞自己梦想的起点，更是承载伟大时代使命的开端。因此，从开学之初，通过本次实践活动，制定自己的大学生涯规划，尽快度过迷茫期，对大学生活有正确认识和科学规划，确立学习的目标和理想信念，通过学习实践不断提升自己的思想道德素质和法治素养，成长为能够担当民族复兴大任的时代新人。

实践方案

（一）实践主题

本次实践活动以"我的大学生涯规划"为主题，对大学的学习生活和实践进行提前规划与进度安排。

（二）实践对象

全体大一学生，活动以个人和小组为单位开展。

（三）实践要求

（1）任课教师提前1~2周布置实践活动任务，并明确实践活动要求。

（2）学生在1~2周内，初步拟定大学生涯规划，其间可以咨询或访谈的形式寻求教师或者学长、学姐的帮助。

（3）学生将自己拟定的大学生涯规划提交给任课教师。

（4）课堂交流和讨论。任课教师将学生分为若干小组（4~6人），让学生在小组内就各自的大学生涯规划展开交流和讨论。

（5）任课教师引导和鼓励学生积极参加课堂讨论，并可采取学生主动发言或任课教师指定学生发言的形式，在师生之间展开关于大学生涯规划的课堂讨论。

（6）任课教师对每一位学生的发言进行引导性点评，并对发言质量较高的学生给予鼓励和表扬。

（7）任课教师对学生提交的"我的大学生涯规划"中集中存在的问题提出建议并进行正确引导。

（8）安排学生课后对自己的"我的大学生涯规划"进行修改和完善。

（四）实践成果

每位学生提交一份完整详尽的"我的大学生涯规划"报告。

科学规划大学生活

（1）学业为主。大学要以学业为主，每天都要按时上课，提高课堂学习效率。多去图书馆，在学习专业知识的同时，丰富自己的知识储备，让自己变得更加优秀。

（2）集体活动。大学会有很多社团，寻找自己喜欢的去参加，不仅可以营造好的人际关系，结交更多的朋友，还能让自己得到锻炼。多参加学校组织的技能比赛等。

（3）宿舍生活。让宿舍生活变得充实、丰富，不要整天睡觉、打游戏。与室友搞好关系，营造不错的生活环境。宿舍要经常打扫，保持环境干净整洁。

（4）学习技能。喜欢自己的专业就要努力去提升这方面的知识，不仅要学习掌握课本上的知识，还要自己去发掘、去学习相关的知识，让自己的专业知识稳定。同时也可以学习一些技能，这样有利于以后找工作。

（5）积极锻炼运动。大学里不要除了学习就是玩耍，应该注重健康，经常去锻炼身体，做一些有益健康的运动。可以跑步、打球，还可以健身。寻找合适的运动方式。

第一章　领悟人生真谛　把握人生方向

一、知识框架

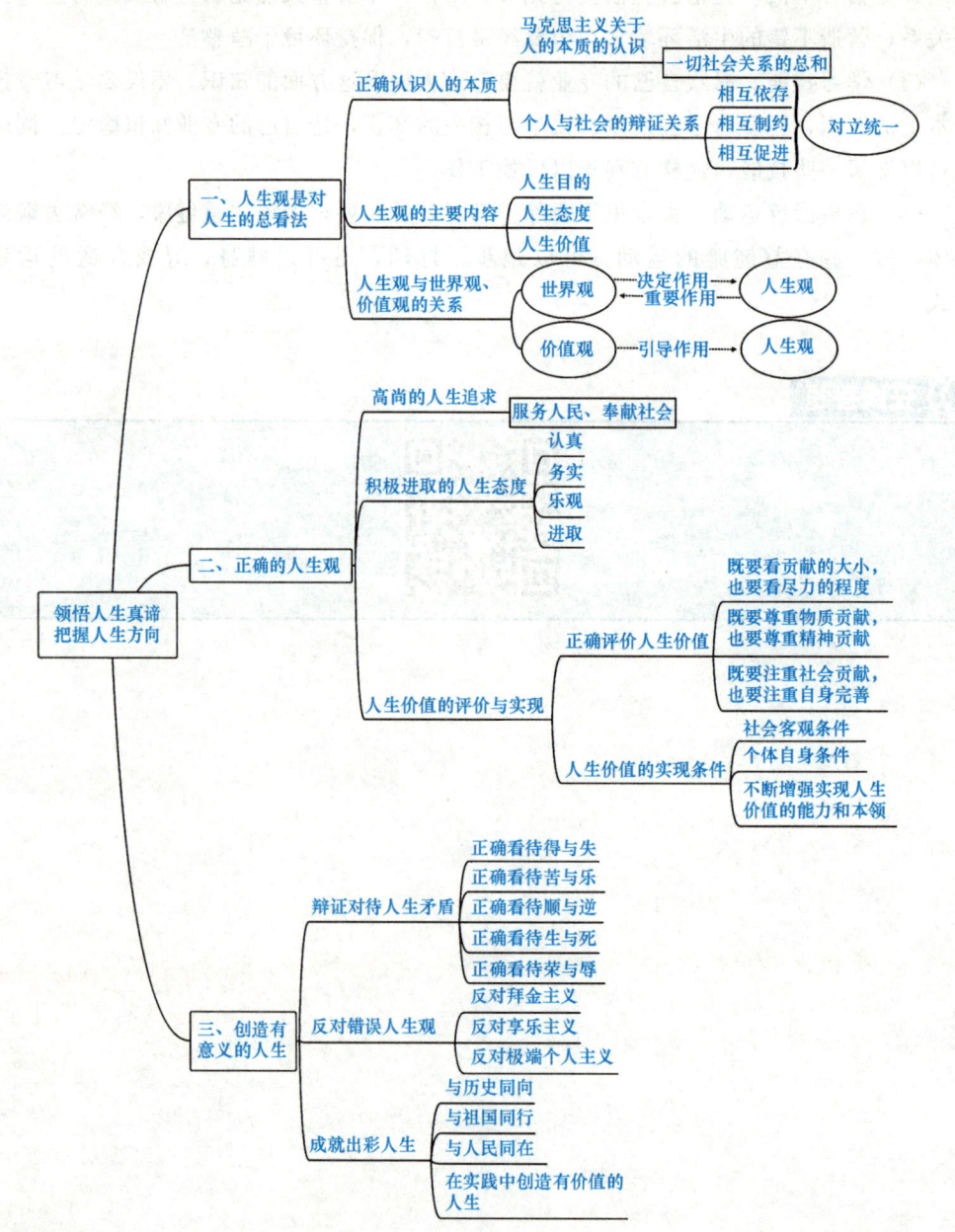

二、教学目标

知识目标：科学理解马克思主义的人生观理论，系统掌握关于人生和人生观的基本理论，科学认识"人的本质""什么是正确的人生观""什么是有意义的人生"等一系列问题。

能力目标：能够确立高尚的人生追求，能够保持积极进取的人生态度，为自己人生价值的实现创造良好的条件，能够自觉与错误的人生观做斗争。

素质目标：树立服务人民、奉献社会的正确人生观，做实践的主体，做生活的强者，为实现中华民族伟大复兴事业贡献青春能量，成就出彩人生。

教学重难点：

1. 马克思主义关于人的本质的理解。（重点）
2. 个人与社会的辩证关系。（难点）
3. 人生观的主要内容。（重点）
4. 高尚的人生追求。（重点）
5. 人生价值的评价与实现。（难点）
6. 辩证对待人生矛盾。（难点）
7. 成就出彩人生。（重点）

三、引经据典

原典1：青青陵上柏，磊磊涧中石。
　　　　人生天地间，忽如远行客。
　　　　斗酒相娱乐，聊厚不为薄。
　　　　驱车策驽马，游戏宛与洛。
　　　　洛中何郁郁，冠带自相索。
　　　　长衢罗夹巷，王侯多第宅。
　　　　两宫遥相望，双阙百余尺。
　　　　极宴娱心意，戚戚何所迫？

出处：《古诗十九首》（第三首《青青陵上柏》）

释义：陵墓上长得青翠的柏树，溪流里堆聚成堆的石头。
　　　　人生长存活在天地之间，就好比远行匆匆的过客。
　　　　区区斗酒足以娱乐心意，虽少却胜过豪华的宴席。
　　　　驾起破马车驱赶着劣马，照样在宛洛之间游戏着。
　　　　洛阳城里是多么地热闹，达官贵人彼此相互探访。
　　　　大路边列夹杂着小巷子，随处可见王侯贵族宅第。
　　　　南北两个宫殿遥遥相望，两宫的望楼高达百余尺。
　　　　达官贵人们虽尽情享乐，却忧愁满面不知何所迫。

解读：这首诗开篇四句便通过对比，表达了人生苦短的现实。第三、四句更是说明了人生存活在世上，就好像是匆匆的过客。相比于陵墓上的柏树、溪流里的石头，人不过是渺小的、匆匆而过的。人生总是无常，到最后依然要我们独自面对整个世界。但是我们能从这有限的时间里面获得内心的一份安稳。我们不必追求成为达官显贵，我们不必为了物质而盲目追求。人的一生，物质永远是追求不完的，只有精神才能让人得到真正的满足。虽然人生短暂，但我们依然能充实我们的精神世界，简单的生活成就不平凡的人生。

原典2：志不求易，事不避难，臣之职也。不遇盘根错节，何以别利器乎。

出处：《后汉书·虞诩传》

释义：立志不求易成，行事不避艰难，这是为官者的职责。就比如砍柴，如果没有遇到盘根错节，怎么能分清利刃与钝刃的区别呢？

解读：只有立下大志，才能为之奋斗不已，越是遇到困难，越矢志不渝，知难而进，如此便能取得常人不能取得的成就。大学生是年青一代，代表着祖国的未来，只有成千上万的青年人都拥有"志不求易，事不避难"的优秀品格，我们事业的发展才大有希望。而对年轻人自身来讲，只有将个人的人生目标和国家、民族的发展目标高度统一，才能在实现中华民族伟大复兴的宏伟事业中实现自我价值。

原典3：舜发于畎亩之中，傅说举于版筑之间，胶鬲举于鱼盐之中，管夷吾举于士，孙叔敖举于海，百里奚举于市。故天将降大任于是人也，必先苦其心志，劳其筋骨，饿其体肤，空乏其身，行拂乱其所为，所以动心忍性，曾益其所不能。（"是人"也作"斯人"）

出处：《孟子·告子下》

释义：舜从田野耕作之中被起用，傅说从筑墙的劳作之中被起用，胶鬲从贩鱼卖盐中被起用，管夷吾被从狱官手里救出来并受到任用，孙叔敖从海滨隐居的地方被起用，百里奚被从奴隶市场里赎买回来并被起用。所以上天要把重任降临在某人的身上，一定先要使他心意苦恼，筋骨劳累，使他忍饥挨饿，使他身处贫困之中，使他的每一行动都不如意，这样来激励他的心志，使他性情坚忍，增加他所不具备的能力。

解读：孟子这段话，意在说明一个道理，就是苦难和逆境，常常既是人才的试金石，也是成长的催化剂。广大的中国青年，大可不必在困难和挫折面前灰心丧气，要把苦难和挫折当作人生的砥砺。做好接受考验和磨炼的准备，树立正确的人生观与价值观，永远不忘忧患意识，带着顽强的意志和上进的决心，不断强化自己，向着成为国之栋梁的目标进发。

四、中国故事

中国故事1　八步沙林变绿洲，第二代治沙人郭万刚

作为八步沙林场第二代治沙带头人，年过七旬的郭万刚子承父志，已经在沙漠中

坚守了四十年。一棵苗、一碗水，守得沙漠变绿洲。

八步沙林场位于我国第四大沙漠——腾格里沙漠南缘，相传曾经这里只有八步宽的沙口子，所以被称为八步沙。早在20世纪初，随着气候变化、人口增加，过度开荒放牧，八步沙面积逐步扩大，沙丘以7.5米/年的速度向南推进，到20世纪80年代之前，已经发展成7.5万亩的沙漠，成为甘肃省武威市古浪县最大的风沙口，周围10多个村庄、2万多亩良田、3万多名群众的生产生活都受到了严重的影响。

1981年，作为三北防护林前沿阵地，古浪县开始着手治理荒漠，将荒漠化土地开发作为试点向社会承包，当时政府出台的政策是"政府补贴、个人承包，谁治理、谁拥有"。在政策的号召下，土门公社漪泉大队主任石满第一个站出来，和郭朝明、贺发林、罗元奎、程海、张润元5位年过半百的老人以联户方式组建了八步沙集体林场，并立下"沙漠不退人不退，草木不活人不走"的治沙誓言。这六位老人中，年纪最大的61岁，就是郭万刚的父亲郭朝明。那一年，六位老人卷上铺盖、带着干粮，辛苦一年，终于在沙窝窝里种上了将近1万亩的树苗。可到了冬天，两场西北风就把一半的树苗刮断了。望着光秃秃的沙漠，几株顽强的小树苗引起了他们的注意——只要有圈草，树苗就能活，再大的风沙也刮不倒。从此，"一棵树一把草，压住黄沙防风掏"就成了"六老汉"的治沙信念。

那时候，降雨量少，气候比较干旱，庄稼几乎没有收成，连最基本的生活保障都没有，春种秋不收，地里的粮食都被风沙吹打了。其实当时大家治沙的目的也很简单，就是为了保住土地。无论是烈日炎炎，还是风沙来袭，无论是怎样艰苦的环境，"六老汉"都扛着苗、拎着桶，一棵接着一棵，辛辛苦苦种了数万棵树苗。

郭朝明经常累倒在沙窝窝里，郭万刚看着劳累的老父亲眼泪"吧啦吧啦"往下掉。"治理几万亩沙漠，就你们几个老汉能治得过来吗？你们这样干简直是送命呢。"在土门供销社端着"铁饭碗"的郭万刚曾不理解父亲的做法。

郭朝明的话，却让郭万刚记忆犹新："多少年了，都是沙赶着人跑。现在，我们要顶着沙进。八步沙治不住，子子孙孙都保不住！"

1983年3月，郭万刚的父亲郭朝明因身体原因病退，31岁的郭万刚在父亲的劝说下，辞去土门镇供销社的工作，顶替父亲来到八步沙，接过八步沙植树造林接力棒。和郭万刚做出同样选择的，还有罗元奎的儿子罗兴全、程海的儿子程生学、贺发林的儿子贺中强、石满的儿子石银山、张润元的女婿王志鹏。2016年，郭朝明的孙子、郭万刚的侄子郭玺也来到了八步沙。他们从"六老汉"手上接过绿色接力棒，主动请缨，向腾格里沙漠风沙最为严重的黑岗沙、大槽沙、漠迷沙三大风沙口进发。

郭万刚回忆道："那个时候，真是苦啊！"在沙地上挖个坑，上面用木棍支起来，盖点茅草，就成了"地窝铺"，有时半夜突刮大风，茅草被卷得七零八落，大家只好头顶被子，在冰冷的沙坑里挨到天亮。

"起初，我很不理解。"有一年古浪发生特大沙尘暴，夺去了20人的生命，看着乡亲们悲痛的神情，郭万刚突然意识到，"爹是对的。只有把沙治住，才能把家守住！"

1991年春天，66岁的贺发林昏倒在树坑旁，被送到医院抢救，发现已是肝硬化晚期。弥留之际，贺发林对22岁的儿子贺中强说，"娃娃，爹这一辈子没啥留给你的，这一摊子树，你去种吧。"

那年冬天，贺中强辞去在外打工的活，扛着被褥来到八步沙，从此"三块砖上一口锅，卷着铺盖住沙窝"。

2000年，郭万刚正式接过场长的担子。经过20多年的努力，八步沙已植树1 000多万株，近10万亩农田得到保护。

郭朝明去世那年，没有按照当地风俗埋在祖坟，而是埋在了八步沙林场。郭万刚说，"老人们都商量好了，不进祖坟进林场，要看着儿孙们继续治沙植树"。

如今，郭朝明之子郭万刚，作为第二代治沙带头人，已经在沙漠干了40余年。他不仅带领大家完成了八步沙林场管辖区荒漠的治理，还承包了多个国家重点生态建设工程，相当于再造了一个"八步沙绿洲"。

郭万刚带领八步沙林场在技术、管理、产业发展等方面开始了新尝试。他们探索出"治沙先治窝，再治坡，后治梁"的新方法，应用"网格状双眉式"沙障结构，实行造林管护网格化管理，尝试打草方格、细水滴灌、地膜覆盖等新模式、新技术，逐步走上市场化治沙之路。

2010年，八步沙林场实现企业化转型，八步沙绿化公司成立，探索"以农促林、以副养林、农林并举、科学发展"的新路子。

2018年，八步沙林场按照"公司＋基地＋农户"模式，在黄花滩移民区流转2 500多户贫困户的1.25万亩土地发展经济林，通过特色产业帮助贫困户脱贫致富。林场还成立了林下经济养殖合作社，养殖沙漠"溜达鸡"，年收入可达20万元。

到2020年年初，郭万刚带领八步沙林场完成治沙造林6.4万亩，封沙育林11.4万亩，栽植各类沙生苗木2 000多万株，相当于再造了一个"八步沙绿洲"。

2019年8月21日，习近平总书记来到八步沙林场考察调研，强调要继续发扬"六老汉"的当代愚公精神，弘扬他们困难面前不低头、敢把沙漠变绿洲的进取精神，再接再厉，再立新功，久久为功，让绿色的长城坚不可摧。

八步沙林场治沙人"困难面前不低头、敢把沙漠变绿洲"的壮举和治沙成果，为干旱荒漠区防沙治沙创出了一条典型的成功之路，也为改善西部地区生态环境创造了宝贵的精神财富。2019年3月29日，中宣部授予古浪县八步沙林场"六老汉"三代人治沙造林先进群体"时代楷模"称号；2019年11月3日，武威市委四届十次全会决定将八步沙林场"六老汉""困难面前不低头、敢把沙漠变绿洲"的当代愚公精神作为新时代武威精神；2019年11月16日，八步沙林场被生态环境部命名为第三批"绿水青山就是金山银山"实践创新基地，成为甘肃省首个"绿水青山就是金山银山"实践创新基地；2020年11月30日，八步沙林场"六老汉"治沙造林先进群体荣获环保领域最高奖项"2018—2019绿色中国年度人物"。

从"沙进人退"到"绿进沙退"，从"不毛之地"到"绿水青山"，40年来，三代治沙人持之以恒地向荒漠与贫困发起挑战,誓把荒漠变绿洲,用生命与汗水,铸造一座无比坚实的绿色屏障。

学习思考

"六枚鲜红的指印,六个家族的信仰。四万亩贫瘠的荒漠,两代人出征的疆场。三十余年如风而过,一片绿洲已经茁长。那是不灭的希望!如铁!似钢!"这是2017—2018"CCTV年度慈善人物"以郭万刚为代表的"治沙六兄弟"的颁奖词。

在全球生态系统维护领域上,荒漠化一直有个"响当当的名头"——地球癌症。而荒漠化是在包括气候的变异、人类活动等多方面因素共同作用下造成的,一直是全球生态系统保护上的难题。

八步沙,六老汉,三代人。这群人,死去的和活着的被一起树碑立传;这六位老汉,不但把自己埋进沙漠,还立下了父死子继的誓约;这三代人,子承父志、世代相传,守得沙漠变绿洲。

他们用绿点缀了甘肃,为国民带来新生的曙光;更是用实在的汗水、努力和改变绘制了一幅林满世界的宏图,强而有力地敲响了人类与生态环境恶化的战役中鼓舞人心的战鼓。他们的付出不仅让国家看到了治理荒漠化的希望,更是让全世界看到了逼退黄沙的希望。

"子子孙孙无穷匮也,而山不加增,何苦而不平?"这是愚公移山故事里经典的一句话,表现了古代劳动人民移山填海的信心和毅力。无论时代如何变迁,中华民族的儿女为了自己的家园,敢当愚公,只有荒凉的沙漠,没有荒凉的人生。八步沙林场几代人用坚守与奋斗书写着沙漠绿洲的传奇人生,他们用自己的实际行动造福一方百姓,绘制绿色画卷。新时代呼唤新使命,新使命需要新担当,我们现在享受的幸福生活,是一代又一代人接力奋斗创造的,人世间的一切幸福都需要靠辛勤的劳动来创造,书写新的辉煌业绩离不开新时代的奋斗者,在砥砺奋斗中锤炼品格,释放激情,彰显人生价值。

中国故事2 永不折翅的"帕米尔雄鹰"拉齐尼·巴依卡

一位皮肤被高原紫外线晒得黝黑,棱角分明的面庞格外英俊,一双深邃清澈的眼睛明亮得像星星,闪烁着质朴和天真,又透露着执着和坚毅的护边员拉齐尼·巴依卡,生命永远定格在了2021年1月4日这天。一次奋不顾身的营救,一个耗尽生命的托举,一名落水儿童得救,但他就这样离开了。

拉齐尼·巴依卡是新疆塔什库尔干塔吉克自治县塔吉克族护边员。牺牲这一天,他正在喀什大学参加培训,为了在两个月后去北京参加两会,一周前,他还兴高采烈地上街买了一套崭新的民族服装。而这套崭新的服装,却永远地等不到它的主人了。

1月份的新疆寒风刺骨,这天下午1点多,喀什大学中国语言学院的教师陈晓琴带着8岁的儿子在校园里的人工湖边玩耍。冰面突然坍塌,儿子不慎落入4米多深的冰水中。救子心切！陈晓琴冲过去拉扯儿子，不料也同样落入水中。"救孩子！救孩子！"听到呼救的拉齐尼·巴依卡和室友木沙江·努尔墩，几乎没有任何迟疑，迅速奔向冰面，看到小孩在冰冷的湖水中时沉时浮，情况危急。拉齐尼·巴依卡没有丝毫犹豫，冲上冰面，正当拉住孩子的瞬间，脚下的冰面再次坍塌，拉齐尼·巴依卡也跌入冰凉刺骨的水中。室友木沙江·努尔墩也迅速跑了过来，冰水中的拉齐尼·巴依卡一边奋力托举孩子，一边朝室友喊："冰太薄，你不要过来，救孩子，快救孩子！"千钧一发之际，木沙江将两米多长的围巾卷起来抛给了拉齐尼，然后一条围巾根本不能承受两个人的重量，拉齐尼托举着孩子的双腿，再一次冲室友大喊："先救孩子！"可危险再次出现，一大块冰层突然崩塌，木沙江也掉进了冰湖里，拉齐尼在水中起起伏伏，始终托举着孩子，保持孩子头露出水面。虽然喀什地区消防救援支队世纪大道特勤站班长杨鹏飞和战友闻讯赶来，陈晓琴和孩子、木沙江都得救了，但是拉齐尼·巴依卡却早已沉入湖底，永远睡着了。而这年，他才41岁。

"南湖红色的光照亮帕米尔高原，在晨曦中，我的祖父凯力迪别克露出笑颜。他视巡边为自己义不容辞的职责和使命，祖父这种精神是我家的一盏明灯……"这是拉齐尼·巴依卡创作的诗歌《南湖》，也是他的最后一条朋友圈。等到他的事迹在全国的朋友圈刷屏，感动了整个中国的时候，才发现这个腼腆爱笑的塔吉克汉子身上还有着好多好多动人的故事。

拉齐尼的家乡在提孜那甫村，位于帕米尔高原东南部，地处边疆，地理位置极其重要。电影《冰山上的来客》的故事就发生在这里。1949年12月，中国人民解放军红其拉甫边防连成立，在塔吉克语中，红其拉甫意为"血染的通道"。这里常年积雪，平均海拔超过4 300米，氧气含量不足平原地区的一半，风力常年在7级以上，最低气温达零下40摄氏度，自然环境十分恶劣。这里担负边境线上近百公里的守防任务，守卫着世界上最高的国门——红其拉甫口岸。由于自然环境极为恶劣，边防官兵需要本地牧民作为向导。拉齐尼的爷爷——凯力迪别克·迪力达尔自告奋勇，成为红其拉甫边防连最早的向导，由此开启了拉齐尼一家三代接力护边的历史。那时每次护边都会带上3样东西：水泥、油漆和馕。馕在路上是干粮，水在山沟里随处都是。到了界碑，大家用水泥修补损坏的地方，用油漆刷新，还要描字，之后敬礼、宣誓。

1972年，巡边23年的爷爷年纪大了，再也走不动了，就把这项光荣的使命交接给了拉齐尼的父亲巴依卡："不能让界碑移动哪怕1毫米！""我们人在哪里，边防线就在哪里，一定要守好！"巴依卡接过了父亲的接力棒，背上干馕、水泥和红油漆，牵上家里的牦牛，与边防战士们一起爬冰卧雪，穿越"生命禁区"，用随身带着的水泥修葺界碑，用红油漆一次次仔细描摹"中国"，用双脚踏遍防区的每一寸土地，这一走就是36年。1998年"八一"前夕，县领导到巴依卡家里慰问，问他有什么困难和要求。那一天，巴依卡郑重说出了他的请求："我唯一的愿望，就是加入中国共产党。"父亲的话语感动着在场的每一个人，也深深触动了当时只有19岁的拉齐尼，一份沉甸甸的使命在他心底生根！

2001年12月，拉齐尼如愿穿上军装成为一名武警边防战士，在部队，他的军事训练成绩一直名列前茅，还被评为"优秀士兵"。入伍前，部队问巴依卡："你就这一个儿子，舍得吗？"巴依卡认真地说："保家卫国是大事，我舍得！"

2004年7月，退役的拉齐尼·巴依卡光荣地加入了中国共产党。也是从那年开始，他接过"接力棒"，沿着父亲的足迹，义务为红其拉甫边防连担任巡逻向导，巴依卡将自己手绘的"巡逻图"交给拉齐尼，并对他说："我把最珍爱的东西交给你了，这个棒你要接好。"从此，拉齐尼跟爷爷和父亲一样，成了"不穿军装"的边防"战士"。

红其拉甫边防连巡逻的目的地是边境线上的一条重要通道——号称"死亡之谷"的吾甫浪沟，地势险峻，100多公里的路途，往返一次要花3个月，要翻越8座海拔5 000米以上的雪山达坂，蹚过80多条冰河，穿行一片又一片乱石滩。因为极为险峻，这条路也成为全军目前唯一一条骑牦牛执勤的巡逻线，雪崩、滑坡、泥石流等自然灾害都是"家常便饭"。如果没有熟悉当地地形的人作为向导，巡逻队根本寸步难行。2010年9月，拉齐尼与边防官兵们，踏上巡逻"死亡之谷"吾甫浪沟的征程！走到半路时，天上下起了鹅毛大雪。作为向导，他建议大家先安营扎寨，等第二天雪停了再出发。那天是中秋节，拉齐尼跟官兵们在大雪中度过了一个难忘的中秋。他说，这是他人生中最骄傲的一天——第一次离开父亲的引导，独自带领巡逻队进入最危险的吾甫浪沟。在我们心中，驻守祖国边防的解放军官兵都是英雄，而在红其拉甫边防连边防官兵心中，脱下了军装的拉齐尼，是战场上可以为自己挡子弹的战友，更是他们的大英雄！

2011年冬天，边防连一支巡逻队伍遭到暴风雪袭击。途中，战士皮涛突然滑入雪洞，周围冰雪不断塌陷。危急时刻，拉齐尼·巴依卡迅速爬到雪洞旁脱下衣服、打成结、系成绳子，花了2个小时才将皮涛拉出来。皮涛得救了，拉齐尼·巴依卡却被冻得不省人事，被送到医院抢救了3个多小时才挽回生命。伤刚好，他就立即回到护边队伍当中。临近春节，由于大雪封山，哨所的蔬菜吃完了，食用油也没剩下多少。可去前哨班的盘山路极其险峻，被称为"生死九道弯"。在这样的天气状况下，汽车根本无法通行。正当连队官兵一筹莫展的时候，拉齐尼突然出现在大家面前，他牵着3头牦牛，给哨所送来了补给和年货。那天雪下得特别大，拉齐尼根本看不清哪是路哪是悬崖。他贴着山摸索着往前走，18千米的盘山路，一脚深一脚浅走了4个多小时，走到前哨时，双脚早已冻得失去了知觉。

2014年9月，和边防官兵们去吾甫浪沟的巡逻途中，陪伴了拉齐尼10年的白牦牛摔断了脊椎。无奈之下，巡逻队只能把白牦牛留在原地。抚摸着这位无言战友的脊背，拉齐尼哭得像个孩子，战士们也都湿了眼眶。临走前，拉齐尼和战士们拔了很多草放在白牦牛跟前，希望它能够恢复健康，自己归队。多年来，牦牛成了拉齐尼和边防官兵最值得依靠的战友。边防连官兵巡逻使用的牦牛，是拉齐尼家的。"牦牛小小的时候我们把它们养大，是我们的好朋友，但牛死了可以买牛，战士们的安全永远是第一位的。"很多人不理解,为什么这一家三代人宁可舍命、宁可付出一切,也要去护边、也要守卫国土。拉齐尼讲起了很多年前爷爷常常讲给父亲的那个故事:"解放军第一次来到我们家乡的时候,我们并不知道他们是谁。但是他们免费给我们药,给我们米面,还帮我们修房子。我们从未见过这样的好人。后来我们才知道,他们叫解放军,叫共产党。"听完拉齐尼的话,我们瞬间理解了他常常挂在嘴边的那句话:没有国家的界碑,没有边防官兵,哪里有我们的牛和羊。也瞬间理解了拉齐尼的那份执着:只要有我在边境、在界碑前,我绝对不会让任何人侵犯祖国边境!

戍边官兵换了一茬又一茬,拉齐尼·巴依卡却始终坚守。他生前曾告诉记者:"现在我们国家越来越强大,各族群众生活越来越好,我们在边境上更是一天都不能放松。"

2017年,拉齐尼·巴依卡当选首届"感动喀什十大人物"。2018年,他又有了个新身份——第十三届全国人大代表。每次参加完人代会,他都及时向家乡群众传递党的政策、传递党中央的关心和关怀。同时,他也把边疆人民的心声带到北京,为乡亲们解决实实在在的问题。此后3年,他围绕民生话题积极建言献策,共提交了12份议案。

2020年6月,拉齐尼正式担任提孜那甫村村委会委员。当上村干部后,他更忙了。半个月在山上巡逻,半个月在村里办公,在家的时间越来越少。任职期间,拉齐尼并没有做什么轰轰烈烈的大事,但他尽心尽力帮助村民解决每件小事:为牧民建立文化站;为做好春耕备耕,维修了十几公里的水渠和闸口;为了基建工作,他又亲自带领护边员将近千个重达20千克的铁桩搬上雪山……他经常笑着说:"只要我还有一口气,我就要为国家和人民付出。"

2020年10月20日,北京京西宾馆。那一天,拉齐尼捧回了沉甸甸的全国爱国拥军模范奖牌。他接受采访时,激动地说:"这份荣誉不是我一个人的,是喀什地区7 600多名护边员的。"作为全国人大代表,他最关心的始终是建设好护边员队伍,今年准备向大会提交的议案,他早就准备好了。这份他生命中最后的议案,依然是关注护边员队伍的建设。近年来,当地护边员人数增加,定期轮休倒班,待遇提高,边境基础设施也得到极大改善。巡逻线建起了执勤房,护边员再也不用风餐露宿。巡逻队配备专业的巡逻车、对讲机、望远镜和卫星电话,改变了过去"巡边靠走、通信靠吼"的巡边方式,边境管控水平大幅提升。此外,拉齐尼·巴依卡还格外关注护边员的社保和医疗问题,真正让护边员队伍"留得住、守得住"。如今,塔吉克族牧民得到的实惠越来越多,对生活都充满信心,越来越多的人加入巡边队伍。

作为人大代表,他提交的议案现在基本都实现了,然而作为父亲,他却一次次食言了。女儿都尔汗清楚地记得,2021年1月3日,拉齐尼打来电话,说2月份回家时,一定给她买台电脑,没想到,这竟是与父亲最后的对话;妻子阿米娜默默地掉着眼泪,她抚摸着为丈夫参加两会准备的崭新的衣服和一顶塔吉克族特色毡帽,她与拉齐尼同年同月同日生,他曾答应她照顾她一辈子,如今却留下她一个人;还有他的老父亲巴依卡，他曾经对父亲说，为祖国护边 40 年，一直到走不动，然而，他只完成了 16 年。可拉齐尼兑现了他对党的承诺，2002 年，当时只有 23 岁的拉齐尼，在他的入党申请书中这样写道："尽我所能，为人民、为祖国多做好事。"19 年来，拉齐尼用他朴素的人生，践行着这句话，直到他生命的最后一刻。

2020 年 10 月、11 月，拉齐尼·巴依卡先后荣获"全国爱国拥军模范"和"全国劳动模范"荣誉称号。领奖后他曾说道："这些奖不是颁给我一个人的，它属于默默无闻巡逻在边境线上的所有护边员。我们生活在一个好时代，我一定会履行好一名共产党员护边员的职责，用实际行动守好边境线，一代一代守下去，让伟大的祖国永远安宁。"

如今，千千万万个像拉齐尼·巴依卡一样的护边员，如同一只只雄鹰永远翱翔在祖国万里边防线上。最后，我们用拉齐尼·巴依卡昔日的同事创作的一首诗歌，来永远缅怀我们心中的英雄：

帕米尔的晨曦，

是您飞翔的起点。

慕士塔格顶峰，

是您驻足的地方。

云端守边的"帕米尔雄鹰"啊，

请带上我们的思念，

继续展翅翱翔……

学习思考

"不畏困难、不惧牺牲，心系家国、舍生取义。在生死考验面前，把生的希望留给他人，把死的危险留给自己。拉齐尼·巴依卡是爱国戍边的'帕米尔雄鹰'，他用生命向党和人民递交了一份优秀答卷，谱写了一曲英雄赞歌，树立起一座不朽的精神丰碑。"

平凡造就英雄，英雄来自平凡。拉齐尼·巴依卡在平凡的岗位上，坚守、奉献，直至献出自己宝贵的生命！像一支火炬，照亮了边疆，也温暖了这个寒冷的冬天。在生死考验面前，用生命托举生命，用行动诠释了共产党员的初心和使命，谱写了一曲新时代共产党人舍己为人、感天动地的英雄赞歌。

拉齐尼·巴依卡一心为人民服务，为党的事业奉献，即使将自己的生命结束在了 2020 年的寒冷冬季，但是他的英雄事迹永远镌刻在人们心中，我们将永远怀念他，学习他，学习他忠于党和人民，学习他舍己救人的高尚品格，学习他不畏艰难恪尽职守，学习他将小我融入大我的敬业奉献精神，学习他服务人民、奉献社会的人生追求！让我们记住这个英雄的名字：拉齐尼·巴依卡！

中国故事 3 雪线邮路上的"幸福使者"其美多吉

在四川甘孜藏族自治州有一条特殊的公路——川藏线康定至德格邮路，这条线路承担着四川进藏邮件的转运任务，全程往返 1 208 千米、平均海拔 3 500 米以上，被称为"雪线邮路"。而川藏线上有一段极为危险的道路，就是被称为"川藏第一险"的雀儿山，这段路地形险峻，并且一年有 2/3 以上的时间都被冰雪覆盖，在这条路上行车，稍不留神就会掉下百丈悬崖。

有一抹流动的绿色，30 年如一日穿梭在这段公路上，风雨无阻，一个个印着"中国邮政"的快递包裹、一封封邮件、一份份藏文报纸，都被这辆车安全地送达行车困难的藏族村寨、手机信号难以覆盖的深山牧区。而驾驶这辆邮车的人，就是其美多吉。

其美多吉 1963 年 9 月出生在甘孜州德格县龚垭乡。小时候，藏区很少有汽车，能见到的只有绿色的军车和邮车，每次小朋友都会追着车跑，其美多吉梦想着以后也能开上车。18 岁那年，他花 1 元钱买了一本《汽车修理与构造》，开始学习修车，后来还学会了开车。

1989 年 10 月，德格县邮电局买了第一辆邮车，在全县公开招聘驾驶员。26 岁的其美多吉既会开车又会修车，一下就被选中，成为中国邮政集团的一名长途邮车司机，负责从川藏线甘孜到德格 209 千米的邮路运输，这段路是其他省份邮件进入西藏前在四川境内的最后一段邮路，也是海拔最高、路况最险的一段路，中间要翻越 5 050 米的雀儿山垭口。这被称为"川藏第一险"的雀儿山，突兀于青藏高原东南缘，位于川西高原甘孜州，横断山脉的北部，呈西北、东南走向，海拔 5 000 米以上的雪峰就有数十座之多，是康藏交通的要塞。而雀儿山之所以被称为"川藏第一险"，是因为它过于崎岖和险峻的地形，"风吹石头跑，四季不长草，一步三喘气，夏天穿棉袄"是它的真实写照。这条路，大半年都被冰雪覆盖。夏天经常有塌方、泥石流；冬天，山上气温最低时有零下三四十摄氏度，积雪有半米多深，如果车子陷进雪里，就很难出来。由于温度太低，路上的积雪被碾压后，马上就会结成冰。就算挂了防滑链，车辆也随时可能滑下悬崖。"有恐高症的人，坐在车里冬天都会吓得流汗。"其美多吉说。雀儿山上路面最窄处不足 4 米，仅容一辆大车慢行。重达 12 吨的邮车经过这里，每一次加速、换挡、转向，即便驾驶经验丰富的其美多吉也不敢有半点松懈。

困难还不止于此，邮车同我们平常驾驶的私家车相比，区别很大，私家车底盘较低，相对来说更好控制，而邮车的底盘较高，这就对司机的驾驶技术要求比较高，再加上邮车的承货量较重，就导致邮车本身的重量加大，增大了驾驶的难度。

常年跑这条路的邮车驾驶员基本都有过被大雪围困，当"山大王"的经历。"被困在山上时，又冷又饿，寒风裹着冰雪碴子，像小刀刮在脸上，手脚冻得没有知觉，衣服冻成了冰块。"其美多吉回忆。有一次遇到雪崩，虽然道班就在徒步可达的地方，但为了保护邮件安全，他和同事顿珠守着邮车，用加水桶和铁铲，一点一点铲雪，而且当时带的食物也不多,只能节约着吃,外面天气又冷,只能铲一会雪回车里暖和一会再下去继续铲,就这样短短大约一千米的道路,走了两天两夜。当时心里也没有别的想法,就是觉得应该尽快把邮件送到人民手中,不能辜负人民的信任。

在驾驶过程中,其美多吉也总结出一条经验,就是邮车检查频率高,在路上受的罪就少。所以,每次出车前的第一件事就是检查车辆。靠着过硬的驾驶技术,加上沉着冷静、胆大心细的作风,其美多吉驾驶的邮车从未发生过一次责任事故。

在雪线邮路上,其美多吉和他的同事们驾驶的邮车是司机们心目中的航标。每次遇到险情,只有邮车通过了,其他车辆才会小心翼翼、安心地跟着过去。

艰险的不只是路况,还有意外。2012年9月的一天,其美多吉开着邮车返回甘孜的路上,路两边突然冲出一伙歹徒,把车强行拦下。"这里面都是信件,对你们来说不值钱。"可是歹徒执意抢劫,为了保护邮件,其美多吉身中17刀,肋骨被打断4根,头盖骨被掀掉一块,左脚左手静脉被砍断,经历了长达8小时的手术后,还在重症监护室躺了一个星期,才挣扎着捡回一条命。之后又历经大大小小5次手术,虽然逐渐好转,但左手和左臂一直动不了。之后无论大医院还是小诊所,不管理疗还是吃药,只要听说有用,其美多吉夫妇就立刻赶过去。终于,在一位老中医的"破坏性康复疗法"治疗下,其美多吉咬牙坚持了两个月疼痛无比的康复训练,左手竟奇迹般地康复了。但是,直到现在他的右脸上,还留着一道明显的刀疤。

即便如此,在经过一年的治疗与康复后,其美多吉再次开上了心爱的邮车,重返雪线邮路。

有一年冬天,他看到一辆大货车停在雀儿山四道班的路边,车上拉着30多个去拉萨朝拜的牧民,有老人有小孩,大家都非常焦急无助。停下车一问,他们说车坏了,困在这里已经两天了。其美多吉赶紧帮他们修车,半个小时后,车子就打着火了。"当时,他们都非常高兴,围着我,用藏族最朴实的方式为我祈福。"

30多年来,路上发生了交通事故,其美多吉就成了义务交通员,有了争执摩擦,他就成了人民调解员。他的邮车里常年备着氧气罐、红景天、肌苷口服液,在风雪阻路、进退两难的危难关头,挽救过上百位陌生人的生命。

2017年9月,历时5年、全长7千米的雀儿山隧道通车了。通车前一天,其美多吉开着邮车,最后一次翻越雀儿山,去和道班兄弟们道别。如今,其美多吉再也不用开车翻越险象环生的大山,隧道将从前两个小时的车程缩短到了10分钟之内。隧道也十分安全,不用再像以前一样提心吊胆地通过了,从前邮车只能运载4吨的邮件,现在已经慢慢上涨到12吨的容量了。

其美多吉常说,自己没有什么特别,雪线邮路上像他这样坚守的人还有很多。直到现在,四川藏区一些偏远的邮政所职工收入依旧很低,但为了藏区百姓的便利,为了将党和政府的声音传递到藏区的每一个角落,许许多多的其美多吉,义无反顾地坚守了一代又一代。因为在邮车上,装的是孩子们的高考录取通知书,装的是党报党刊和机要文件,装的是堆积如山的电商包裹,这些都是乡亲们的期盼和希望。在雪线邮路上，有了其美多吉们的坚守，这抹邮差绿将永不停息。

其美多吉的身影在雪线邮路上奔波了30多年，往返于甘孜与德格之间6 000多次，行程140多万千米，相当于绕赤道35圈。坚持把每一个邮件，平安地送到群众的手中，是其美多吉三十多年来一直未变的信念，在他从业这30年的时间里，他在家吃团圆饭的次数只有5次，但他表示并不后悔。因为他舍下自己的小家换来的是更多家庭的期盼和快乐，他觉得值得。

学习思考

"三十忠诚风与雪，万里邮路云和月，雪山可以崩塌，真正的汉子不能倒下，雀儿山上流动的绿，生命禁区前行的旗，蜿蜒的邮路是雪山的旋律，坚强的多吉，你唱出高原上最深沉的歌。"这是2018年感动中国人物其美多吉的颁奖词。

30多年的雪线邮路生涯，四川甘孜藏族自治州邮车驾驶员其美多吉用青春和生命传递邮件，用鲜血和汗水忠诚履职，用行动生动诠释了新时代奋斗者的敬业奉献、勇于担当。他的经历向人们昭示了和平年代里一名共产党员的信念和坚持，他的事迹折射出邮政人从未改变的初心和目标。

作为"雪线邮路的幸福使者"，凭借着他对雪线邮路的执着和热爱、奉献与坚守，其美多吉用车轮在雪线邮路上"架起一座桥"，连接起藏区百姓，用风雨无阻点亮群众希望，用执着不悔温暖乡亲期盼。对他来说，"一辈子就做好这一件事"是自己的执着与坚持，雪线邮路上的30多年，其美多吉见证着祖国对藏区的巨大扶持，看到了家乡日新月异的变化。过去在山路上时常遭遇堵车、塌方，自己经常不得不在路上过夜，有时耽搁得久了，不得不拆了车上的木条围栏烧火取暖，融雪饮水。2017年雀儿山隧道通车后，这样的情况不复存在。

在其美多吉身上，我们看到了平凡又伟大的邮政一线员工几十年如一日的坚守，看到了高原儿女迎难而上、有为担当、坚韧顽强的精神，这也正是"西藏精神""两路精神"的新时代注解，他用兢兢业业的工作，用不怕艰难的拼搏，用乐观善良的品质，把这一注解挥洒在平凡的岗位上，做出不平凡的业绩，实现着自己的人生价值。

中国故事4　"改变自己、感动中国"江梦南

1992年8月，江梦南出生在湖南省郴州市宜章县的莽山瑶族乡永安村的一个普通瑶族家庭，父亲赵长军和母亲江汶革都是莽山民族学校的老师，女儿的到来给他们带来无限的惊喜，"梦里江南、岁月静好"，于是父亲给她取名叫江梦南。

然而命运弄人，仅6个月大的江梦南突发高烧，父母外出不在，于是爷爷奶奶就把她抱去卫生院打吊针，但是用药后并未痊愈，反反复复发烧一周后，送到市医院，被确诊为小儿肺炎。半个月后出院了，但是整个人恹恹的，逗她玩时也不像以前那样活泼，甚至眼神木讷。细心的母亲发现，女儿对于声音好像不是那么敏感了，于是他们着急忙慌地抱着小梦南到市医院检查，医生给出的诊断是重度神经性耳聋，治不了。

这让为人父人母的两人大受打击，他们心里清楚，才七个月的梦南失去听力，就意味着将失去说话的能力。他们不甘心自己聪明活泼的女儿从此成为聋哑人，于是在1994年的冬天，他们来到了北京的业内最权威的几家医院进行检查，然而结果都是重度神经性耳聋，无法治疗。尽管医生都说恢复不了，但是他们仍然抱有一丝希望，只要看到广告说好就要去试试，能用的办法都尽量用了。一年后就在他们不得不接受事实的时候，奇迹出现了，小梦南在玩耍时着急喊了一声"ma"，这一声像闪电划破了她失聪以来的静谧世界，让他们重新燃起了希望，小梦南的耳聋可能无法治疗，但是言语康复有了希望。

父母每天饭后就把梦南放在腿上，面对着镜子，不断地从口型、音调、气息去观察和训练，还把梦南的手放在他们的喉咙上，让她感觉声带的震动。日复一日、年复一年，成千上万次地重复训练，直到梦南形成肌肉记忆。功夫不负有心人，两岁半的梦南语言能力能够跟上同龄人了，终于可以顺利进入幼儿园。

到了上小学的年纪，小梦南看到别的同学都上台阶读小学了，自己被留在了下面的幼儿园，六岁的梦南哭了。当时的小梦南面临着两个选择，一个是学手语，上特殊学校，另一个是学唇语，去正常学校。小梦南选择了后者。妈妈鼓励她，要用自己最大的努力去克服。第二年，梦南以"旁听生"的身份进入小学，虽然坐在第一排，靠读唇语还是没办法跟上学习的进度，不认命的梦南并没有把自己看成弱者，坚信自己不比别人差，也相信自己可以做好任何事情。在这种困难下，渐渐打造了她坚韧的性格。江梦南为了可以跟上学习进度，每天第一个来教室，紧盯老师嘴唇，偶尔下课的时候还会研究老师的板书，除此以外，她的寒暑假也是在学习，她靠着自己的刻苦努力从四年级跳级到六年级，之后还以全市第二名的成绩考入郴州六中，震惊全校。

"我从小就知道自己听不见，必须比别人更努力更拼。"江梦南说，"我要让别人觉得我也是很优秀的，哪怕我听不见，我也可以做得很好。"

进入中学后，开始宿舍生活，江梦南不仅要自己照顾自己，还要与同学相处。江梦南的母亲担心她能否适应集体生活，她每次都说可以，让母亲别担心。江梦南每天为了可以自己起床，紧紧攥住手机，靠着手机震动将自己叫醒。并且还自己探索出了一套适合自己的学习方式，有心人、天不负，终于在2011年江梦南以615分的成绩被吉林大学录取，因为这里有她的偶像张海迪的足迹。

进入大学后，各种奖学金和荣誉接踵而来，江梦南先后获取了吉林大学自立自强大学生标杆、白求恩奖学金等各种荣誉，在四六级考试中因为自己无法听见录音，而舍弃了听力部分，完全靠笔试部分通过了考试，并考取了吉林大学的硕士研究生，她的一篇论文被收录在《科学引文索引》里，这是国际权威数据库，所有的论文都用英文发表。

2018年，她考上了清华大学的博士研究生。也就是这年，在入学前，在母校吉林大学的帮助下，梦南接受了右耳人工耳蜗植入手术，对她封闭了26年的有声世界，终于又重新对她开放了。

在读博期间，江梦南还加入了清华无障碍发展研究学会，担任了会长，致力于推广宣传无障碍设施，为残障人士提供方便。她还积极创办论坛，坚持开展残障人士体验活动，替残障人士发声。淋过雨的人，更懂得为他人撑一把伞。江梦南说："生命科学领域如果有一个难题能够被解决、被攻克，那肯定造福的不只是一个人，而是造福所有人。更多地去考虑如何帮到其他人，能在无障碍做得非常完备的环境下，让残障人士也能跟健全人一样过上美好的生活，帮助他们重新获得健康人享有的待遇和权利，有尊严地活着，我的人生就充满了意义。"

2022年3月，江梦南入选"2021年度感动中国十大人物"。30年来，江梦南用自己的奋斗、拼搏、乐观和坚强，战胜了生活中的困难艰辛，谱写了无声世界里的生命华章，也收获了自己的非凡的成绩。生活中或许会遇到很多困难，很多矛盾，但是就像她曾说过的："其实也没有你们想的那么难，那是一种春风化雨的、潜移默化的困难。父母给我最最宝贵的一笔财富——是教我学会一步一步去克服人生中的各种困难。"无论未来的路怎样，我们都可以坚强面对、携手通过。

学习思考

"你觉得，你和我们一样，我们觉得，是的，但你又那么不同寻常。从无声里突围，你心中有嘹亮的号角。新时代里，你有更坚定的方向。先飞的鸟，一定想飞得更远。迟开的你，也像鲜花般怒放。"这是2022年3月3日对于感动中国2021年度人物江梦南的颁奖词。

江梦南从双耳失聪，到清华博士，她依靠着超越常人的毅力努力前行，创造了一个属于自己的奇迹。她从不会因为自己身体上的缺陷而看轻自己，她自信、坚强、不服输。正是因为心中有梦，她所经受的磨难只会让她的意志更加坚定。"幸福是奋斗出来的"，在我们的人生道路中，难免会遇到各种荆棘、各种坎坷，江梦南用实际行动向我们证明了，世上无难事，只怕有心人，没有不可能，只有不愿意。

我们要学习江梦南，学习她自信乐观、坚强奋进，始终心怀梦想，并用自己的实际行动去克服现实的困难与挫折，在自己的人生舞台中创造属于自己辉煌的人生篇章。

中国故事5　《无穷之路》陈贝儿

陈贝儿，1979年6月14日出生于香港一个殷实的家庭，父亲陈永镐是香港著名的"金牌监制"，也是许多明星演唱会的"必备人物"，幼年的陈贝儿是被一众明星们捧在手心宠爱着长大的。父母从小教育女儿，要做一个正直的人，别忘记自己是中国人。后来，她随父母远赴加拿大生活，但她心里始终记得自己是个"黄皮肤的中国人"。在西蒙菲莎大学传媒专业毕业后，她没有依靠父亲的人脉关系，而是孤身一人返回香港闯荡传媒行业，做过主持人、演员、主播。在香港做主持人期间，陈贝儿凭借着不凡的谈吐、落落大方的形象和精湛的外语水平，还有做事的一股钻劲儿，一跃成为香港TVB主播一姐。在很多国际重大盛会上都有她的身影，她采访过的世界顶级名人更是多到数不胜数,但是在她身上让人钦佩的,是心底油然而生的那份国人情怀。2007年戛纳电影节《十三罗汉》的招待会现场,外国记者故意让华裔演员秦少波讲英文,目的不言自明。旁边的陈贝儿马上站出来,当场反击对方:"中国人本来就是讲中国话,英语讲不好又怎样?"对方自知理亏,后来不得不向陈贝儿和秦少波道歉。2010年起,陈贝儿成了香港国庆文艺晚会的常客,几乎每年,她都会在晚会上带领大家高唱《歌唱祖国》。

作为一个媒体人,她不仅关注妇女的生活状态,还聚焦香港残障儿童,看着那些长期需要轮椅辅助、始终需要接受特殊护理的平凡生命,她拍摄了纪录片《用爱站起来》,呼吁人们奉献爱心,让这些被忽视的生命重燃人生的希望。

2021年,陈贝儿和团队聚焦在"脱贫攻坚"的题材上,拍摄了脱贫攻坚纪录片《无穷之路》,一行5人从香港出发,跨越了6个省份,14个曾经处于深度贫困的地区,历时三个多月的拍摄,真实记录当地脱贫过程中的生动影像,通过镜头深刻诠释了中国共产党以人民为中心的发展思想,给观众带来刻骨铭心的教育意义,收获了豆瓣9.5分的高评分,还从285部作品中脱颖而出,成了2021年我国"优秀海外传播作品"之一,也被无数观众高赞为"年度最值得一看的纪录片"。

纪录片中,陈贝儿用"沉浸式"体验的拍摄方式,记录下了中国深度贫困地区脱贫前后的故事。而对于一位习惯了都市生活的香港女星,偏远贫困区生活环境的艰苦和自然条件的恶劣,都让拍摄的每一环节都充斥着体力和心理的双重挑战。在四川凉山的悬崖村,陈贝儿为了体验村民昔日出行的艰辛,有恐高症的她,鼓足勇气攀爬上了位于峭壁之上的2 556级悬崖天梯,爬到半山腰,她累得气喘吁吁,一度被吓到双腿发软。可听到旁边的村民提醒她看远处的风景时,陈贝儿瞬间精神抖擞,"即使道路崎岖,依然乐观地享受着周围的风景,这就是生命顽强的迸发力。"村民乐观坚强的生活态度深深感动了她。后来的拍摄过程中,陈贝儿跟着村民攀着溜索横跨怒江,就算高原反应进了医院也坚持继续,最终克服重重困难,让大家通过镜头见证了中国人通过交通基建扶贫、生态扶贫、精准扶贫所创造出来的一个又一个中国奇迹。

之后,她又把目光对准人类赖以生存的生态环境,拍摄了纪录片《无穷之路2:无价之保》,一经播出,再获口碑收视双赞,震撼程度之深,让观众甘愿高呼其为"年度最佳"。这部纪录片聚焦了我国在生态保护领域所做的努力,讲述了人们用心守护大自然的动人故事。从荒凉无人区,到风沙戈壁;从浩渺长江,到南海海底;从雨林沙漠,到高原绿洲,陈贝儿用脚步丈量了环保路上的每一寸土地,近距离感受当代中国为了保护环境,还野生动物一个碧水蓝天所做的艰辛努力。长江禁渔、洱海重生、沙漠变绿洲、垃圾变能源,陈贝儿翻山越岭,真诚地记录下了祖国生态环保最真实的样子。

她冒着生命危险深入可可西里无人区,那里风沙肆虐,环境艰险,曾经是杀戮者的天堂。无数藏羚羊被盗猎者剥去皮毛。守护藏羚羊的先行者索南达杰,在一次与盗猎者搏斗的过程中壮烈牺牲,但依然手握钢枪,在冰天雪地里化身为一座对盗猎者永不屈服的"冰雕"。虽然历尽生死，仍有无数英雄前赴后继，只为归还野生动物一片碧水蓝天。

在这段路程中，陈贝儿劈波斩浪，勇往直前，用执着的求真精神让世界看见了以她为代表的中国媒体人深入骨髓的无畏精神与奉献情怀，连续两部纪录片都给世人以震撼，因为她用一个普通人的角度带领观众身临其境，感同身受，尽管是都市女性，但她上山下海，克服高原反应，徒步五千攀登悬崖峭壁，深入无人区不惧危险，深入群众倾听亲身经历，无数观众被她的真诚打动，更被她战胜重重困难的无畏之心触动。

2022年3月3日，陈贝儿被评为"感动中国2021年度人物"。

从《有爱站起来》到《无穷之路》，陈贝儿一直保持着初心，想要透过自己的眼睛看世界，再透过镜头把世界的模样告诉观众。"做这份工作我一直都很开心，它让我觉得无论多辛苦都是值得的。"

身为记者，陈贝儿可以在演播室里光鲜亮丽，也可以在基层行走千里。接受采访时她曾说过：自己要走在观众前面，而自己的无穷之路也一定会继续坚定不移走下去。路是走出来的，希望也必是奋斗出来的。

学习思考

"从霓虹灯的丛林中转身，让双脚沾满泥土。从雨林到沙漠，借溜索穿过偏见，用钢梯超越了怀疑，一条无穷之路，向世界传递同胞的笑容，记录这时代最美的风景。"这是2021年度感动中国十大人物节目对陈贝儿的颁奖词。

昔日的TVB金牌主播，放下戛纳的五彩光耀，甘愿历经"九九八十一难"，用心传承一段又一段正能量的故事。她的光辉岁月，从来不是问鼎"感动中国"人物后夺目耀眼的日子，而是一个人报着求真之心，带着爱国热情，在困难中学会热爱生活的每一段平凡时光。18岁在大学选专业时就立志要成为一名传媒工作者，再到娱乐新闻主播、综艺节目主持、纪录片主创，这一路的成长既有自己对梦想的坚守，也是时代的进步和国家的发展给她提供了更为广阔的发展平台。

"现在，青春是用来奋斗的；将来，青春是用来回忆的。"我们要享受眼前在党和国家领导下创造的幸福生活，但是更要不断奋斗，创造未来的幸福，在奋斗中创造幸福的人生。就像陈贝儿说过的："这对我的工作或是人生来说，都是一条无穷之路，我都要这样一路走下去。"

中国故事6 "咏世德之骏烈，诵先人之清芬"顾诵芬

2021年11月3日，一位坐在轮椅上的鲐背老人获得了2020年国家最高科学技术奖。这位老人就是两院院士，著名航空设计大师顾诵芬先生。或许很多人之前没有太多听说这个名字，这是因为他长期以来从事的事业都属于国家最高级别的绝密。在今天我们之所以能够成为航空工业大国、强国，离不开他们航空人的幕后努力与付出。

顾诵芬出生于1930年,祖籍在苏州,他的父亲顾廷龙是著名的国学大师,母亲潘承圭也是一位饱读诗书并接受过全面教育的女性,是当地有名的书香世家。1937年,顾廷龙受邀到燕京大学任教,于是全家迁居北京,顾诵芬当时在北京上小学,而他的哥哥在德国人开办的崇德中学念初中。由于崇德中学有德国人背景,因此学校教授很多先进的科学知识,其中就有关于航空启蒙的内容。哥哥经常会把在学校里制作的机械模型带回家玩,顾诵芬看着小飞机在空中飞行的姿态,感到神奇无比,也是这个时候开始,他对航空有了最初的好奇。

也是这年,日本人发动了震惊世界的"七七事变",全面侵华战争爆发。日军疯狂轰炸29军军营,低空飞行的轰炸机从顾诵芬家的上空飞过,发出巨大的轰鸣声,7岁的顾诵芬第一次看见飞机,还有从飞机上投下的数不清的炸弹。这一天在顾诵芬的心中留下了一辈子都忘不掉的痛苦记忆,同时也埋下了一颗航空梦的种子。

顾诵芬回忆:"那时候日本飞机列队地往西飞,炸弹爆炸不仅声音大,而且震动很厉害,家里的玻璃窗都发颤,当时吓得我们不知所措。经历了这一场轰炸以后,我暗暗地下决心,将来要搞飞机。"

战火肆虐的年代,顾诵芬一家又辗转迁移到上海。八年后,日本人节节败退,美军太平洋舰队逐渐控制了制空权。美军出动轰炸机对驻扎在上海的日军基地进行了轰炸,这一次,顾诵芬又见识到了美国人的空军实力。少年的顾诵芬此时此刻更加坚定了要制造中国飞机的信念。

由于家庭环境的熏陶和父母的严格要求,顾诵芬在学业上非常认真刻苦,成绩也一直非常优秀。

1947年,顾诵芬在上海高中毕业时,分别报考了浙江大学、清华大学和上海交通大学,因为这三所高校都开设了航空专业。而他所报考的专业志愿上都写着相同的名字——航空系。结果他同时收到了这三所学校的录取通知书,由于他哥哥在17岁患风寒不幸去世,为了照顾身体不好的母亲,顾诵芬选择了离家近的上海交通大学航空系。

读大学期间,顾诵芬见证了上海的解放,中华人民共和国成立,当时的航空对于中国来说是全新的领域,我们不但没有自己制造的飞机,也没有自己的航空工业,更别提航空理论知识。不久后朝鲜战争爆发,国家紧急号召所有航空专业的师生奔赴东北,开展航空工业研究与建设工作。这个期盼已久、报效祖国的机会来临了,他告别母亲选择了国家的航空事业。但没想到,母亲从此一病不起,由于太过思念儿子,后来患上了抑郁症。而顾诵芬由于参加保密工作,接到电报的时候,母亲已经离开人世,这也成为他一生中最大的遗憾。

顾诵芬一行人先是到北京进修,研讨中国航空飞机的设计,并提出了很多建设性意见,参与了新中国第一批飞机的设计工作。1956年,我国第一个飞机设计机构沈阳飞机设计室成立,26岁的顾诵芬作为首批核心成员,到达沈阳,担任气动组组长。"虽然苏联给我们一些飞机,但给的都是快淘汰的。我们要发展新飞机、好的飞机必须靠自己。"顾诵芬在回忆中说道。他很清楚，仿制而不自行设计，就等于命根子在别人手里。

我国在1954年就开始研制自己的喷气式教练机，而空气动力学被称为飞机设计的灵魂。然而此前，顾诵芬只接触过螺旋桨飞机。他曾回忆："关于喷气飞机进气道怎么设计，我们在学校也没学过，他们也不太清楚。厂医院每天打针的针管不少，我把那东西给搜罗来，然后把针头绞下来，焊在铜管上，这样我就有一个测气流的装置。"他顶着严寒反复进行实验，最终，出色地完成了我国首型亚音速喷气式中级教练机——歼教-1教练机的全部气动参数设定。1958年7月26日，经过近两年的设计和研制，歼教-1在沈阳下线，并首飞成功。

中华人民共和国成立不到10年的时间，我们就拥有了自主设计、制造飞机的能力，而且还是先进的喷气式飞机。当时的国际环境非常特殊，因此对消息进行了封锁。顾诵芬和所有的航天人对这个决定全都表示无条件配合国家的战略，因为航空人搞科研为的是国家，不是为了个人名利。对于顾诵芬而言，能够从事自己心中梦想的事业，能够看到自己设计的飞机上天，看到祖国的航空事业一步步壮大起来，这就是最大的幸福。

歼-8战斗机是我国自行设计的第一款双发高空高速歼击机，最初的总设计师是黄志千，顾诵芬担任副总设计师，两人合作默契。但后来黄志千在出国考察的途中不幸飞机失事遇难。顾诵芬与其他几名骨干临危受命，组成技术办公室接过了总设计师的重担。

歼-8上天的前一天顾诵芬压力非常大，因为这次试飞非常重要，党中央和中央军委高度重视，为此无论是国家还是团队都投入了太多的心血，虽然当时歼-8首飞安全落地，但还是发现了一些问题，飞行员试飞时也发现了在空中做转弯动作时，会出现抖振问题，对高速飞行的战斗机来说，如果不及时纠正，很有可能发生事故甚至导致机身解体。为从根本上解决问题，顾诵芬做出了一个大胆的决定——自己上天，亲自观察抖振原因。坐在副驾驶的位置，7 000米高空上，他拿着望远镜近距离观察歼-8的机身情况，两架飞机最近的时候仅有十几米，他却还让飞行员再近些，近距离观察后，顾诵芬很快就找到问题所在，立即着手修改，歼-8最终完美研制成功。

顾诵芬开启了新中国自行设计飞机的征程，成为我国飞机空气动力设计的奠基人。他主持建立了我国飞机设计体系，致力于推动中国航空科技事业的发展，是我国首批中国工程院院士，获得2020年度国家最高科学技术奖。在顾诵芬的带领下，一架又一架性能卓越的飞机一飞冲天，一个又一个人才脱颖而出。而今他虽已经是鲐背之年，"造飞机、卫祖国"的初心仍壮怀激烈。

在采访中有记者问他：现在您搞出让您满意的飞机了吗？他这样说道："现在还不满意，要满意了，我就用不着再干了，还得努力，无论多大年纪，这也是我一生的事业。"

> **学习思考**
>
> "像静水深流,静水里涌动报国的火,似大象无形,无形中深藏着强国梦,心无旁骛,一步一个脚印,志在冲天,振长策,击长空,诵君子清芬。"这是2021年度感动中国人物顾诵芬的颁奖词。
>
> 顾诵芬是我国航空领域唯一一位两院院士,翻开他的履历,就像在阅读一部新中国的航空工业建设史。他一生都奋战在航空研发领域,参加了我国几乎所有的先进机型设计和研发,是国内设计研发的标杆。但他从不愿将航空工业建设的功劳归于个人,经常有人问他这么做究竟是为什么,了解他的人都知道,只为强军救国梦,在7岁时就立志的中国梦。所以即使在退休之后,也没有离开自己热爱的航空领域,几乎每个工作日都要到办公室研究最新的资料。研究航空最新发展趋势就是他最大的乐趣,如果失去了这个乐趣,他觉得人生就没有了意义。直到今天,九十多岁的顾诵芬院士躺在病床上,依旧要每天关注航天领域的最新状况,为国家航空设计工作献言献策。正是有了顾诵芬这样将全部心血奉献给祖国的人,才有了我们今天的辉煌盛世!"咏世德之骏烈,诵先人之清芬。"人如其名。

五、明辨思考

思考1:结合中国故事,谈谈如何处理个人价值和社会价值之间的关系。

思考2:如何看待服务人民、奉献社会是高尚的人生追求?

六、实践课堂

实践项目 1:"价值观大拍卖"

实践目的

通过本次实践活动,巩固学习理论知识,首先明确价值、价值观的内涵及对于个人成长的重要性,其次通过实践活动提高学生在课堂中学习的主动性、参与性,充分发挥学生的主体作用;提高学生运用知识的能力,认识到世界观、人生观、价值观与生活实践的密切关系;并增强学生学习的兴趣,能够在活动中寻找、选择并明确自己的人生观、价值观,达到提高学生的合作能力和分析问题能力的教学目标。

实践方案

(一)实践主题

本次活动以"价值观大拍卖"为主题,将价值观"具象化",采取拍卖的方式进行。

(二)实践对象

大一学生,活动以小组为单位,每个小组 5~8 人。

(三)实践要求

(1)任课教师宣布实践活动主题,并明确实践活动要求。

(2)任课教师将学生分为若干小组(每组 5~8 人),并选定 1 人为小组组长,负责小组各项工作。

(3)分析并理解教学相关知识点,正确掌握世界观、人生观、价值观的相关知识。

(4)每个小组共同讨论选定价值观清单(实物或非实物均可),制作拍卖清单。

(5)制定并撰写拍卖活动方案。

(6)小组内成员进行角色分工:主持人及若干拍卖者。

(7)主持人负责将每一件拍品卖给出价最高者。

(8)活动结束后,小组内分享拍卖所得,并讨论实践心得。

(9)小组讨论结束后,每个小组选取一名学生进行班级内分享,结合所学知识,将自己的价值观选择进行剖析,并分享心得体会。

(10)学生再次反思自己在生活中最看重的是什么、自己为什么做出这样的选择。

(四)考核评价

(1)活动要在规定时间范围内实施并完成小组内讨论。

(2)小组选取代表进行班级内分享发言。

(3)任课教师和全班共同评分,完成本次实践活动的评价。

（五）其他要求

课后学生撰写实践活动心得体会："我的竞拍物品与我的价值观。"

实践项目 2："成就出彩人生"

实践目的

如何才能度过有意义的人生？怎样才能创造无愧于时代的人生？相信"人生之问"是常常萦绕在大学生心里的青春困惑，面对纷繁复杂的社会现象，面对各种思潮的相互激荡，面对生活、学习、情感、就业等多方面的思考，就需要大家在大学阶段思考并规划自己的人生之路，科学理解人生的根本问题，处理好人生中的一系列矛盾与困惑，在科学理论的指导下树立正确的人生观，把自己的人生追求同国家的发展进步、人民的伟大实践紧密结合起来，通过自己不懈的努力实现自己的人生价值，成就自己出彩的人生。

实践方案

（一）实践主题

本次活动以"成就出彩人生"为主题，征集与主题相关的创意作品，形式如下：①励志标语；②诗歌创作；③海报制作；④主题文章；⑤演讲朗诵。

（二）实践对象

全体大一学生，活动以个人或团队为单位。

（三）实践要求

（1）作品以"成就出彩人生"为主题。

（2）从五种作品形式中选择一项或多项，完成并上交完整作品。

（3）作品形式：文字或绘画类所有作品均使用 A4 白纸，作品所需纸张、画笔等用品作者自备，作品请自留备份，上交作品一律不退还。作品右下角标明：学院＋年级专业＋学号＋姓名；音影类作品以文件形式，压缩打包传至任课教师邮箱。

（4）作品版权无争议，均为作者本人原创，严禁任何侵权行为，参赛作品如违反肖像权、名誉权、隐私权、著作权、商标权等，涉及法律责任均由作者本人承担。

（5）特殊说明：遵守国家法律法规，不含有国家有关法律法规禁止或与其抵触的内容。要求学生严肃对待经典革命题材文化作品，严禁恶搞红色经典及英雄人物、格调低俗的作品，尊重历史、敬重经典、礼赞英雄，自觉抵制不良内容。

（四）作品标准

作品评分细则参考如下。

1. 励志标语

（1）主题鲜明，朗朗上口，积极健康向上，富有感染力和号召性，创意独特、新颖,具有艺术感染力。

(2) 上交作品用纸统一为 A4 白纸,用黑色中性笔书写。

(3) 选择此项形式的学生至少上交 3 条标语。

2. 诗歌创作

(1) 突出主题,思想健康,感情真挚,思想性和艺术性统一。体裁包括现代诗歌、古典诗词等。

(2) 上交作品为 A4 白纸打印作品,自己设计封面但需写明学院、年级专业、姓名、学号,标题为二号字体居中排列,正文用小三号仿宋体。

(3) 选择此项形式的学生至少上交 1 份作品。

3. 海报制作

(1) 作品须紧扣主题,独具创意,且具有感染力和良好的视觉效果。可选择手绘,也可选择电子海报,形式不限。

(2) 上交手绘作品要求为 A4 纸,黑白、彩色作品均可,自行设计。

(3) 选择此项形式的学生至少上交 1 份作品。

4. 主题文章

(1) 突出主题,思想积极向上,并有自己的理解与观点,上交作品用纸为 A4 纸,打印或手写均可。

(2) 选择此项形式的学生上交 1 份作品。

5. 朗诵演讲

(1) 主题范围内选取不同视角,时长 3～5 分钟。以电子版的形式上交,并同时上交纸质版演讲稿,纸张要求 A4 纸,手写或打印均可。

(2) 选择此项形式的学生上交 1 份作品。

(五) 实践考核

作品要按照规定时间进行报送。任课教师遵守公正、公平、公开原则进行评判,评委由教师团队 5 人和学生团队 3 人共同组成。

(六) 其他要求

任课教师对此次活动高度重视、精心组织、积极支持与鼓励学生完成作品。

在线答题

第二章 追求远大理想 坚定崇高信念

一、知识框架

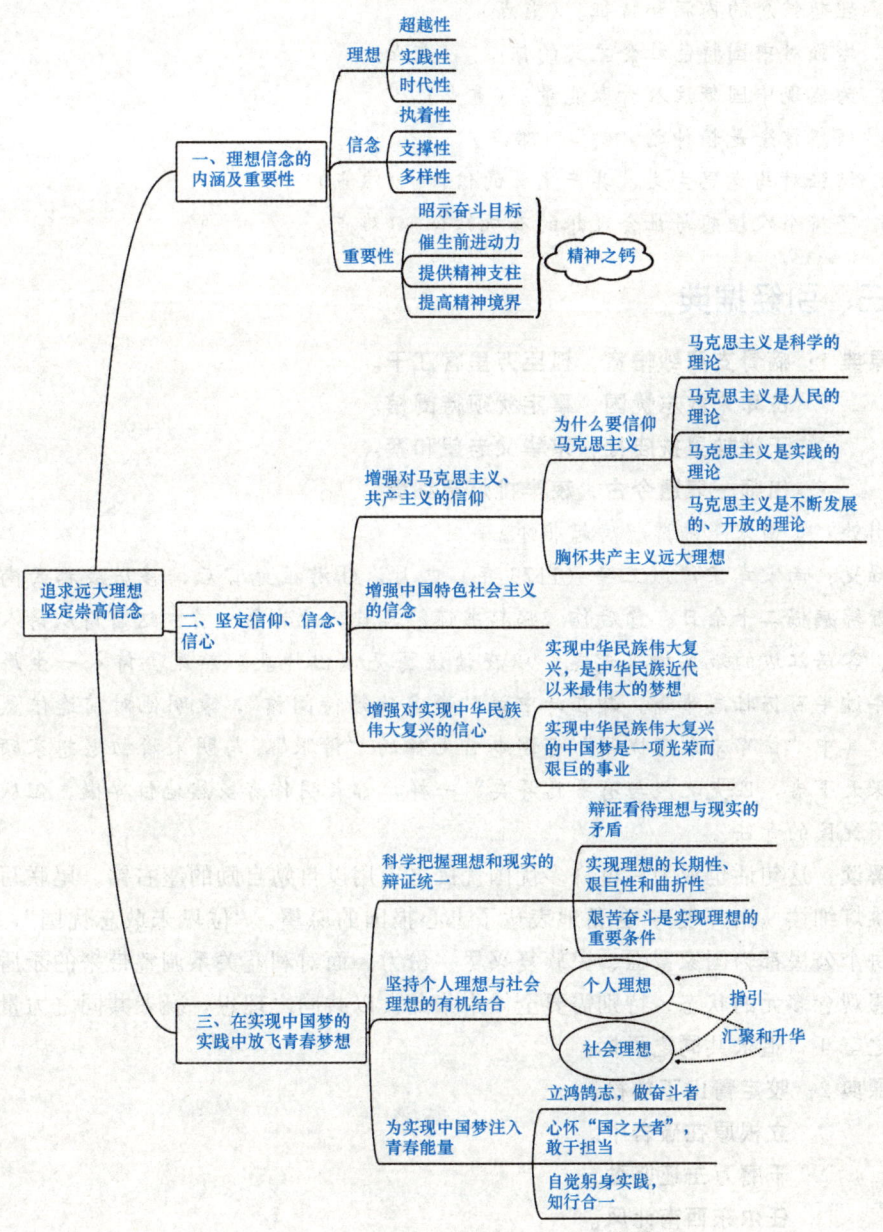

二、教学目标

知识目标：掌握理想与信念的内涵及特征，坚定马克思主义、共产主义的信仰。

能力目标：能够正确看待理想和现实的矛盾，能够用辩证思维对待个人理想与社会理想之间的关系。

素质目标：树立科学的奋斗目标，将个人理想与国家的前途、民族的命运相结合，在实现中华民族伟大复兴中国梦的实践中成就精彩人生。

教学重难点：

1. 理想信念的内涵和特征。（重点）
2. 增强对中国特色社会主义的信心。（重点）
3. 为实现中国梦注入青春能量。（重点）
4. 理想信念是精神之"钙"。（难点）
5. 增强对马克思主义、共产主义的信仰。（难点）
6. 坚持个人理想与社会理想的有机结合。（难点）

三、引经据典

原典1：病骨支离纱帽宽，孤臣万里客江干。
　　　　位卑未敢忘忧国，事定犹须待阖棺。
　　　　天地神灵扶庙社，京华父老望和銮。
　　　　出师一表通今古，夜半挑灯更细看。

出处：〔南宋〕陆游《病起书怀》

释义：南宋孝宗淳熙三年（1176年）四月，陆游被免官后，移居成都西南浣花村，缠绵病榻二十余日，愈后作《病起书怀》二首，此为第一首。这首诗从诗人身体衰弱、客居江边的现实境况起笔，以夜读诸葛亮《出师表》煞尾。诗人一生屡遭顿挫，年过半百仍壮志难酬。却在诗中说"事定犹须待阖棺"，表明他对前途依然充满希望。其中"位卑未敢忘忧国"可谓本首七律的"诗眼"，与明末清初思想家顾炎武的"保天下者，匹夫之贱与有责焉耳矣"一样，都表明作者虽然地位卑微，但从未忘却忧国忧民的责任。

解读：这句话也成为后世许多忧国忧民之士用以自勉自励的座右铭。尾联写诗人夜半挑灯细读《出师表》，含蓄地表达了忠心报国的愿望。"位卑未敢忘忧国"，正是要求每个公民都为国家富强、民族复兴尽一份力。面对利益关系调整带来的矛盾，面对思想观念多元的状态，特别需要全体中华儿女以共同之理想，凝聚共同之力量，以共同之奋斗，追求共同之目标。

原典2：咬定青山不放松，
　　　　立根原在破岩中。
　　　　千磨万击还坚劲，
　　　　任尔东西南北风。

出处：〔清〕郑燮《竹石》

释义：紧紧咬定青山不放松，原本深深扎根石缝中。千磨万击身骨仍坚劲，任凭你刮东西南北风。《竹石》是郑板桥的一首题画诗，也是一首托物言志的咏物诗。诗人表面上写竹，实则借竹喻人，表现其正直倔强的品格，以及决不向邪恶势力低头的铮铮铁骨。这首七言绝句以"咬"字开篇，突兀奇峭，入手不凡。竹子扎根于岩石的缝隙，经受风霜雨雪的击打，但始终"咬定青山不放松"。一个"咬"字，写出了竹子的顽强，把岩竹拟人化了。后两句"千磨万击还坚劲，任尔东西南北风"，进一步写岩竹的品格。经过无数次磨难，岩竹变得愈发坚韧不拔，任凭狂风肆虐也毫不动摇。一个"任"字，写出了竹子的无所畏惧、俊逸潇洒、积极乐观。诗如其人，郑板桥在为人、为官、为事方面无不彰显了"岩竹"坚忍执着的品格。

解读：这是郑板桥对竹子品格的描述：站定青山之上，扎根岩石之中，不管风吹雨打，总是坚劲挺直。竹子的品格，也正像人的品格。为什么一些人为了理想，能"虽九死而犹未悔"？为什么一些人为了事业，能"历百折而仍向东"？原因就在于，他们有着坚定的理想和崇高的信念。信念之于人，就像青山与岩石之于竹子，有了它，才能向着目标前行，不为困难所扰、不为矛盾所惑、不为利益所诱。

原典3：王曰："呜呼！凡我有官君子，钦乃攸司，慎乃出令，令出惟行，弗惟反。以公灭私，民其允怀。学古入官，议事以制，政乃不迷。……戒尔卿士，功崇惟志，业广惟勤，惟克果断，乃罔后艰。……"

出处：《尚书·周书·周官》

释义：《尚书》是中国古代重要的经学文献，其中《周书》是《尚书》组成部分之一，相传为记载周代史事之书。这句话的背景是，周成王战胜淮夷，回到王都丰邑，和群臣一起总结周王朝成就王业的经验，并向群臣说明设官分职用人的法则。他在告诫"有官君子"要忠于职守、勤于政务时说：你们要认真对待你们的职责，不能怠惰疏忽，要知道"功崇惟志，业广惟勤"。这句话中的两个"惟"字当"在于"讲，意思是说，取得伟大的功绩，在于志向远大；完成伟大的事业，在于工作勤奋。

解读：不管是国家要实现振兴，还是个人要成就事业，都必须具备两个条件，一为立志，二为勤勉。立志是前提，勤勉为保障，无志不足以行远，无勤则难以成事。我们需苦干实干，以务实作风、踏实态度，一步一个脚印朝前走。而在这一过程中，每个人也能找到人生舞台、收获出彩机会，以志为方向、以勤为动力，与国家、民族一起前行。

四、中国故事

中国故事1　周恩来——为中华之崛起而读书

周恩来（1898年3月5日—1976年1月8日），字翔宇，曾用名飞飞、伍豪、少山、冠生等，原籍浙江绍兴，1898年3月5日生于江苏淮安。1921年加入中国共产党,是伟大的马克思主义者,伟大的无产阶级革命家、政治家、军事家、外交家,党和国家主要领导人之一,中国人民解放军主要创建人之一,中华人民共和国的开国元勋,是以毛泽东同志为核心的党的第一代中央领导集体的重要成员。

"为中华之崛起而读书"这一激励中华儿女的励志名言,是1911年的周恩来在回答老师提问时说出的。1910年,周恩来来到东北,先在铁岭上小学,后又转到沈阳东关模范小学。1911年的一天,正在上课的魏校长问同学们:你们为什么要读书?同学们纷纷回答:为帮助父母,为做大学问家,为知书明礼,为让妈妈妹妹过上好日子,为光宗耀祖,为挣钱发财……等到周恩来发言时,他说:"为中华之崛起!"魏校长听到一惊,又问一次,周恩来又加重语气说:"为中华之崛起而读书!"周恩来的回答让魏校长大为赞赏。周恩来是如何确立起这一初心呢?

幼年童年时期的家庭变故使周恩来比同龄人更早成熟。周恩来出生的第二天,他的外祖父万青选就去世了。不到半岁,又因小叔父周贻淦生病没有子女,按照淮安的风俗,周恩来被过继给小叔父做嗣子,大人们希望通过过继的方法,一能解决小叔父的传代问题,二能希望用过继这种当地认为是"冲喜"的方法治好小叔父的痨病。可是不久他的小叔父就去世了。到1907年春天,周恩来的生母万氏因家庭生活的操劳,在35岁时得了肺痨去世。不久养母陈氏也因病去世,10岁的周恩来作为长子就操办起养母的丧事,并用船把养母陈氏的遗体从清江浦运回淮安和小叔父合葬。家庭的变故让幼年、童年时期的周恩来比同龄人更早地体会到失去亲人的痛苦、生活的艰辛和人情的冷暖,10岁时的周恩来已经"佐理家务,井然有序"。

童年生活的艰辛促使他要改变现状。周恩来的祖籍是浙江绍兴,外祖父的祖籍是江西南昌,到祖辈时两家到淮阴、淮安当县官,两家相识结为姻亲。祖父50多岁时就去世了,生前不事生产,不买地,只有房产。到了父辈,家庭开始中衰,叔父当师爷,父亲做文书常年在外不回家,入不敷出。周恩来从小就懂得生活艰难,特别是为了生母养母治病,常常把家里值钱的物件拿去典当换钱买药。童年生活的艰辛较早地让周恩来体谅到父辈的不易,没钱维持正常生活的艰辛也让他较早地懂得了家里的柴米油盐来之不易,过上好日子的朴素想法在少年周恩来的心里扎下了根。

四位女性的早期教育让他知书明礼。在周恩来的幼年童年生活中,有四位女性对他的成长产生了重要的影响。生母万氏,生于官宦之家(其父是淮阴县令),为人善良,性格爽朗,美丽端庄,具有良好的家庭教育素养。她生前处事精明干练,排难解纷的能力强,出面调解家族内纠纷时经常带周恩来同去,对幼年周恩来的基本礼仪、人情来往、主持公道、操持家务、做事认真细致及人生观的形成都产生了重要影响。嗣母陈氏,受过教育,知书达礼,喜好安静,较早地对周恩来进行文化启蒙教育,经常给他讲故事,如《天雨花》《再生缘》里面的故事,教他认字学文化,还送他到私塾读书,所以从8岁开始周恩来就可以读小说《西游记》《水浒传》《红楼梦》等。周恩来从生母身上学到了爽朗的性格,从养母身上学到了好静的性格。乳母蒋氏,是贫苦农民,周恩来出生后她到周家做周恩来的乳母,一直到周恩来离开淮安去东北都在周家劳作，小时候的周恩来经常跟着蒋妈，看她劳动，蒋妈也教他认识各种农活和植物常识，还带他到老家和自己的孩子一起玩耍，让年幼的周恩来知道了农事和农民的艰苦生活。还有一位八婶母杨氏，在周恩来生母、养母去世之后成了周恩来的实际抚养人，对周恩来的影响也很大，周恩来对八婶母的感情也很深。四位女性对周恩来的影响是多方面的，从基本生活能力、处世经验、人生观的形成、性格的养成到对社会的看法都有很大帮助。

参观关忠节公祠和日俄战争遗址让他认识到落后就要挨打的惨痛教训。清末抗英名将关天培是淮安人，淮安城内建有关忠节公祠，周恩来少年时经常随养母陈氏到公祠里参观，养母给他讲解关天培抗英为国捐躯的故事，让少年周恩来对民族英雄产生崇敬之情。到东北上学期间，随同学到奉天南郊魏家楼小住，参观日俄战争遗址，听当地老人讲述日俄战争的经过和中国人民饱受的苦难，让他知道了落后就要挨打被侵略、国破家亡的道理。在他幼小心灵里萌生了为中华崛起、解救人民于水火之中的豪情壮志。

到东北上学接受西学教育，思想受到启蒙。周恩来小时候在淮安，除得到养母陈氏的文化教育外，还在私塾读书学文化，到东北求学开始接触西学。周恩来1946年9月在接受美国记者李勃曼采访时说："十二岁那年，我离家去东北，这是我生活和思想转变的关键，没有这一次的离家，我的一生一定也是无所成就，和留在家里的弟兄辈一样，走向悲剧的下场。""从受封建教育转到受西方教育，从封建家庭转到学校环境。"到东北上学，让周恩来开阔了眼界，知道了外国的一些情况，也初步看到了国弱民穷受欺凌的国内现状，当听到辛亥革命爆发，推翻清朝统治的消息后，在学校率先剪去象征清朝臣民的辫子。于是在魏校长问同学们为何读书的时候，他能自然而然地说出"为中华之崛起而读书"的励志名言。

周恩来从小学时立志"为中华之崛起而读书"，到南开学校毕业时与同学们互赠"愿相会于中华腾飞世界时"的留言，到日本留学又回国参加五四运动，再到欧洲勤工俭学又回国投身革命……就一直为中华之崛起而奋斗。少年定下初心，之后为之奋斗终身，周恩来这种坚定的理想信念和执着的人生追求永远是我们共产党人学习的典范。

学习思考

"为中华之崛起而读书"是周恩来总理在少年时代立下的宏伟志向，表现了为国家和民族而奋斗终生的责任感和使命感。

"为中华之崛起而读书"就是要博览群书，全面发展，求真务实，勇于创新，做一个有理想、有道德、有文化、有纪律的高素质人才，努力增强自身的文化修养，为富国强民而不懈努力。

"为中华之崛起而读书"不仅是对以爱国主义为核心的民族精神的传承和升华，而且是对以共产主义为核心的时代精神的体现和拓展，是激励人们奋发努力、不断进取的强大动力。

中国故事 2　陈独秀创办《新青年》

陈独秀（1879年10月9日—1942年5月27日），原名陈庆同、陈乾生，字仲甫，号实庵，安徽怀宁人，新文化运动的倡导者、发起者和主要旗手，"五四运动的总司令"，中国共产党的主要创始人之一和党早期主要领导人。

一个有远见的民族，总是把关注的目光投向青年；一个有远见的政党，总是把组织的基础植根于青年。一部中国青年运动史，就是一部广大青年在党的领导下不懈奋斗的历史。

在恰同学少年、风华正茂的年纪，他们大力传播马克思主义，缔造了团组织，又甘为"火种"，为号召青年在党的领导下救国救民而发声、献身，为共青团组织的创办、发展呕心沥血。无论是唤醒工农大众还是开辟革命新路，无论是打倒列强除军阀还是抵御外敌抗日寇，他们成为挽救民族危亡、争取国家独立和人民解放的先锋力量。

以青春韶华砥砺峥嵘岁月，他们发出"团结起来，振兴中华"的时代强音，树立了青年突击队等闪光旗帜，掀起了"争做社会主义建设积极分子"的热潮，创造了向科技进军的一个又一个历史纪录。在劲帆之上，勇毅前行，他们成为新长征突击手、青年岗位能手、青年五四奖章获得者、优秀共青团员、优秀团干部、优秀青年志愿者、向上向善好青年……以矢志奋斗、甘于奉献的榜样精神引领着一代又一代青年建功立业，为实现中华民族伟大复兴的中国梦贡献青春力量。

1921年，中国共产党第一次全国代表大会召开。会议在讨论党的基本任务和原则时，发生过一些分歧和争论。但在选举中央领导人时，十几位代表一致推选了当时并不在现场的陈独秀担任中央局书记。

"他是五四运动时期的总司令。我们是他们那一代人的学生。那个时候有《新青年》杂志，是陈独秀主编的。被这个杂志和五四运动警醒起来的人，后头有一部分进了共产党。这些人受陈独秀和他周围一群人的影响很大，可以说是由他们集合起来，这才成立了党。"1945年，毛泽东在中共七大预备会议上的讲话，道出了先辈们当年做出那一个历史性抉择的缘由。

1903年的中国，清王朝风雨飘摇，内外交困，积贫积弱。

上海一间偏僻的阁楼里，蜗居着两个20多岁的年轻人。章士钊、陈独秀足不出户，夜以继日地筹办一份报纸。这份宣传民主、反对封建专制的《国民日日报》发行未久便风行一时，然而短短一年，即遭封禁。

立志"推倒一时豪杰，扩拓万古心胸"的陈独秀不会轻易止步。回到故乡安庆，他与朋友创办《安徽俗话报》，要让家乡人民通晓时事，增长见识；流亡日本，他又成为"老虎报"《甲寅》的主要撰稿人。

1915年，陈独秀在归国途中亲历的一幕令他久久难忘——日本船警打骂被窃船票的中国穷学生，而周围的中国人都在看热闹。陈独秀上前阻止日警暴行，劝大家为学生补票。其间却多有为富不仁者，不屑而避。

陈独秀愤懑不已，于同年9月15日创刊《青年杂志》。他在发刊词中"敬告青年"，要"自觉其新鲜活泼之价值与责任……奋其智能，力排陈腐朽败者以去"。

陈独秀按照所能理解的现代意义和标准，梳理中国青年的价值体系：自主的而非奴隶的；进步的而非保守的；进取的而非退隐的；世界的而非锁国的；实利的而非虚文的；科学的而非想象的。

1916年，《青年杂志》更名《新青年》，陈独秀进一步向青年发出警醒之声："同一青年也，而新旧之别安在？慎勿以年龄在青年时代，遂妄自以为取得青年之资格也"；心理上要"斩尽涤绝做官发财思想""内图个性之发展，外图贡献于其群"；"以自力创造幸福，而不以个人幸福损害国家社会"；"精神上别构真实新鲜之信仰，始得谓为新青年而非旧青年，始得谓为真青年而非伪青年"。

以《新青年》为阵地，一批青年会同当时进步的知识分子高举"民主"和"科学"的旗帜，发动了空前的新文化运动，为马克思主义在中国的传播和五四爱国运动的爆发奠定了思想基础。

1920年，在筹备建立上海的中国共产党早期组织的过程中，陈独秀直言"很重视青年"。他明确提出："组织一个社会主义青年团，作为中共的后备军，或可说是共产主义的预备学校，这个团的上海小组预计最先约有三十多人参加……加入的条件不可太严，以期能吸收较多的青年。"同年8月，受陈独秀委托，俞秀松筹建上海社会主义青年团并任书记。

1922年5月5日，中国社会主义青年团第一次全国代表大会在广州东园开幕。陈独秀作为中共中央局领导人发表讲演《马克思的两大精神》。他希望广大青年"能以马克思的实际研究的精神研究社会上各种情形，最重要的是现社会的政治及经济状况"；"发挥马克思实际运动的精神，把马克思学说当作社会革命的原动力"。

1923年10月20日，团中央机关刊《中国青年》在上海创刊，陈独秀以笔名实庵发表文章《青年应当怎样做》。

1927年，大革命失败后，陈独秀逐渐远离了党的政治中心，然而他强烈的民族精神和希望国富民强的心愿从未变过。

"青年如初春，如朝日，如百卉之萌动，如利刃之新发于硎，人生最可宝贵之时期也。青年之于社会，犹新鲜活泼细胞之在身。"陈独秀的那些青春语录，百年至今，余响不绝。

> **学习思考**

《新青年》在五四运动时期代表了先进文化的前进方向，对中国文化的现代转型的影响是巨大且久远的。

在中国新民主主义革命过程中的各种西方思潮大多是在五四运动前后通过《新青年》传入或兴起的。《新青年》杂志在中国现代社会转型中起着重要的精神桥梁作用。

《新青年》倡导的民主科学精神和广泛传播的马克思主义，指导和激励了中国人民经过长期奋斗实现了由半殖民地半封建社会到民族独立和现代民主重大历史嬗变，推进了中国政治民主化的历史进程，倡导的进取精神、竞争意识和赶超精神，促进和加速了现在中国社会的转型。

中国故事3　袁隆平的禾下乘凉梦

提起我国的水稻发展，那么这其中离不开一个人，不管你怎么绕，都不会绕开这个人，这个人就是袁隆平，也正是有了袁隆平的出现，这才使得我们国家的粮食产业获得了巨大的提升。袁隆平一直有一个梦想，那就是"禾下乘凉梦"。

袁隆平1930年9月7日出生于北京，无党派人士，江西省九江市德安县人。享誉海内外的著名农业科学家，中国杂交水稻事业的开创者和领导者，中国共产党的亲密朋友，无党派人士的杰出代表，"共和国勋章"获得者，湖南省政协原副主席，国家杂交水稻工程技术研究中心原主任，中国工程院院士，被誉为"杂交水稻之父"。

1953年毕业于西南农学院，1995年被选为中国工程院院士，1999年中国科学院北京天文台施密特CCD小行星项目组发现的一颗小行星被命名为袁隆平星，2000年获得国家最高科学技术奖，2004年获得沃尔夫农业奖，2006年4月当选美国国家科学院外籍院士，2010年获得澳门科技大学荣誉博士学位，2013年获得第四届中国消除贫困奖终身成就奖，2018年当选中国发明协会首届会士。2018年9月8日，获得"未来科学大奖"生命科学奖；2018年12月18日，党中央、国务院授予袁隆平改革先锋称号，颁授改革先锋奖章，获评杂交水稻研究的开创者。2019年9月17日，国家主席习近平签署主席令，授予袁隆平"共和国勋章"。2020年11月28日，当选2020中国经济新闻人物。袁隆平致力于杂交水稻技术的研究、应用与推广，发明"三系法"籼型杂交水稻，成功研究出"两系法"杂交水稻，创建了超级杂交稻技术体系。提出并实施"种三产四丰产工程"，运用超级杂交稻的技术成果，出版中、英文专著6部，发表论文60余篇。

对于袁隆平这样一个生长在大城市，并自小就上教会学校的人来说，在风华正茂的时候违背母亲的意愿选择学农，实在是出人意料。

"6岁时一次郊游，曾在武汉郊区参观了一个园艺场。满园里郁郁葱葱，到处是芬芳的花草和一串串鲜艳的果实。我觉得那一切实在是太美丽了！美得我当时就想，将来我一定要去学农。"

没有指点江山的豪情壮志，没有功成名就的意气风发，有的只是质朴的表白，有的只是对美丽的特别感悟与无悔执着。时隔60多年的漫长岁月，袁隆平忆及当年的感受，仍不免双眼灼灼，神采焕发。可见当年那片花果鲜艳的园艺场，在风雨飘摇、国事艰难的年代，曾是多么深刻地打动了一个孩子纯真的心。这片美丽的记忆，成了袁隆平心中永远挥之不去的情结与梦幻，使他从此与"农"结下了不解之缘。也正是这片美丽的永远，最终改变了袁隆平一生的命运，并进而在某种程度上改变了14亿中国人的命运。

1953年,从西南农学院农学系毕业的袁隆平,为了追求心中的梦,毅然从四川重庆来到了偏僻的湘西雪峰山旁的安江农校任教。

在安江农校,他一待就是19年。回顾在安江农校的教学生涯,袁隆平感触良多:"我在教学过程中,积累了较多的生物学知识和农业生产实践经验。因此在以后的作物育种科研中,才具有一定的发现问题、分析问题和解决问题的能力。"在这里,袁隆平以非凡的努力完成了知识与经验的积累,为将来的科研打下了基础;同时,一场梦魇般的饥荒最终促使他全力以赴地编织杂交水稻梦。安江农校成为袁隆平腾飞的起点。

一生的付出,为的是战胜记忆中那梦魇般的饥荒

20世纪60年代初期,一场罕见的饥荒席卷神州大地。安江农校宁静的校园也无法幸免。袁隆平为这沉痛的现实深深感到不安。在这种情况下,青年袁隆平响应党的号召,和学生们一起来到黔阳县的硖州公社秀建大队支农。生产队长老向企盼地对他说:"袁老师,听说你正在搞科学试验,如果能研究出亩产800斤①、1 000斤的新稻种,那多好啊!我们就可以不怕饥荒了,苦日子也就可以结束了。"老队长的话又一次唤醒袁隆平蕴藏在心底的童年之梦,从那一刻开始,他将"所有人不再挨饿"奉为终生的追求。

"三年困难时期,我亲眼见过有人饿死倒在路边、田坎上,很多人因饥饿得了浮肿病。当时我们农校的老师被下放到艰苦的地方锻炼,在集体食堂里,我们吃的菜就是一大锅红薯藤,加一小酒杯的油来煮,跟猪食差不多。饭是双蒸饭,用水蒸了两次,饭粒儿看起来大,吃下去一会儿就饿,整天想的就是能吃顿饱饭就好了。"

"人类能否战胜饥饿?我认为主要靠科技进步,再有一个和平环境,通过不断研究,取得农业科技的不断提高,就能解决饥饿问题。我是学农的,每年做点优产育种研究,日有所思,夜有所梦,我曾经做过一个好梦,梦见我们试验田里种的水稻,像高粱那么高,穗子像扫帚那么长,粒子像花生米那么大,我们几个朋友累了,坐在稻穗下面乘凉。"回忆起当年的那场灾难,袁隆平那种济世情怀,那种对生命的真挚的呵护与关爱,让人分明感受到了一位伟大科学家内心的崇高与博大。

梦当然只是梦。为了通过科研的力量在实践中一步步接近这个梦,袁隆平以一种义无反顾的精神一头扎进了杂交水稻这个世界性的难题中。不为别的,就为了让现实中落后、贫困的农村能变得富饶而美丽。为此,他所经历的困苦与磨难超出了常人的想象。但他数十年如一日地坚持着,努力着,"真的,我从没后悔,我这个人有点痴,认准的一定要走到底。"他一直这样说,也一直这样做。杂交水稻已成为他生命中不可或缺的一部分。

培育杂交水稻,是他生命中最强的音符

对于一个几千年来受贫穷与饥饿折磨的民族,有着高产量的杂交水稻良种来帮助解决吃饭问题,这是一个多么巨大的贡献啊。难怪一些地区的农民称他为当代"神

---

① 1斤≈0.5千克。

农",而国际同行称他的研究是"全人类的福音"。他先后获得了国内国际多项顶尖大奖,身兼数十个学术和社会职务。浩瀚宇宙中,以他的名字命名的小行星闪烁翱翔;风云市场上,以他的名字命名的股票隆重上市。袁隆平,由安江农校的一名普通教师,终于登上了中国"杂交水稻之父"的殿堂。

不知多少人梦寐以求的辉煌、荣耀、名利,却丝毫没有使袁隆平发生任何改变,他还是始终如一地恋着杂交水稻事业。从播种到收获,他依然风尘仆仆地骑着摩托车去试验田;从春夏到秋冬,他依然分秒必争地察看着育种基地。他心中想的只有他的试验,只有他的杂交水稻。

"通过科技进步,现在我国常规水稻的亩产平均为700斤左右,我们培育的杂交水稻平均亩产达800斤左右。我们正在研究一种超级杂交水稻,亩产将达到1 500~1 600斤,有希望在2~3年内培育成功,那时又将推动全国的水稻产量上一个大的台阶。我们超级稻的培育十分紧张,不管我在哪,都要求基地三天报一次数据,这样我就可以随时对情况进行分析。我们有信心,提前两年实现亩产800公斤①的目标。"

1998年,国家国资局对"袁隆平"品牌进行了无形资产评估,认定其价格达1 000亿元。对此,在社会上反响很大,各方面给予积极评价,并誉为昭示着中国知识经济的风暴和尊重知识、尊重人才时代的真正到来。

学习思考

用"以祖国和人民需要为己任"的人生追求鼓励青年做有理想的好青年。袁隆平一直放在心头的两个梦想:第一个梦是"禾下乘凉梦";第二个梦是"杂交水稻覆盖全球梦"。正是这样的梦想一直激励着袁隆平院士不断超越自我,更让他实现了自我。

用"以奉献祖国和人民为目标"的崇高理想鼓励青年做敢担当的好青年。袁隆平院士经常说,"一粒粮食能救一个国家,也可以绊倒一个国家。"而他"毕生的追求就是让所有人远离饥饿"。把国家的命运和人民的需要作为自己的人生目标,就是袁隆平最大的担当。

中国故事4　鲁迅弃医从文——因社会现实而改变

鲁迅先生早年留学日本时本来是学医的。但在仙台医专学习期间,在课间放映的日俄战争的纪录片上,看到中国人被说成俄国侦探而被砍头,死者和围观者都很麻木。这使鲁迅认识到:"第一要著,是在改变他们的精神。"于是鲁迅下决心弃医从文,终于成为中国现代伟大的文学家、思想家、革命家、教育家。

鲁迅,出生于1881年9月25日,原名周樟寿,后改名周树人,字豫山,后改字豫才,浙江绍兴人。著名文学家、思想家、革命家、教育家、民主战士,新文化运动的重要参与者,中国现代文学的奠基人之一。

---

① 1公斤=1千克。

第二章 追求远大理想 坚定崇高信念

鲁迅是他 1918 年为《新青年》写稿时开始使用的笔名，从此成为世人最崇敬的笔名。

鲁迅生长在一个官僚地主的家庭里，幼年时，他在一个颇为富足、热闹的家庭中度过，他常在私塾里读书，并熟读四书五经等儒家经典，阅读了众多文学名著和书籍，但在他 13 岁那年，他原来在京城做官的祖父因故入狱，此后他的父亲又长期患病，终至死亡，家境败落下来，家庭的变故对少年鲁迅产生了深刻的影响。他是家庭的长子，上有孤弱的母亲，下有幼弱的弟妹，他不得不同母亲一起承担起生活的重担。天真活泼的童年生活结束了，他过早地体验到了人生的艰难和世情的冷暖。他经常拿着医生为父亲开的药方到药店去取药，拿着东西到当铺去变卖。在过去家境好的时候，周围人是用一种羡慕的眼光看待他这个小"公子哥儿"的，话语里包含着亲切，眼光里流露着温存。但现在他家穷了，周围人的态度就都变了，话语是凉凉的，眼光是冷冷的，脸上带着鄙夷的神情。周围人这种态度的变化，在鲁迅心中留下了深刻印象，对他的心灵打击很大，这使他感到在当时的中国，人与人之间缺少真诚的同情和爱心。

1898 年，18 岁的鲁迅，怀揣着母亲多方设法筹措的 8 块银元，离开家乡进了南京水师学堂，后来又改入南京路矿学堂。这两所学校都是洋务派为了富国强兵而兴办的，其中开设了数学、物理、化学等传授自然科学知识的课程。期间，鲁迅阅读了外国文学和社会科学方面的著作，开阔了视野。特别是严复翻译的英国人赫胥黎著的《天演论》，更给予鲁迅以深刻的影响。《天演论》是介绍达尔文进化论学说的一部著作，这使鲁迅认识到现实世界并不是和谐完美的，而是充满了激烈的竞争。一个人，一个民族，要想生存，要想发展，就要有自立、自主、自强的精神，不能甘受命运的摆布，不能任凭强者的欺凌。

鲁迅在南京路矿学堂学习期间成绩优异，使他在毕业后获得了官费留学的机会。1902 年，他东渡日本，开始在东京弘文学院补习日语，后来进入仙台医学专门学校。他之所以选择学医，意在救治像他父亲那样被庸医所害的病人，改善被讥为"东亚病夫"的中国人的健康状况。鲁迅想通过医学启发中国人的觉悟。但他的这种梦想并没有维持多久，就被严酷的现实粉碎了。在日本，作为一个弱国子民的鲁迅，经常受到具有军国主义倾向的日本人的歧视。在他们的眼睛里，凡是中国人都是"低能儿"，鲁迅的解剖学成绩超过 60 分，就被他们怀疑为担任解剖课教师的藤野严九郎把考题泄露给了他，这使鲁迅深感作为一个弱国子民的悲哀。

有一次，在上课前放映的幻灯画片中，鲁迅看到一个中国人被日本军队捉住杀头，一群中国人却若无其事地站在旁边看热闹。鲁迅受到极大的刺激，这使他认识到，精神上的麻木比身体上的虚弱更加可怕。要改变中华民族在世界上的悲剧命运，首要的是改变中国人的精神，而善于改变中国人的精神的，则是文学和艺术，于是鲁迅弃医从文，离开仙台医学专门学校，回到东京，翻译外国文学作品，筹办文学杂志，发表文章，从事文学活动。

鲁迅把个人的人生体验同整个中华民族的命运联系起来，奠定了他后来作为一个文学家、思想家的基本思想基础。在当时，他和他的二弟周作人共同翻译了两册《域外小说集》，他个人单独发表了《科学史教篇》《文化偏执论》《摩罗诗力说》等一系列重要论文。在这些论文中，他提出了"立国"必先"立人"的重要思想，并热情地呼唤"立意在反抗，指归在动作"的"精神界之战士"。

1909年，他从日本归国，先后在杭州、浙江两级师范学堂（今杭州高级中学）和绍兴府中学堂任教员。这个时期，是鲁迅思想极其苦闷的时期。1911年的辛亥革命也曾使他感到一时的振奋，但接着是袁世凯称帝、张勋复辟等历史丑剧的不断上演，辛亥革命并没有改变中国沉滞落后的现实，社会的混乱、民族的灾难、个人婚姻生活的不幸，都使鲁迅感到苦闷、压抑。五四运动之后，他的压抑已久的思想感情像熔岩一样通过文学作品猛烈喷发出来。在那时，他已经在教育部任职，并且随教育部一同迁居北京。

1918年，鲁迅在《新青年》杂志上发表了他的第一篇白话小说《狂人日记》，也是中国最早的现代白话小说。这篇小说，凝聚了鲁迅全部痛苦的人生体验和对于中华民族现代命运的全部思索。他通过"狂人"之口，把几千年的中国封建专制的历史痛斥为"吃人"的历史，向沉滞落后的中国社会发出了严厉质问。这是文学革命的第一声春雷。

《狂人日记》之后，鲁迅连续发表了多篇短篇小说，后来编入《呐喊》《彷徨》两个短篇小说集，分别于1923年和1926年出版。

鲁迅的小说作品数量不多，意义却十分重大。鲁迅把目光集中到社会最底层，描写这些底层人民的日常生活状况和精神状况，并且从事翻译工作，支持青年的文艺创作活动。

五四运动之后，革命的中心逐渐移向南方，鲁迅感到了北方文化界的寂寞和荒凉。1926年8月，他因为支持学生爱国运动，被反动当局通缉，便离开了北京，到厦门大学任教。1927年1月，又前往当时的革命中心广州，在中山大学任教。

鲁迅一生写了《坟》《热风》《华盖集》《华盖集续编》《三闲集》《二心集》《南腔北调集》《伪自由书》《准风月谈》《花边文学》《且介亭杂文》《且介亭杂文二集》《且介亭杂文末编》等15部杂文集。

鲁迅把笔触伸向了各种不同的文化现象，各种不同阶层的各种不同的人物，其中有无情的揭露，有愤怒的控诉，有尖锐的批判，有辛辣的讽刺，有机智的幽默，有细致的分析，有果决的论断，有激情的抒发，有痛苦的呐喊，有亲切的鼓励，有热烈的赞颂，笔锋驰骋纵横，词采飞扬，形式多样，变化多端。他自由、大胆地表现现代人的情感和情绪体验，为中国散文的发展开辟了一条更加宽广的道路。

学习思考

在探讨鲁迅先生弃医从文的最重要的一点，就是鲁迅先生深刻地感受到自身处在时代发展的大潮中，他对改善社会现状充满了渴望和决心，不惜以自己的生命换取改变。他有着强烈的希望，想要用他的文章来改变社会，于是他决心弃医从文，投身文学之中。他凭借着自己的勇气和毅力，谱写出一首充满励志精神的文学曲，他的文学创作充满了对社会正义的无私追求和渴望，他用自己的文字激发了社会进步的火花。

鲁迅先生曾说过："灵魂有其固定的职责，那就是为了社会的改良而坚定立场，不能妥协。"这句话深刻地说明了他为何弃医从文，也深刻地反映出他热爱文学的心情。他的文学作品仍在给我们带来启迪与精神上的滋润，而他的思想将会永远荡漾在时代的大潮中。

中国故事5 屠守锷——"洲际导弹"之父

提起中国的导弹、火箭，大家第一个想到的肯定是钱学森先生，曾经被西方媒体称为"一个人能顶五个师"，为了祖国的导弹航天事业，毅然决然放弃了国外的丰厚待遇回国报效，贡献卓越。然而，有一个人的经历和钱老极为相似，同样为我国的导弹事业做出了巨大的贡献，成就虽媲美钱老，但却鲜为人知，他就是我国火箭总体设计专家、"两弹一星"元勋、与钱学森齐名的"航天四老"之一、"洲际导弹"之父屠守锷。我国的东风导弹系列工程就是由他主持和研发的，东风导弹技术彻底解决了我国无法远距离精准打击目标敌人的问题，使我国的国防力量得到了大幅度的提升。

1917年12月，屠守锷出生于浙江省湖州市，父亲屠维屏是清朝光绪年间的举人，母亲是普通的家庭主妇。他的父亲年轻时忙着读书，仅靠母亲做针线活和父亲为乡亲们写信获得的微薄的收入来支撑这个家庭。虽然家庭贫苦，但是屠守锷的父亲从小就重视他的识字和教育，在父亲的言传身教下，屠守锷从小就学习了丰富的文化知识，为之后的求学之路奠定了一定的基础。屠守锷一天天长大，父亲意识到四书五经已经不能适应这个时代，于是决定送他去中学接受正规的文化教育。为了赚取学费和生活费，父亲在学校附近的洋行找了份杂工的工作，在父亲的坚持下，屠守锷进入了江苏省的省立上海中学开始了学习生涯。

1937年，日军发动全面侵华战争。为了迅速占领我国领土，日军派出大量轰炸机对我国大城市进行了覆盖式的轰炸。而屠守锷亲眼见证了繁华的都市在瞬间就变成了片片废墟。街上被炸死炸伤的民众比比皆是，往日的高楼已经变成了残垣断壁，这一切深深刺痛了少年屠守锷的心，他在心中立下誓言：总有一天要跟国家一起制造出自己的飞机，保卫自己的国家。

1936年，屠守锷凭借着优异成绩考入了顶尖学府清华大学。那时的清华大学还没有航空专业和院系，因此他选择了类似的机械制造专业。大学的第二年，清华大学的有志之士意识到了目前我国航空事业的落后及需求，在多方努力下，设立了航空工程系，得知这一消息的屠守锷第一时间向学校递交了转换专业的申请书。自此之后，屠守锷如饥似渴，学习一切关于航空的知识技术，迫不及待想要实现自己的梦想。

1940年，屠守锷从清华大学毕业，进入了四川一家研究所工作，这时他才发现国家对于航空的先进技术掌握得少之又少，可学的东西越来越少，因此他意识到必须到外面的世界去看看、去学习。偶然的机会，四川研究所获得了一个公费出国留学名额，平时研究所里屠守锷是最认真、最努力的人，并且研究所知道他的理想是为国家崛起，是一个没有私心的人，这样的人就算出国了，也会回来报效祖国，思虑再三，把这个难得的机会给了他。怀着为国为民的决心，屠守锷坐着轮船远渡重洋到了美国，进入马萨诸塞理工学院攻读硕士学位。虽然在当时的美国受到了无数的冷眼和嘲讽，被认为根本不可能掌握这种尖端的核心技术，但是屠守锷从不放心上，他唯一的目的就是学习、学习再学习。屠守锷用三年的时间将马萨诸塞理工学院的硕士学业全部完成，并且以优异的成绩被美国一家飞机制造厂聘为工程师，负责飞机强度分析。除了自己的本职工作，他积极向制造厂的员工学习，请教关于飞机制造的所有知识，将飞机的各种知识都装进自己的头脑。那时的美方以为这位中国的工程师跟大多数人一样，屈服于现实，向美国的高薪和良好的生存环境低头了，殊不知屠守锷放低自己的姿态只是为了有朝一日回国报效。

1945年，日本宣布无条件投降。历经战火的祖国正是百废待兴的关键时期，屠守锷意识到回国报效的时刻到来了，他立即辞去了美国的工作，为了顺利躲避美国的监控，选择偷渡回国，在海上漂泊了四十多天，才顺利回到祖国的怀抱。

回国后，屠守锷被安排到西南联合大学任副教授，在这里继续从事航空事业的研究，并努力为国家培养技术人才。1947年因为优秀的教学成绩和研发成果被学校赋予正职教授职称。1948年，秘密加入中国共产党。1949年，屠守锷成了清华大学航空工程系的教授，兼任北京航空学院教授、系主任、院长助理等职位。

1957年，聂荣臻元帅被中共中央确定为领导和组织新中国科技发展工作的负责人。那时以美国为首的西方国家在导弹建设方面已经颇有成果，在航天领域的发展也是成绩显著，因此聂荣臻元帅意识到，飞机大炮已经不再是国防力量的首要研究目标，新的时代是导弹发展、航天事业的时代。

有过留学经历的屠守锷被分配到导弹事业的发展与研究工作中，在研究所里，他成为钱学森先生手下的十大研究室主任之一。从这时开始，正式开启了他在导弹、航天事业发展的人生征程。

虽然有留学经历，但是从未接触这种保密性质的科研项目，屠守锷和他的团队制定了导弹未来的发展规划，靠着不断摸索，带领团队往前走。为了科研工作的绝密性，要求每位科研人员不能对外透露自己的工作内容，也开启了隐姓埋名的职业生涯。

屠守锷带领团队制定了"八年四弹"的规划，然而从研究飞机到研究导弹，跨度大、研究困难大，有人曾为此问过他后不后悔，他说："有什么好后悔的，国家哪里需要咱就去哪里。"1962年，我国自主研发的"东风二号"导弹第一次飞行试验失败，但是失败并没让他气馁，经过两年经验的积累，1964年连续八次试飞试验均获得了成功。1965年3月，在中央专委召开的会议上，周恩来总理明确提出中国要尽快把中国首枚远程导弹研发出来，并且直接任命屠守锷为中国远程导弹的总设计师。

经过六年的准备，1971年半程试飞试验正式启动，然而洲际导弹要正式投入使用，就必须经得起全程飞行的考验，又历经整整九年的试验。1980年，中国向全世界宣布：5月12日到6月10日，由中国本土向太平洋南纬7度0分，东经171度33分，半径70海里的圆形海域，发射运载火箭。当时，这个消息让全世界震惊。5月18日，在一声巨响中，我国的第一枚洲际导弹划破长空射向预先制定好的降落地点，这一刻，年过半百的屠守锷眼中饱含热泪，几十年艰苦卓绝的奋斗，在这一刻终于获得了胜利的成果。

这枚导弹的成功发射也震惊了全世界，他们重新估算我国的军事打击力量，也使得我国的国际地位上了一个新台阶。

屠守锷除了推动我国导弹事业的大力发展之外，在推迟导弹试射的那九年间，他还接下了"长征火箭运载火箭"的研发任务。1975年，我国第一颗返回式遥感卫星在"长征二号"火箭的搭载下飞往了茫茫的外太空，这也标志着我国的卫星事业向前迈进一大步。之后的"长征三号""长征五号"等一系列火箭都是在屠守锷的"长征二号"C运载火箭的基础上研制成功。所以说屠守锷为我国的航天运载事业的发展做出了不可磨灭的巨大贡献。

屠守锷研究发现，导弹、火箭除了可以运用在军事方面，还可以运用到社会民生工程中，可以用于搞生产，发展经济，这样使我国的经济实力有了很大的发展。

学习思考

从屠守锷的经历中，我们可以看到他作为中国导弹的总设计师，为中国的"两弹一星"事业奋斗终身的工作态度和职业精神。从少年开始就树立了崇高的远大理想追求，从此后，就经受住了各种考验，创造了人生事业的辉煌，用自己一生的实际行动为祖国的大国重器做出了非凡的贡献，为中华民族立于世界民族之林起到了重要的作用。屠守锷将个人的奋斗志向与国家的前途、民族的命运紧紧联系在一起，才使得理想之花结出了丰硕的成长之果。所以，当屠守锷接过国家领导人授予他的"两弹一星"功勋奖章的时候，无数人为他拼命鼓掌，这也是对他身上这种民族精神的褒奖！

中国故事6　南仁东——"中国天眼之父"

在我国贵州的一处喀斯特洼地，有一个500米口径球面射电望远镜，这个名为"FAST"的天眼是目前世界上最大、最灵敏的单口径射电望远镜，它的建成让中国在射电天文领域领先世界20年。

这就不得不提到我国著名的天文学家、中国科学院国家天文台研究员，"中国天眼"（FAST）建造工程的主要发起者和奠基人南仁东。

南仁东1945年出生在吉林省辽源市。他从小热爱学习，尤其爱读书，是一个善于思考、乐于探索的人，中学时酷爱物理，新教材发下来后三五天内就会把物理课本先读一遍。18岁的时候，以吉林省理科第一名的优异成绩进入了清华大学。他兴趣广泛，爱拍照，就自己摸索着搭建了暗房来冲洗拍的照片；爱时髦，买不到喜欢的衣服，就照着杂志里摩登的样式给自己做了一身；爱画画，有空就画，长期坚持，且水平颇为不俗，FAST 的徽标就是由他亲手设计绘制的。

南仁东原本报考的是清华大学建筑系，但由于国家需要发展高科技，高考高分的他被调到了无线电系。虽然南仁东内心是喜欢建筑的，甚至一度在给朋友写的信中手绘了世界各地的著名建筑物，但是他更爱自己的祖国，更愿意把国家的需要作为人生方向和人生追求。他的兴趣爱好加上专业知识的学习为他日后从事射电天文埋下了伏笔。1978 年恢复研究生考试后，南仁东考上了中国科学院天体物理学专业的研究生，并获取了博士学位。

20 世纪 60 年代，国际天文学领域出现了四项重大发现，但那时我国的天文学研究与世界天文学的高水平研究还有相当大的差距，甚至到 20 世纪末，我国最大的射电望远镜口径还不到当时国际最大射电望远镜的十分之一。如果我国天文学家需要用大口径射电望远镜观测的天文数据做课题，只能用国外的数据，或者排队申请使用国外的射电望远镜，能申请到 1 小时的观测时间都是很值得庆幸的事情，但这样观测到的数据实在是有限，做研究是"捉襟见肘"。

1985 年，40 岁的南仁东带着对宇宙星辰的热爱，开始游历世界，并在日本国立天文台获得了客座教授的职位。但他心系祖国的天文学研究，最终放弃了高于国内 300 倍的薪资，回到了祖国。1993 年，在日本东京召开的国际无线电科学联盟大会上，科学家希望在全球电波环境恶化到不可收拾之前，建造新一代射电"大望远镜"，对浩瀚宇宙做更深入的探索。南仁东认为中国应该有自己的大射电望远镜，他将射电望远镜的口径规划到 500 米，由此开启了"FAST 工程"计划。1994 年，南仁东带着团队开始进行 FAST 的选址工作。首先需要一个巨大的圆坑，位置要偏远，还要相对安静，没有无线电干扰，交通较方便。而且还要是喀斯特地貌，地质稳定，地下没有重要矿藏。面对严苛的选址要求，南仁东团队在卫星测绘地图上筛选出所有的洼地，再有针对性地对 1 000 多个候选地点一一比对分析，挑选出 391 个备选地点。但是这 300 多个地点到底哪个合适，还需要实地走访和测量才能确定最终的地点。而走访地点往往处于崇山峻岭之中，人迹罕至，进展异常艰辛。为此，南仁东团队早上带干粮出发，若是去的地方有农家，也许就能吃上碗热乎的方便面。平时就是喝浑水、吃馒头，遇到山洪就是生死瞬间，这样的选址工作历时整整 12 年的时间，在这个过程中，南仁东心里并没底，不知道多久才能找到，也不确定是否真的有适合 FAST 建造的台址。现实更为严峻的状况是，项目当时根本没有确定下来，若是没有通过，这所有的辛苦都将化为泡影。漫长的苦守最后的结果是有人陆续离开。但是南仁东身先士卒，无惧艰难困苦，理想信念坚定，咬牙带着团队将这项工作坚持了下来。2006 年，南仁东团队终于找到了完美的 FAST 台址——贵州省黔南自治州平塘县克度镇大窝凼。这时的他已经 61 岁了。

我国只建造过 25 米口径的射电望远镜，之前世界上最大的是美国 350 米口径的阿雷西博射电望远镜，耗资 2.6 亿美元。FAST 的规划口径达到了 500 米，这就需要庞大的科研经费。看着 FAST 项目迟迟无法正式立项，南仁东急在心里。他开始亲自上阵，从各个渠道宣传推广 FAST。他登上《百家讲坛》，利用电视媒体向大众介绍 FAST；他四处奔走，联络世界各地的高校和科研机构寻求支持；他积极参加科学界的各种会议，抓住机会宣传 FAST。他出差时为了省钱，跟别人拼一张床，活成了别人口中的"铁公鸡"。身体不舒服了，他也忍着不去医院，就怕耽误时间。终于，在他的奔走努力下，FAST 在 2007 年正式立项。

虽然立项，但南仁东丝毫不敢松懈，因为建 FAST 无先例可循，还有很多技术难题需要自主攻关。2009 年，FAST 就遭遇了一个关键技术难题。FAST 要依靠索网的柔性伸缩来调整反射面，要求钢索的抗疲劳标准是 500 兆帕。而当时普通标准只有 250 兆帕，国内外的钢索都达不到要求。南仁东就带着团队先从基础材料开始试验，面对一次又一次试验失败，南仁东只有一句话："我们没有退路，必须再做！"功夫不负有心人，终于让他们发现一种基础材料的抗疲劳标准能达到 550 兆帕，经过无数次的试验，2011 年索网抗疲劳问题终于解决了。

从选址到立项，从研发到施工，从一个想法到科学装置的建成落地，南仁东没有落下任何一个环节。FAST 历经 23 年，南仁东的生命也为之燃烧了 23 年，从青年到壮年，再到年过七旬的老人。作为 FAST 的总设计师、总工程师，南仁东每次到施工现场，都会仔细检查施工细节。他戴着印有自己名字的安全帽，跟在场的每一个人打招呼，工人们还会把自己的水杯递给他喝，说他是最质朴、最没距离感的科学家。他却总说自己是战术型的老工人。

2016 年 9 月 25 日，我国自主知识产权、世界最大单口径、最灵敏的射电望远镜 FAST 终于落成启用。南仁东拖着虚弱的身体参加了落成启用仪式，而那一夜，满天繁星。

这一切都在向他期待的方向一步步迈进，可是他的生命却已经进入了倒计时。由于长期劳累，身体出现了严重的问题，但是他却从来不敢去医院，因为怕检查出问题耽误时间，怕耽误 FAST 建造进程，于是干脆放弃检查治疗。而这时他已经患上了肺癌。2017 年 9 月 15 日，这个最懂"天眼"的人，永远离开了我们。一年后，天上多了一颗"南仁东星"，在浩瀚无垠的太空中，默默守护着祖国家园。

学习思考

"春雨催醒了期待的嫩绿，夏露折射万物的欢歌，秋风编织七色锦缎，冬日下生命乐章延续着它的优雅。大窝凼时刻让我们发现、给我们惊奇。感官安宁、万籁无声，美丽的宇宙太空以它的神秘和绚丽，召唤我们踏过平庸，走进它无垠的广袤。"这是南仁东在生命的最后时光写下的一首诗。一个人的梦想能有多大？大到可以直抵苍穹；一个人的梦想能有多久？久到可以穿越一生。可以说：FAST 的建造，是南仁东赌上性命的一场战争，它是中国几代科研工作者同心同力共同完成的一场战斗，是一个渴望复兴的民族的战斗。以至于在生命最后的时光里，南仁东依然在关心怎样将 FAST 项目完成得更好。"中国天眼"成了他生命的绝唱，但是他留下了最珍贵的东西——他的精神与他的信仰。他是当之无愧的"人民科学家"。

中国故事 7　茅以升——立强国之志建强国之桥

茅以升，出生于 1896 年 1 月 9 日，桥梁工程专家，中国科学院院士。我国土力学的开拓者，也是杰出的科普工作者。20 世纪 30 年代打破外国人的垄断，在自然条件比较复杂的钱塘江上主持设计、修建了钱塘江大桥，成为中国桥梁史上的一个里程碑。在工程教育中，始创启发式教育方法，致力教育改革，培养了一批杰出的桥梁工程专门人才。主持中国铁道科学研究院 30 余年，为铁道科学技术进步做出了卓越贡献。入选"庆祝中华人民共和国成立 70 周年大型成就展"1980—1989 年英雄模范人物。

20 世纪 30 年代，抗日战争爆发之前，茅以升临危受命主持修建钱塘江大桥。为了建桥，他不顾个人安危。面对没有工艺、没有设备、没有经验，天上还有日本人的飞机等诸多困难，茅以升和他的工友废寝忘食，甚至不惜冒着生命危险，解决了建桥中的一个个技术难题，最终打破了国外专家的断言，建成了中国人自己设计并建造的第一座现代化大型桥梁，结束了中国近代大桥设计和建造由外国人包揽的尴尬历史，为中国现代桥梁史翻开了崭新的一页。钱塘江大桥更是一座凝结着民族精神的爱国之桥。

立志造桥，归国为民

众所周知，茅以升声名鹊起是从设计修建钱塘江大桥开始的，而其建桥的志向早在儿时就已经形成了。幼年经历的一次桥梁挤塌事故，对茅以升产生了深远影响，从此他的人生便与桥结下了不解之缘。那是 1905 年的端午节，位于秦淮河夫子庙的文德桥同往年一样热闹非凡，桥上挤满了观看龙舟比赛的大人和孩子。由于年久失修，文德桥一侧的栏杆突然倒塌，桥身随即倾覆，数百人落水，多人溺水而亡。那时年仅 9 岁的茅以升正在南京求学，他的一个小伙伴不幸在这次事故中丧生。得知噩耗的茅以升赶到河边，面对惨状痛心不已，在断裂的文德桥边，他说："我长大后一定要做一个造桥的人，造的大桥结结实实，永远不会倒塌。"长大了一定要造结实的大桥，少年时立下的宏伟誓言成为茅以升一生的座右铭。

为了实现自己的桥梁梦，大学期间，茅以升学习极为勤奋，仅他整理的笔记就多达 200 余本，近千万字，这些笔记摞起来有一人多高，正是这种超越常人的勤奋，使得他在校期间一直保持全班第一的优异成绩。20 世纪初，民主主义革命风起云涌，此时的茅以升正值热血沸腾的年华。经历过中国革命热潮的洗礼，尤其是在亲耳聆听了孙中山先生"今日之世界，非铁道无以立国"演说的启迪后，青年茅以升对于"国家"二字有了更深的领悟，也更加坚定了"铁路救国"的思想，从此他便在科学救国的道路上一路笃行，再也没有回头。

在国内求学期间,茅以升并不是两耳不闻窗外事,对于身处内忧外患的祖国,他的内心时刻涌动着惊涛骇浪。他在后来的一篇文章中写道:"一千多年前造的中国石拱桥至今蜚声全球,可是到了铁路运输产生后却远远落后了。国内仅有的几座像样的铁路大桥都是外国人修的,这是我们学工程的人的最大耻辱。"

20世纪初,青年茅以升以优异成绩被保送至美国康奈尔大学留学。在那里,他用超凡实力打破了教授对他的质疑,仅用一年时间就以优异的成绩取得了硕士学位。可是,他依然没有满足。为了尽快掌握造桥的实际本领,进一步学习桥梁力学等方面的理论知识,茅以升甚至想出了半工半读的主意,白天在桥梁公司实习,晚上去夜校攻读博士学位,星期天则去图书馆埋头苦读。有一次,茅以升在图书馆的一角看书入了神,闭馆钟声响了他都没有听见,也没被人发现,竟被管理员锁在了图书馆里。

1919年11月,依靠超乎常人的毅力和争分夺秒的勤奋,茅以升以优异的成绩完成了博士论文答辩,成为卡内基理工学院(今卡内基·梅隆大学)第一个工科博士。由于在论文《框架结构的次应力》中提出了独特的创新,茅以升获得了康奈尔大学颁发的"斐蒂士"金质奖章。该奖章全校每年只发一枚,奖给康奈尔大学研究生中的最优秀者。2006年,卡内基·梅隆大学在校园里专门塑造了茅以升雕像,这是该校建校百余年历史上第一尊人物纪念雕像,可见该校对这位华人杰出校友的尊崇。

毕业后,面对几所著名大学和几家桥梁公司的争相邀请,茅以升经过深思熟虑,最终决定重返祖国。"纵然科学没有国界,科学家是有祖国的。我是中国人,我的祖国更需要我!"茅以升决心要为贫弱的祖国奉献自己全部的知识和才能,实现儿时的造桥理想,在祖国的江河上架起一座跨越碧波的长虹。

以柱立桥,以人立国

1934年,回国后的茅以升出任钱塘江大桥桥工处处长,受命开始主持建造第一座由中国人自己修建的钢铁大桥。之前,在中国的大川大河上,虽已有一些大桥,但都是外国人造的:济南黄河大桥是德国人修的,蚌埠淮河大桥是美国人修的,哈尔滨松花江大桥是俄国人修的……茅以升担负着一项前所未有的重任,他要用自己的智慧来证明中国人有能力建造现代化大桥。

建桥并非一帆风顺,在这座大桥修建的背后,有着难以想象的困难和曲折。1935年,钱塘江大桥工程正在热火朝天地进行,茅以升却遇到了一件十分棘手的事情。修建钱塘江大桥需要大量经费支持,浙江省政府之前已经先后向5家国内银行借款,剩余部分需向英国的中英银公司筹集。在与中英银公司签订借款合同的前两天,对方提出要对浙江省向5家银行借款的合同加以修改,把全桥抵押改为按浙江省负担经费的比例抵押,否则将无法提供建桥工程借款。英方之所以在这个时候把这个问题提出来,就是想打茅以升一个措手不及,让他们根本来不及想办法,这样英国公司就可以顺理成章地不借钱给钱塘江大桥工程,因为英国公司压根就不相信中国人自己能建成钱塘江大桥。茅以升对此心知肚明,强压怒火,抱着一线希望匆匆从上海赶回杭州,立刻牵头与5家银行接洽,日夜赶办修改合同的事宜。在茅以升的奔波之下,仅用两天时间，一份新的合同签订完毕。就这样，凑齐了建设经费的钱塘江大桥工程终于能继续进行。

然而，工程很快遭遇到了一场极大的灾难。原来钱塘江江面风大浪险，江底泥沙变幻无常，在这种情况下，给桥墩打桩成了最大的难题。一艘特制的打桩船刚驶进杭州湾，就在大风中触礁沉没。为了使桥基稳固，需要穿越41米厚的泥沙在9个桥墩位置打入1 440根木桩，木桩立于石层之上。沙层又厚又硬，打轻了下不去，打重了断桩。茅以升发现浇花壶水能把土冲出小洞，于是从中受到启发，采用抽江水在厚硬泥沙上冲出深洞再打桩的"射水法"，原来一昼夜只打1根桩，现在可以打30根桩，大大加快了工程进度。面对水流湍急、难以施工的困难，茅以升发明了"沉箱法"，将钢筋混凝土做成的箱子口朝下沉入水中，罩在江底，再用高压气挤走箱里的水，工人在箱里挖沙作业，使沉箱与木桩逐步结为一体，沉箱上再筑桥墩。放置沉箱很不容易，开始时，一只沉箱一会儿被江水冲向下游，一会儿被潮水顶到上游，上下乱窜。后来把3吨重的铁锚改为10吨重，沉箱问题才得以解决。茅以升采用了巧妙利用自然力的"浮运法"，潮涨时用船将钢梁运至两墩之间，潮落时钢梁便落在两墩之上，省工省时，解决了架设桥梁的难题，工程进度大大加快。建桥后期，抗日战争全面爆发。战火已烧到了钱塘江边，此时江中的桥墩还有一座未完工，墩上的两孔钢梁无法安装。在此后的40多天里，茅以升和建桥的工人们同仇敌忾，以极大的爱国热情，冒着敌人炸弹爆炸的尘烟，夜以继日地加速赶工。

从筹集资金到攻克一个又一个工程难关，再到面对日军的轰炸袭扰，为了建成大桥，茅以升在巨大的压力下克服了重重困难。他说："钱塘江大桥的成败，不是我一个人的事，而是能不能为中华民族争气的大事！"1937年9月26日，钱塘江大桥建成。清晨4时，一列火车从大桥上隆隆驶过，两岸一片沸腾。这是中国第一座自行设计和建造的双层铁路、公路两用桥，打破了外国桥梁专家"中国人无法在钱塘江上建桥"的谬论。大桥刚刚建成即承担了抗战的重任：运送支援淞沪抗战物资的列车日夜不停地从桥上通过，撤退百姓熙熙攘攘，川流不息。

保家卫国，炸桥立誓

1937年8月13日，淞沪会战爆发，3个月后上海沦陷，杭州危在旦夕。11月16日下午，南京工兵学校的一位教官在桥工处找到茅以升，向他出示了一份南京政府绝密文件，并简单地介绍了当前十分严峻的形势后说："如果杭州不保，钱塘江大桥就等于是给日本人造的了！"南京政府的文件上，要求炸毁钱塘江大桥，这是不得已而为之的事。南京来人还透露，炸桥所需炸药及爆炸器材已直接由南京运来，就在外面的汽车上。日军已从杭州湾北岸登陆，战火逼近杭州，一旦日军占领了钱塘江上唯一的一座大桥，他们就可以快速运兵南下。所以，如今只有炸毁桥梁才能为战略上的撤退和重新布防争取时间。这座克服了千难万险，历时3年刚刚建好通车的大桥，马上就要炸毁，作为建桥人的茅以升心里自然是十万分地不舍。但他明白，为了民族的利益，这钱塘江大桥非炸不可。

深明大义的茅以升把"致命点"在图纸上一一标出,并亲自看着士兵把100多根引线接好。原来,在2号桥墩上早已预留了以防不测的大洞。1937年12月23日午后1时,传来命令,立即炸桥。下午3时,炸桥的准备工作全部就绪。但是此时北岸仍有无数难民潮涌过桥,茅以升为了让更多百姓顺利渡江,关闭大桥的决定一延再延。直到下午5时,日军骑兵扬起的尘烟已然隐隐可见,茅以升命令关闭大桥,禁止通行,实施爆破。随着一声巨响,这条1 453米的卧江长龙被从6处截断。这座历经了925天夜以继日紧张施工、耗资160万美元的现代化大桥,仅仅存在了89天。看着被炸断的钱塘江大桥,心绪难平的茅以升立下誓言:"抗战必胜,此桥必复",并写下了"斗地风云突变色,炸桥挥泪断通途,五行缺火真来火,不复原桥不丈夫"的诗句。

在后来的战争中,即使过着颠沛流离的生活,茅以升还是把当年建桥时拍摄的胶片和其他详细资料好好地收了起来,无论走到哪儿都随身带着。这一套公物共有14箱,包括各种图表、文卷、电影胶片、照片、刊物等,都是修建钱塘江大桥最重要的资料。茅以升将它们视为科学的珍宝,从杭州到平乐,虽遭遇多次轰炸,幸而能完好无缺地保存下来。抗战胜利后的1946年,茅以升带领桥工处的工作人员,依据精心保护下来的14箱资料,开始了钱塘江大桥的修复工作。此后7年,经多次修复,钱塘江大桥于1953年再次通车,茅以升炸桥时的誓言终得实现。

作为通往浙东南的必经要道,钱塘江大桥从复建后到今天一直承担着繁重的运输任务,尤其是公路桥,甚至超出了当年设计的最大负载,所以它也被人们称为"桥坚强"。中华人民共和国成立后,茅以升又参与修建了武汉长江大桥。如今,武汉长江大桥虽已超过设计时限,仍然能正常通车,安然无恙。茅以升在重重困难下亲手建桥,而后为了国家和民族利益,不惜亲手炸毁自己付出全部心血的大桥,并在艰难的战争环境下,拼死保存资料,复建大桥。一座钱塘江大桥的生死存亡,记载着中华民族艰难的抗战历史,融入了茅以升珍贵的家国情怀,也是他爱国精神的生动和真实写照。

怀揣热忱,架桥无形

茅以升先生认为,桥有有形的,也有无形的;有物质的,也有精神的。他一生为祖国架桥,不仅架设有形的、物质的桥,也架设了一座座无形的、精神的桥。为祖国统一大业"架桥"一直是茅以升先生晚年魂牵梦萦的一桩心事。

1981年,中国共产党向台湾当局发出了祖国统一的号召,茅以升深受鼓舞。他在《人民日报》上呼吁在祖国和平统一大桥动工之前,海峡两岸的科技工作者可以先修一座引桥,促进祖国统一大桥早日建成,在海内外产生了积极的影响。

茅以升还致力于在海外华人与祖国之间架桥。1956年,周恩来总理发起成立了"留美学生亲属联谊会",茅以升被推选为会长。在一次联谊会组织的晚会上,周恩来总理号召在美国的中国专家学者回祖国服务。他还就此项工作与茅以升做了长谈。会后,茅以升做了大量工作,有四五十位在美国的中国学者先后回到了祖国。党的十一届三中全会后,迎来了科学的春天。1979年,茅以升率中国科协代表团出访美国,在匹兹堡华人协会欢迎会上发表了热情洋溢的讲话,呼吁在美国的科技界同人为祖国四化建设贡献力量。他说:"我们准备架起这样一座桥梁,一头是中国的科学技术界,一头是美国科学技术界的中国同胞。我们愿意搭这样一座桥梁,让各位在桥上走过。"他的话在美国华人科技工作者中产生了积极影响。

"人生一征途耳,其长百年,我已走过十之七八,回首前尘,历历在目,崎岖多于平坦,忽深谷,忽洪涛,幸赖桥梁以渡,桥何名欤?曰奋斗。"茅以升先生以不懈奋斗,为祖国架设了一座座有形与无形的桥,其一生无不在为国家强盛忘我奉献,体现了老一辈科学家胸怀国家、学济天下的高尚爱国精神。

学习思考

对于长期生活在杭州的人而言,提起茅以升,首先想到的是钱塘江大桥。这座诞生于近代中国的桥梁,汇聚了茅以升的智慧与爱国使命。大桥的成功修建,打破了"钱塘江上绝没办法修桥"的传言,更打破了西方所谓"中国人自己修不了大桥"的断言,今人提起茅以升的爱国情怀,首先提到的都是茅以升建桥、炸桥的事迹。

为长国人志气,克服万难铸桥;为抗日救国,抵御日寇入侵,忍痛炸桥。如今,我们走在战后重新修建的钱塘江大桥上时,又怎会忘记爱国赤子茅以升团队曾经历尽千辛万苦,用生命的代价,用一腔爱国赤诚,谱写的钱塘江大桥的壮丽篇章。

中国故事8　詹天佑——中国铁路之父

詹天佑(1861—1919年),广东南海人,祖籍徽州婺源(今江西婺源),是中国首位铁路工程师,被周恩来总理誉为"中国铁路之父",并有"中国近代工程之父"之称。他负责修建的"京张铁路"是第一条由中国人自己修建的铁路。

少年留洋,发奋学习

清朝末年,第二次鸦片战争爆发。一方面,清政府与太平军鏖战的炮火正隆;另一方面,英法联军入侵中华大地,中华民族陷于水深火热之中。詹天佑的父亲原本是在广州"十三行"经营茶叶生意的小商人,后来,英国侵略者炮轰"十三行",詹氏茶行破产,詹家由广州迁往南海。从《徽婺源詹氏支派世系家谱》提供的情况看,詹天佑祖父申请入籍南海的主要原因有二:一是为了在广州做茶叶出口生意;二是为了子孙后代就地应试。

1861年4月26日,詹天佑在南海呱呱坠地。詹天佑自幼聪明好学,少年时就对机器十分感兴趣,常和邻里孩子一起,用泥土仿做各种机器模型。有时,他还偷偷地把家里的自鸣钟拆开,摆弄里面的构件,提出一些连大人也无法解答的问题,村里人都很佩服这个孩子。

1872年,清政府选派第一批幼童出洋赴美学习,当时风气未开,人们对出洋留学疑虑很大,担心子弟出洋后生命安全无保障,或被转去当华工,所以幼童班迟迟未招满名额。然而，年仅 11 岁的詹天佑毅然报考了"幼童出洋预习班"。考取后，父亲在一张写明"倘有疾病生死，各安天命"的出洋证明书上画了押。从此，他辞别父母，怀着学习西方技艺的理想，来到美国就读。在美国，出洋预习班的同学们亲眼看见了北美、西欧科学技术的巨大成就，对机器、火车、轮船及电讯制造业的迅速发展赞叹不已。詹天佑怀着坚定的信念说："今后，中国也要有火车、轮船。"他带着为祖国富强而发奋学习的信念，刻苦学习。1878 年，詹天佑以优异的成绩考入耶鲁大学土木工程系，专攻铁路工程。在大学的 3 年中，詹天佑刻苦钻研，成绩优异，曾多次获得数学奖学金。1881 年，詹天佑以名列第一的突出成绩在耶鲁大学毕业，并获得学位。在 120 名回国的中国留学生中，获得学位的只有两人，詹天佑是最优秀的一个，也是以后最忠于所学的一个。

小试牛刀，扬威世界

学成回国的詹天佑怀着满腔的热忱，准备把所学本领贡献给祖国的铁路事业。但是，清朝当权的顽固派认为中国学生到外国留学是"离经叛道"，对这些学成回国的学子百般排斥；相反，在修筑铁路时一味迷信外国，依靠洋人，竟不顾詹天佑的专业特长，把他差遣到福建水师学堂学驾驶海船，就这样，詹天佑学非所用，消磨了整整 7 年的时光。

1888 年，几经周折，詹天佑终于转入了中国铁路公司，担任工程师，被埋没了 7 年之久的詹天佑才有机会献身于祖国的铁路事业。此时，正值天津—唐山铁路施工，他不愿久居天津，就亲临工地，与工人同甘共苦，结果只用 80 天的时间铁路就竣工通车了。但清朝当权大臣李鸿章认为这是英国人金达的功劳，上奏朝廷，并提升金达为总工程师。詹天佑之功就这样被剽窃了。

1890 年，清政府又修关内外铁路，以金达为总工程师。1892 年，工程修到滦河，要造一座横跨滦河的铁路桥。当时滦河河床泥沙很深，又遇到水涨急流。铁桥开始由号称世界第一流的英国工程师喀克斯担任设计，但失败了；后来，请日本工程师包工，也不顶用；最后，让德国工程师出马，不久也败下阵来。由于交工期限将至，金达不得不求助于詹天佑。詹天佑详尽地分析了各国工程师失败的原因，又对滦河底的地质土壤进行了周密的测量研究之后，决定改变桩址，采用中国传统的方法，以中国的潜水员潜入河底，配以机器操作，胜利完成了打桩任务，建成了滦河大桥。这一胜利长了中国人民的志气。1894 年，英国工程研究会选举詹天佑为该会会员。

开创先河，自建铁路

从北京到张家口的铁路是联结华北和西北的交通要道，有着重要的经济价值和政治价值。1905 年，清政府任命詹天佑为总工程师，修筑从北京到张家口的铁路。消息一传出来，全国都轰动了，老百姓说这一回咱们可争了一口气。帝国主义者却认为这是个笑话。有一家外国报纸轻蔑地说："能在南口以北修筑铁路的中国工程师还没有出世呢。"原来从南口往北过居庸关到八达岭，一路都是高山深涧，悬崖峭壁。他们认为这样艰巨的工程，外国著名的工程师也不敢轻易尝试，至于中国人，是无论如何也完成不了的。

詹天佑清楚地知道这一任务的艰巨性，他顶住来自各方面的冷嘲热讽，亲自带领学生和工人，背着标杆、经纬仪，日夜奔波在崎岖的山岭上。塞外常常狂风怒号，黄沙满天，一不小心还有坠入深谷的危险。詹天佑白天翻山越岭，勘测线路；晚上，就在油灯下绘图、计算。遇到困难，他总是想：这是中国人自己修筑的第一条铁路，一定要把它修好；否则，不但惹外国人讥笑，还会使中国的工程师失去信心。一天傍晚，猛烈的西北风卷着沙石在八达岭一带呼啸怒吼，刮得人睁不开眼睛，测量队急着结束工作，填了个测得的数字，就从岩壁上爬下来。詹天佑接过本子，一边翻看填写的数字，一边疑惑地问："数据准确吗？""差不多。"测量队员回答。詹天佑严肃地说："技术的第一个要求是精密，不能有一点模糊和轻率，'大概''差不多'这类说法不能出自工程人员之口。"接着，他背起仪器，冒着风沙，重新吃力地攀到岩壁上，认真地重新勘测了一遍，修正了误差。当他下来时，嘴唇已冻青了。

不久，勘探和施工进入最困难的阶段。在八达岭、青龙桥一带，山峦重叠，陡壁悬岩，要开四条隧道，其中最长的达1 100多米。詹天佑为了缩短工期，想出了"竖井开凿法"：从山的南北两端同时对凿，同时在山的中段开一口大井，在井中再向南北两端对凿，这样一来，四个工作面同时施工，既保证了施工质量，又加快了工程进度。凿洞时，大量的石块全靠人工一锹锹地挖，涌出的泉水要一担担地挑出来，身为总工程师的詹天佑毫无架子，与工人同挖石，同挑水，一身污泥一脸汗。他还鼓舞大家说："京张铁路是我们用自己的人、自己的钱修建的第一条铁路，全世界的眼睛都在看着我们，必须成功！"

铁路经过青龙桥附近，由于地势险陡，坡度特别大，用两台巨型爬山机车，一拉一推地牵引列车都爬不过去。火车怎样才能爬上这样的陡坡呢？詹天佑经过实地考察研究，顺着山势，创造性地应用了"折返线"方案，设计了一种"之"字形轨道线路：北上的列车开到南口就用两个火车头，一个在前边拉，另一个在后边推；过青龙桥，列车向东北前进，过了"之"字形线路的岔道口就倒过来，原先推的火车头拉，原先拉的火车头推，使列车折向西北前进。这样一来，火车上山就容易得多了。詹天佑想出来的这些方法在现代铁路建设中都起到了非常大的作用。

1909年8月19日，京张铁路不到4年就全线竣工了，比原计划提早两年，还节约了28万两银子。京张铁路的胜利建成，给了藐视中国的帝国主义者一个有力的回击，是中国人民的胜利，也是中国爱国知识分子爱国精神的充分体现。

1922年，人民为了纪念詹天佑，在青龙桥火车站竖立起詹天佑铜像；1987年，再建成詹天佑纪念馆，让人民永远缅怀京张铁路的总设计师詹天佑。

学习思考

詹天佑最为世人所熟知的，是他作为总工程师主持修建的京张铁路，那是中国第一条完全不依赖外国，在资金、技术上完全由中国人自己修筑的铁路。而詹天佑不大为世人熟知的,是他在临终口授《遗呈》中的真情表露:"从事路工始终垂三十年,只知报国,从不敢殖产营私。"简单的话语,也是他对自己一生的高度概括。

在詹天佑身上,我们既看到了半殖民地半封建社会中国知识分子所体现出的爱国情怀,也看到了中华传统美德所塑造出的经久不衰的人格魅力。

五、明辨思考

思考 1:"幸福生活都是奋斗出来的。"你怎么看待这句话?

思考 2:针对"躺平""内卷"这些网络热词,谈谈你对它们的理解。

六、实践课堂

实践项目 1:主题演讲——现实、理想与中国梦

实践目的

通过组织"现实、理想与中国梦"的演讲活动,使当代大学生更清楚地认识自己所面临的现实环境和所处的时代背景,明确自己的个人理想和社会理想,探索并明确应当追寻什么样的中国梦和为实现中国梦应该如何奋斗,懂得拥有坚定理想信念对实现理想的重要性。

实践方案

(1) 任课教师宣布实践活动主题,并明确实践活动要求。
(2) 学生搜集整理与演讲主题相关资料,撰写演讲稿。
(3) 任课教师将学生分为若干小组(每组 3~5 人),小组成员就各自的演讲稿展开讨论交流。
(4) 各小组推选 1 名组员,代表小组进行演讲比赛。
(5) 任课教师对参赛人员进行基础培训,并指导参赛人员进行演练。
(6) 任课教师选定演讲比赛的主持人、评委、记分员,并指导主持人进行比赛流程的制定。同时任课教师需拟定评分标准和活动计划。
(7) 组织进行演讲比赛,主持人简述比赛流程和比赛规则,介绍参赛选手及评委。

（8）参赛选手依次开始演讲（每位选手演讲时间控制在 5 分钟以内），评委按要求进行评分，记分员适时统分计分。其间主持人可邀请评委及听众代表对参赛选手的演讲表现进行点评。

（9）演讲比赛结束，主持人宣布选手成绩及名次。如设有奖项，可进行颁奖环节。

（10）任课教师就学生表现给予评判，并对本次实践活动进行总结。

实践项目 2："激扬青春放飞理想"演讲比赛

实践目的

为提升广大大学生的思想道德修养和综合素质，引导大学生争做符合新时代先锋的新青年，增强大学生的责任感、使命感，激发大学生的担当精神，引导大学生志存高远、发奋成才、回报社会、报效祖国，经学院研究决定，开展"激扬青春放飞理想"思政课实践活动。

实践方案

（一）指导思想

高举习近平新时代中国特色社会主义思想伟大旗帜，深入学习宣传贯彻党的十九大精神，以聚焦中国特色社会主义新时代，引导和帮助青年学生牢记、理解、践行"有理想、有追求、有担当、有作为、有品质、有修养"，立志在践行伟大中国梦中展现青春、贡献才智。

（二）活动主题

本次实践活动以"激扬青春放飞理想"为主题，以班会形式进行演讲比赛，运用大学生喜闻乐见、乐于接受的演讲比赛方式，开展思想政治教育，引导大学生自觉用习近平新时代中国特色社会主义思想武装头脑，树立正确的世界观、人生观、价值观，充分展示大学生紧跟时代砥砺前行、担当责任奋发有为的精神风貌，进一步激励他们勇做时代新人，在实现中国梦的生动实践中放飞青春梦想，在为人民利益的不懈奋斗中书写人生华章。

（三）活动对象

思政课全体教学班学生，以学生个人为单位。

（四）活动要求

（1）以个人为单位，所有教学班学生必须参加，班长与学委负责，利用班会时间进行班内比赛，每班遴选 2 名优秀者参与思政课前演讲。

（2）演讲内容：围绕"激扬青春放飞理想"主题，结合个人和社会实际设计演讲内容，题目自拟，仪表端庄，仪态大方，表达清晰，普通话标准。

（3）演讲时间 5 分钟。

（4）可以配乐，音乐与内容应相协调；也可制作 PPT 背景。

（5）本次活动拒绝有国家法律、法规明令禁止的内容参赛。

（6）特殊说明：要求学生严肃对待经典革命题材文化作品，严禁恶搞红色经典及英雄人物、格调低俗的内容，尊重历史、敬重经典、礼赞英雄，自觉抵制和清除不良内容。

（五）活动考核标准

本次比赛全班学生参与，全班学生组成评选小组，对每一个学生成绩进行客观公正的评判。评分标准具体如下。

（1）演讲内容（4 分）：主题突出，思想积极向上，内容真实感人，结构完整清晰等。

（2）语言表达（3 分）：普通话标准，声音洪亮清楚，表达连贯，语调和语速与演讲内容有机配合，声音与情感有机结合等。

（3）演讲表情（1 分）：表情自然并与内容有机结合，声情并茂，感染力强，动作与手势恰到好处等。

（4）仪表仪态（1 分）：仪表端庄，服装整洁大方，讲究礼仪。

（5）综合印象（1 分）：从时间控制、出入场、演讲效果、创意及有关内容等方面进行评判。

教师分数给予标准：每班遴选 2 名优秀者参与思政课前演讲并给予满分，其他同学成绩参考上交任务书且与班长、学委协商确定。

（六）时间安排

教师提前进行活动布置，活动分为三个阶段。具体安排如下：

（1）活动启动、准备阶段。学生在教师布置活动后，以个人为单位进行准备。

（2）班级演讲赛。确定班会时间进行班内比赛，每班遴选 3 名优秀者参与思政课前演讲。

（3）课堂展示阶段。每班参与思政课前演讲的学生本项实践成绩给予满分。

▶▶ 在线答题

第三章　继承优良传统　弘扬中国精神

一、知识框架

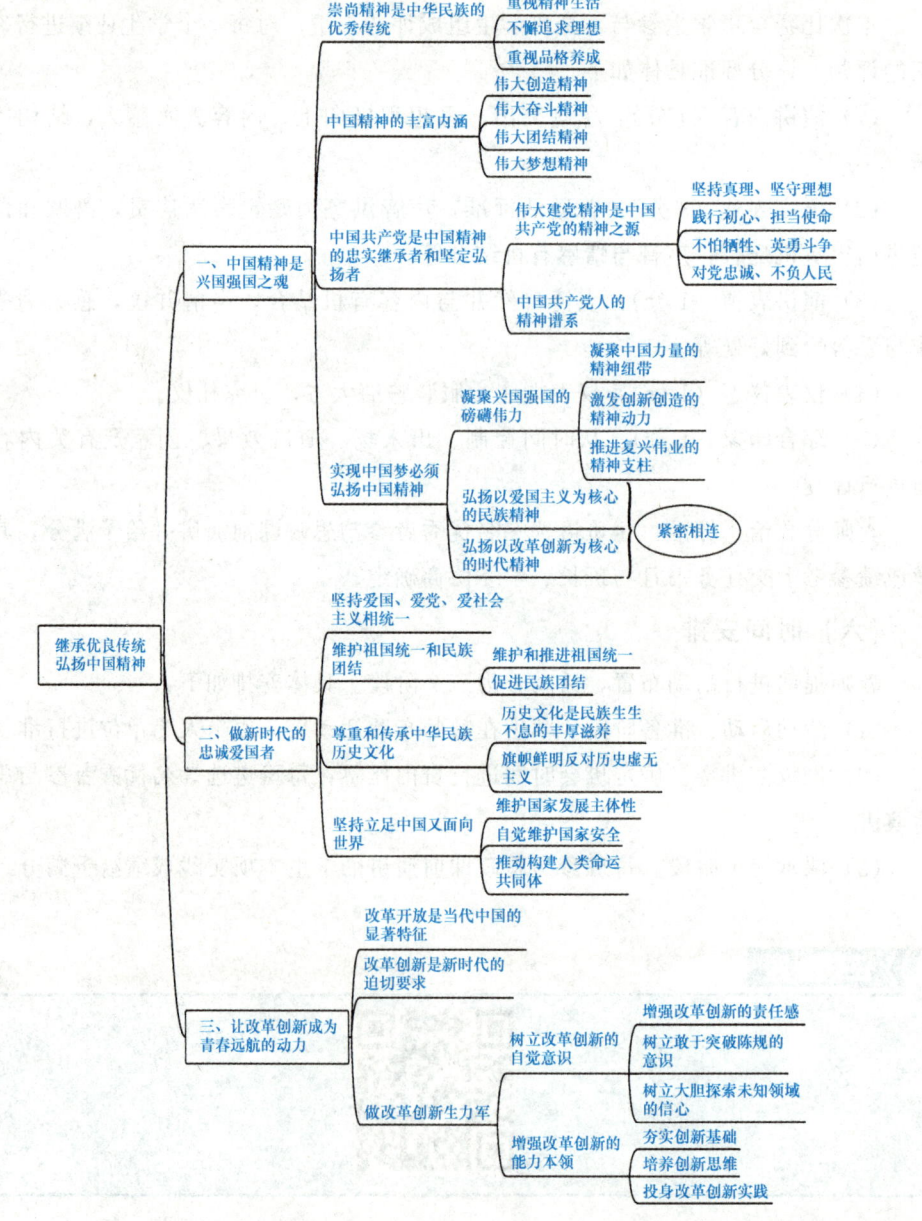

二、教学目标

知识目标：掌握中国精神的丰富内涵和现实意义，深刻理解伟大建党精神是中国共产党的精神之源，了解中国共产党人的精神谱系，把握爱国主义的基本内涵，理解时代精神的内涵和主要体现，领会改革创新的时代要求和重要意义。

能力目标：能够从理论层面和实践层面理解中国精神的时代内涵及时代价值。

素质目标：培养自觉坚持爱国、爱党、爱社会主义相统一，维护祖国统一和民族团结，树立改革创新的自觉意识，增强改革创新的能力和本领，做改革创新的生力军。

教学重难点：

1. 中国精神的丰富内涵。（重点）
2. 中国共产党人的精神谱系。（重点）
3. 实现中国梦必须弘扬中国精神。（重点）
4. 改革创新是新时代的迫切要求。（重点）
5. 伟大建党精神的科学内涵。（难点）
6. 做新时代忠诚爱国者的基本要求。（重点、难点）
7. 维护祖国统一和民族团结。（重点、难点）
8. 当代大学生做改革创新生力军的途径。（重点、难点）

三、引经据典

原典 1：子曰："饭疏食饮水，曲肱而枕之，乐亦在其中矣。不义而富且贵，于我如浮云。"

出处：《论语·述而》

释义：孔子说："吃粗粮，喝白水，弯着胳膊当枕头，乐趣也就在这中间了。用不正当的手段得来的富贵，对于我来讲就像是天上的浮云一样。"

解读：说明了有理想、有志向的君子，不会总是为了自己的吃穿住而奔波，在贫困艰苦的情况下照样可以很快乐，以不道义的方式而得到的富贵是不好的。

原典 2：亦余心之所善兮，虽九死其犹未悔。

出处：屈原《离骚》

释义：屈原用这句诗来表明自己对国家的态度：既然选择了忠于祖国，选择了勇往直前，就要全力以赴，为之奋斗终生。

解读：后来人们在表达坚持理想、为实现目标而奋斗时常引用这一名句以表达心志。希望中国青年不忘初心，明确攻关目标，瞄准科技前沿，以关键核心技术为突破口，敢于攻坚克难，持续用力，不轻言放弃，努力掌握核心技术，提高自主创新能力，既不妄自菲薄，也不妄自尊大，勇于攻坚克难、追求卓越、赢得胜利，积极抢占科技竞争和未来发展制高点。

原典 3：汤之《盘铭》曰："苟日新，日日新，又日新。"

出处：《礼记·大学》

释义："苟日新，日日新，又日新"是商朝的开国君主成汤刻在盥洗器皿上的警词，旨在激励自己自强不息，创新不已。文中三个"新"字，本义是指洗去肌肤上的污垢，使身体焕然一新，在这里引申为精神上的弃旧图新。因此，这句话的意思是：如果能每天除旧更新，就要持之以恒。"苟日新，日日新，又日新"从动态角度来强调不断革新。可见，中国传统文化是比较强调创新的，要求人们以一种革新的姿态，适应并推动社会发展，而不能因循守旧，阻挡历史前进的步伐。

解读：这可能是在谈及创新问题时，被引用最为广泛的一句话了。之所以能如此深入人心，是因为它从动态的角度，强调了不断创新的问题。这句简洁隽永的古语，折射出不断更新自己、主动适应时代、积极推动发展的向上朝气，沉淀为中华民族思想观念的精髓。这样的观念，表现于文字，潜藏在心灵，塑造着气质，决定着命运。在历史的关键节点，这样的创新意识往往会迸发出来，成为推动社会进步的强大力量。创新精神，这一中华民族鲜明的禀赋、中华文化深沉的内蕴，正是我们不断创新的思想源泉。

四、中国故事

中国故事 1　任长霞——老百姓心中的一座丰碑

任长霞（1964年2月8日—2004年4月15日），河南省登封市公安局原党委书记、局长，2006年被追授"全国优秀共产党员"称号，"100位新中国成立以来感动中国人物"。

在中原大地上，公安英模任长霞的名字近年来被广为传扬。任长霞因公牺牲后，中宣部、公安部、全国妇联、中央政法委等部门发出通知，号召向任长霞同志学习。

任长霞1964年2月8日出生在郑州一个工人家庭。1983年警校毕业后，分配到郑州市公安局中原分局从事预审工作。她刻苦钻研业务，从一个不起眼的"新兵丫头"，逐渐成了"办案能手"。1992年11月，任长霞在郑州市公安系统和市政法战线两次岗位练兵大比武中，勇夺双冠。1994年11月，她又在全省政法战线大比武中，以优异成绩夺得第一名。

过硬的业务素质，强烈的责任心，使任何嫌犯都休想从任长霞手下溜走。据统计，任长霞在中原分局预审科工作期间，共挖余罪、破积案1 072起，追捕犯罪嫌疑人950余人，创造了河南公安预审史上无可比拟的成绩。在郑州市公安局从事公安法制工作，她4年里审核案件千余起，无一错案。

1998年11月，任长霞被提拔为郑州市公安局技侦支队支队长。同年，市公安局成立打击黑社会势力特别行动队，由任长霞带队，开展打黑专项斗争。在侦破郑州鞋城黑社会团伙案时，任长霞带领公安民警深夜设伏，不费一枪一弹，将76名黑社会团伙成员一网打尽。在侦破郑州市敦睦路服装批发市场王张勇黑社会团伙案过程中，侦查发现王张勇一伙潜藏在深圳后，任长霞先后两次带队赶赴深圳，与当地警方一起连夜布控，将王张勇一伙8人全部擒获。

2001年4月，任长霞被任命为登封市公安局局长，成为河南省公安系统有史以来第一位女公安局长。由于当地各类积案堆积严重，任长霞组织"百日破案会战"。特别是面对在登封白沙湖畔非法拘禁、敲诈勒索、打杀无辜、民愤极大的王松黑社会性质犯罪团伙时，任长霞通过缜密侦查、巧施计策，组织干警将王松及其65名团伙成员全部收入法网。由于大案要案和疑难案件被接连攻克，当地群众拍手称快，都说登封来了一位"女神警"。

破案是艰苦的，有时十天半月紧盯在现场侦查、取证，任长霞和干警一样吃住在百姓家，身体力行为干警树立了无声的榜样。

对各种原因聚集形成的控申案件，任长霞抽调20余名民警成立"控申专案组"，变群众上访为民警下访，解决群众反映强烈的问题。她还要求把每周六定为"局长接待日"，倾听群众的呼声。

在登封工作的3年多，公安局的"局长接待日"从没间断过。3年来，任长霞处理群众来信来访3 467人次，使476户上访老户罢访息诉。

2001年5月3日，在处理登封市大冶镇西施煤矿特大瓦斯爆炸事故时，任长霞看到年仅8岁的刘春雨成了一名孤儿，便收养了小春雨，承担起小春雨全部的生活、学习费用。刘春雨至今称任长霞为"任妈妈"。

任长霞还向全局民警发出倡议，开展了"百名民警救助百名贫困学生"活动。全市有126名贫困家庭的失学儿童得到救助，重回课堂。

在任长霞的带领下，3年来登封市公安局帮助困难户达70余户，受益群众达300余人，出台便民利民措施达60多项，上门办证、办牌不计其数，好人好事千余起，警民关系进一步改善。自任长霞到任后，登封市的上访者越来越少，而敲锣打鼓到上级公安机关为登封市公安局和任长霞送感谢信、镜匾、锦旗的，为任长霞请功的，越来越多。登封市公安局也荣获"河南省人民满意的政法单位"称号。

2004年4月14日晚，任长霞在郑州市公安局汇报完工作，连夜赶回登封部署一起重大案件侦破途中，不幸遭遇车祸，于4月15日零时40分牺牲，年仅40岁。

任长霞1983年参加公安工作以来，忠实履行人民警察的神圣职责，在平凡的岗位上做出了不平凡的业绩。她曾荣立个人一、二等功各1次，三等功4次，荣获全国五一劳动奖章、中国十大女杰、全国三八红旗手、全国青年岗位能手、全国优秀人民警察等各种荣誉称号40余次，并被公安部追授为全国公安系统一级英模。2004年12月，任长霞被评为感动中国十大年度人物。

2009年9月10日，在中央宣传部、中央组织部、中央统战部、中央文献研究室、中央党史研究室、民政部、人力资源社会保障部、全国总工会、共青团中央、全国妇联、解放军总政治部等11个部门联合组织的"100位为新中国成立作出突出贡献的英雄模范人物和100位新中国成立以来感动中国人物"评选活动中，任长霞被选入"100位新中国成立以来感动中国人物"。

> **学习思考**

任长霞把生命最壮丽的一刻留在了嵩岳大地，用自己的一腔热血捍卫了一方平安，用自己的模范行动树起了百姓心中之碑。人民怀念着任长霞，人民也呼唤着千千万万个任长霞。任长霞常说的一句话是："要肩负起党的重托，不负人民的信任。"她这样说了，也这样做了。她所做的这每一个方面的每一件事情，都是那样的难能可贵。

难以想象，如果没有对老百姓的深厚感情，她能做得那样出色？任长霞以她对百姓无尽的爱，对党和人民事业无尽的忠诚，证明了这样一句朴素的话语：群众利益无小事。只有心里装着百姓，才能为百姓尽心竭力做好事、办实事、解难事。任长霞以她执着的生前事与光荣的身后名，验证了这样一个朴素的道理：群众在干部心中的分量有多重，干部在群众心中的分量就有多重。任长霞以她璀璨夺目的人生轨迹，为广大公安干警和其他人，树起了好的榜样。她是老百姓心中的彩霞。

中国故事2　于敏——中国脊梁

于敏（1926年8月16日—2019年1月16日），出生于河北省宁河县（现天津市宁河区）芦台镇，核物理学家，国家最高科技奖获得者，"共和国勋章"获得者。1949年毕业于北京大学物理系。1980年当选为中国科学院学部委员（院士）。原中国工程物理研究院副院长、研究员、高级科学顾问。

从古至今，爱国都是一个崇高的词。"中国氢弹之父"于敏曾说："氢弹研制难度大，不符合我的利益，但爱国大于利益。""没有我们自己的核电，我们的国家就不可能有真正的独立。面对如此巨大的问题，我别无选择。"

没有时间沉默，但有人为我们背负着重担！而正是因为崇高的情怀，于敏与"核"共舞了半个世纪，隐姓埋名28年，为我国的氢弹事业做出了巨大贡献。

1926年，于敏出生在一个普通的家庭。当时战火纷飞，社会动荡。随后是艰苦的抗日战争，中国满目疮痍。这对于敏幼小的心灵造成了强烈的震撼。为此，于敏从小就做出了一个决定：长大后一定要报效国家，拯救苦难中的祖国。于敏自幼天资聪颖，勤奋好学。7岁那年，他在家乡宁河县上小学。他特别热爱科学，经常独坐沉思。高中时就读于木寨中学。1944年，18岁的于敏以优异的成绩考入北京大学技工学校。1949年，他以物理学第一名的成绩成为中华人民共和国成立后北京大学的第一届毕业生，并被录取为研究生。当时，他的老师张宗燧先生称赞他："我从未见过像于敏这样好的物理学生。"著名教育家季羡林在《成功》中有这个公式：成功＝天赋＋勤奋＋机遇。这三点于敏都有。由于家境贫寒，于敏在北京大学读书期间，每年暑假都没有回家的路费，所以他经常独自跑到北京西城区的景山山顶，钻研课本。

1945年，美国向日本广岛和长崎投下两颗原子弹，震惊世界。为此，于敏找到了未来的研究方向，开始研究量子理论。1951年，于敏研究生毕业，被理想吸引。当时，核物理学家钱三强选择了成绩优异的于敏，于是于敏进入了中国科学院近代物理研究所从事核理论研究。钱三强也对他赞叹不已："于敏填补了我国核理论的空白。"但当时的研究条件很不成熟，没有知名教育家的指导，也没有外国专家的协助，完全靠个人研究。

终于，经过8年的努力，1959年于敏和杨黎明教授合办了《核理论教程》，这是后来20年中唯一出版的核理论教材。更难能可贵的是，于敏从未出国留学，没出国半步就成为了世界级的物理学家。为此，他被亲切地称为"居家专家一号"。而就在这时，于敏的生活发生了翻天覆地的变化。

1961年，原子能研究所所长钱三强找到于敏，严肃地说："上级决定让你参加热核武器原理的初步研究，你觉得呢？"于敏当时觉得突如其来，一头雾水，但面对钱三强那坚定的眼神，他立刻明白，国家正在研究第一颗原子弹，氢弹理论的研究也临近了。

那一刻，他毅然接受了委派，转行了。至此，于敏开始了长达28年的隐姓埋名生涯。

在于敏初出茅庐，即将成为荣誉无数、掌声无数的科学家之际，他毅然放弃，选择了一份秘密工作，打拼多年，默默奉献。他考虑的不是个人荣辱，而是国家利益。他吐露如下："中华民族不欺负别人，别人也不能欺负它。核武器是一种保护手段，这种民族情怀就是我的精神动力。"作为一个年轻的大国，中国离不开自己的核力量和核威慑，否则就会被欺负。于敏当时是副组长，带领30多名青年科研人员开始了氢弹理论的研究工作。

20世纪60年代，中国处于贫困和虚度光阴的状态。在这种情况下，研究工作的艰巨程度可想而知。于敏后来回忆起当初制造氢弹的艰辛过程，感叹道："当时世界上虽然有氢弹，但我们国家一穷二白。"当时最好的物理学家都不知道氢弹的原理。大家半天都找不到突破口，更别说学习了。而且当时中美关系紧张。美国总统杜鲁门和艾森豪威尔扬言要禁止中国的氢弹研究，甚至派核武军舰进入我国近海。美国此举非但没有打败于敏，反而提振了他的斗志和决心！敌人越凶，我们的斗志就越大！于是于敏带着一群年轻人来到了位于上海的华东计算学院。经过日夜奋战，他终于带来了关键性的突破。

1964年9月，找到了热核材料自持燃烧的关键，于敏喜出望外："我们终于抓住了牛鼻子！"

1965年11月1日，令人振奋的消息传来，于敏设计的计算取得了完美的结果，表明如果能利用原子弹的能量，就有可能设计出上百万吨级的氢弹。众人激动，齐声喊道："老于请客！"随后，于敏等人在上海华东理工学院并肩作战了100个昼夜，堪称"上海破氢弹原理百日"，又称"百日会战"。

1967年6月17日上午8时20分，一声巨响，沙漠上空升起了蘑菇云。中国从此成为世界上第四个拥有氢弹的国家。"我国自行设计生产的第一颗氢弹爆炸成功！"从氢弹研究的耗时对比来看，美国7年3个月，苏联6年3个月，英国4年6个月，继中国之后研制氢弹的法国8年6个月。在我国只用了2年7个月！我国显然是世界上研制氢弹最快的国家。这一夜，是于敏多年来最平静的一夜。

　　回顾于敏等人的研究经历，着实不易。当时国际形势严峻，没有国际援助。于敏这样的科学家，完全是自给自足，逐步研究。于敏的一大特点就是做事非常认真，做事一丝不苟。他做事不做则已，他要做，就得全力以赴，全力以赴！在上海奋战的无数个夜晚，他深入机房分析计算结果，为提升科研人员水平，将四年来的知识和经验做了系统的汇报。他不仅治学严谨、一丝不苟，而且平易近人。不论年龄大小、资历高低，团队中的每个人都有着可爱的外号，比如邓佳的"老邓"，于敏的"老于"。在科学中也是如此。于敏和队员们全力以赴，与时间赛跑，共克时艰。他们平时都穿着打补丁的衣服，于敏经常靠在宿舍的桌子上计算最准确的数字。于敏也带人征战大西北，伴随着飞沙走石的是茫茫戈壁，吃着馒头、喝着热碱水，还要面对零下30多摄氏度的极寒天气……幸运的是，他们的艰辛终于得到了回报。1967年6月17日上午8时20分，第一颗氢弹在我国爆炸成功！

　　2019年1月16日，于敏在北京逝世，享年93岁。于敏近半个世纪的人生与核武器共舞，隐姓埋名28年。他填补了中国原子弹理论的空白，是当之无愧的"中国氢弹之父"。名利对他无动于衷，他献身于自己的生活。他家的客厅里挂着这样一句话："淡泊明欲，静致远方。"这是对于敏生前心境的真实写照。作为一名科学家，于敏不计较个人得失，而是以国家利益为重；他不为强权所动，只有严谨和科学的态度。

　　于敏这样的英雄，才是我们这个时代真正应该追逐的明星！我们生在中国，长在中国，有这样的英雄守护我们是何等幸运！愿英雄安息，愿国土富强，愿山河平安，愿天下平安！

　　向"中国氢弹之父"于敏致敬！向祖国栋梁、民族脊梁——于敏致敬！

学习思考

　　我国的"两弹一星"元勋，我们知道邓稼先、钱学森，知道于敏的却寥寥无几。为了国家的建设，他在戈壁滩隐姓埋名近30年。这30年里，他的论文不能署名公布，只能默默地在沙漠里刻苦钻研。耐得住寂寞的人，是伟大的，默默做事不慕名利的人，是值得尊敬的。

　　现如今的我们，社会稳定，生活幸福美满。而这平和温暖的阳光下，是阳光照不到地方的科研人员夜以继日地工作换来的。我们不能忘记于敏教授这样的先驱伟人，更要珍惜现今来之不易的幸福生活。

中国故事 3　毛相林——凿通脱贫致富的"天路"

重庆市巫山县的下庄村，曾经极度偏僻、交通不便，被"锁"在"天坑"之中。1997 年起，时任下庄村党支部书记的毛相林带领村民问天要路，以血肉之躯，在绝壁上凿出了一条长 8 千米的出山路。

出山公路修通后，他又带领村民披荆斩棘、攻坚克难，历经 13 年时间探索培育出"三色"经济，并于 2016 年在全县率先实现整村脱贫。多年以来，毛相林带领村民奋进在脱贫致富奔小康的路上，也铺出一条建设美好生活的道路。

守初心，凿出"脱贫路"

老下庄村坐落在巫山县竹贤乡的大山深处，四周高山绝壁合围、生存环境恶劣、生活条件艰苦，是名副其实的"天坑村"，从"井口"到"井底"，垂直高度 1 100 多米，外出必须通过一条在绝壁上的羊肠小道，到县城要走 3 天。

1995 年 12 月，毛相林接任老下庄村党支部书记兼村主任，下庄村的闭塞和贫困成了压在他心中的一块大石头。当时全县村级干道建设规划是由易到难，下庄村的路太艰险，未列入规划，县上何时规划修路也不确定。但下庄人要想改变贫困，唯一的"突破口"就是修通从"井底"到"井口"的公路。

看到过去封闭落后的邻村如今通了公路，家家电灯亮、户户电视响，毛相林下定决心要带领村民修路，走出贫困。在全村党员干部会上，毛相林对大家说："山凿一尺宽一尺，路修一丈长一丈，就算我们这代人穷十年、苦十年，也一定要让下一辈人过上好日子！"

1997 年冬，毛相林带领村民在鱼儿溪畔正式动工修路。村民们个个腰系长绳，趴在箩筐里，吊在几百米的悬崖上打炮眼，在悬崖峭壁上放炮，炸开一处处缺口，炸出"立足之地"，稳步向前推进。

自修路以来，毛相林身上的担子最重，白天要翻山越岭到各个工地巡查安全，晚上还要在工地上总结安排工作。为了早日修通绝壁路，毛相林最长在工地驻扎了 3 个月没回家。

为了修路，毛相林不知磨破了多少双胶鞋，手上和脚上磨起的血泡鼓了破，破了又鼓。到 2004 年，整整用了 7 年时间，毛相林带领村民克服了一个个困难，终于在悬崖绝壁上抠出了一条 8 千米长的"天路"，修通了人们盼望已久与外面世界沟通的连接路、出行路，让村民们看到了脱贫致富奔小康的希望。

用真心，蹚出"致富路"

出山的路通了，青壮年走出了下庄村。看着留在村里的老人、小孩，还有成片撂荒的土地，40 多岁的毛相林留了下来。"我要在这片土地上开拓一条致富路。"

2005 年，老下庄村和两合村合并成一村，毛相林当选为新下庄村村主任。"作为群众选出来的村干部，带领大家脱贫致富，是我的本分。"在村民代表大会上，毛相林坚定地说。

毛相林学历不高，但他知道，要脱贫致富，除了先修路还得发展产业。听说漆树值钱，他就带领几个青壮年爬上海拔1 000多米的原始森林，挖回大木漆，在村里培育出2万余株漆树，没想到当年夏天树全部热死了。

后来他又在村里养山羊、种桑树养蚕，但都失败了……

为此，毛相林主动在村民大会上做了检讨，他也明白了"要懂科学，不能蛮干"。虽然屡战屡败，但毛相林下定决心一定要让下庄村走出一条产业扶贫的新路子。

他请来县里的农业专家对下庄村的气候、土壤环境进行全面的考察分析，确定了发展柑橘、桃树、西瓜三大产业。为打消村民顾虑，他积极争取县农委补助，组织村民代表到曲尺乡实地考察柑橘产业，还率先种植10亩柑橘，并让开车跑运输的儿子到邻近的奉节县自费学习技术，无偿为村民提供技术支持。几年下来，全村种下650亩柑橘，按照"村集体经济组织＋专业合作社＋产业＋农户"的模式，成立专业合作社进行统一管理，500多亩已挂果，每年给村民增加收入200万元左右。

2019年，村里居民人均可支配收入达12 670元，是修路前年收入的40多倍。毛相林带领村民历时15年，探索培育出"三色"经济，发展乡村旅游，将绿水青山变成金山银山，蹚出了一条"致富路"。

强信心，走好"未来路"

毛相林常说："虽然现在条件好了，但下庄精神丢不得，还要一代一代传下去。下庄人的步伐不会止于打通绝壁上的天路，不会止步于脱贫路，还要走好乡村振兴的路，走上小康路！"

为激励下一代继续奋斗在脱贫攻坚和乡村振兴的道路上，让下庄精神一代一代传下去。2018年年底，毛相林积极主动向县、乡两级申请，想在下庄村建立一个下庄人事迹陈列室。

2020年4月，在县、乡两级大力支持下，下庄人事迹陈列室在下庄村文化广场建成，广场上还屹立了一座"下庄筑路英雄谱"，上面刻着108位当年以生命挑战悬崖的村民姓名，彰显了下庄人用生命和汗水铸就的不甘落后、不等不靠、不畏艰险、不怕牺牲的"下庄精神"，承载了毛相林这一代下庄人的理想信念和价值追求。

2004年通路以后，全村有36人外出上小学、132人外出上中学、29人考上了大学。毛相林希望这些有知识、有见地、有文化的年轻人能回到下庄村，用自己学到的知识改变下庄村的面貌。

每年过年外出务工村民回家，毛相林都要挨家挨户上门为他们讲述这些年来下庄村的变化，描绘下庄村美好的未来，请他们回来，为下庄村的乡村振兴尽心出力。41岁的杨亨均回来成立了秀葱农业专业合作社，管理下庄村的桃园，探索出新的创收门路；29岁的毛连长带着女朋友一起回来，做网络直播带货；大学生彭淦回来了，走上讲台成了下庄村小学的一名老师；毛相林的儿子毛连军也回来了，参与到旅游环线建设中。

毛相林说，等他从村主任岗位上退下来，他就做下庄村人事迹陈列室的义务讲解员，为大家讲述下庄人脱贫奔小康的故事。他要把下庄精神传承下去，让来到下庄村的人们懂得珍惜党和国家的好政策，珍惜现在的美好生活，建设和谐富足的美丽乡村。

> **学习思考**

"绝壁上打响了抗争命运的第一炮，山坡上种下了向往美好的第一棵苗。不信天，不认命，你这硬实的汉子，终于带着乡亲们爬出这口井。山到高处你是峰，路的尽头是家园。"这是 2020 年度感动中国人物毛相林的颁奖词。2020 年 11 月 18 日，在决战决胜脱贫攻坚之际，中共中央宣传部向全社会宣传发布脱贫攻坚一线优秀党员干部代表毛相林的先进事迹，授予他"时代楷模"称号。

榜样催人奋进，使命呼唤担当。我们在毛相林和下庄村的故事中，看到了中国共产党员攻坚克难、服务人民的奉献精神，看到了中国人民不怕牺牲、追求幸福的执着精神，看到了中华儿女逢山开路、遇水架桥的奋斗精神。从愚公精神到红旗渠精神，再到下庄人"天坑"开路，中国人民用勤劳和智慧书写辉煌的中华历史，也培育铸就了独特的中国精神，为中国发展和人类文明进步提供了强大的精神动力。

中国故事 4 "铁人"王进喜——宁肯少活二十年，拼命也要拿下大油田

王进喜（1923 年 10 月 8 日—1970 年 11 月 15 日），出生于甘肃省玉门县赤金堡，中国黑龙江省大庆市大庆油田石油工人。王进喜出生于一个贫苦家庭，玉门解放后成为一名石油工人，因用自己身体制伏井喷而家喻户晓，人称"铁人"。1970 年 4 月，王进喜被确诊为胃癌晚期。1970 年 11 月 15 日 23 时 42 分，王进喜因胃癌医治无效不幸病逝，终年 47 岁。2009 年 9 月 10 日当选"100 位新中国成立以来感动中国人物"之一。2019 年 9 月 25 日，被评选为"最美奋斗者"。

他是新中国第一代钻井工人，在 20 世纪 60 年代，率领 1205 钻井队"有条件要上，没有条件创造条件也要上"，以"宁肯少活二十年，拼命也要拿下大油田"的顽强意志和冲天干劲，打出了大庆石油会战第一口油井，创造了年进尺 10 万米的世界钻井纪录。他就是铁人王进喜。他身上展现的铁人精神，是中华民族宝贵的精神财富。

1960 年 2 月，东北松辽石油大会战打响。玉门闯将王进喜带领 1205 钻井队于 3 月 25 日到达萨尔图车站，下了火车，他一不问吃、二不问住，先问钻机到了没有、井位在哪里、这里的钻井纪录是多少，恨不得一拳头砸出一口油井来，把"贫油落后"的帽子甩到太平洋里去。面对极端困难和恶劣环境，会战领导小组做出了学习毛主席《实践论》和《矛盾论》的决定。王进喜组织 1205 钻井队职工认真学习"两论"。通过学习，王进喜认识到："这困难，那困难，国家缺油是最大困难；这矛盾，那矛盾，国家建设等油用是最主要矛盾。"1205 钻井队的钻机到了，没有起重机和拖拉机，汽车也不足。王进喜带领全队工人用撬杠撬、滚杠滚、大绳拉的办法，"人拉肩扛"把钻机卸下来，运到萨 55 井井场，仅用 4 天时间，把 40 米高的井架竖立在茫

茫荒原上。井架立起来后，没有打井用的水，王进喜组织职工到附近的水泡子破冰取水，带领大家用脸盆端、水桶挑，硬是靠人力端水50多吨，保证了按时开钻。

铁人王进喜从普通工人成长为领导干部，但他功高不自傲，始终保持谦虚谨慎的作风，对工人和家属关怀备至，而对自己和家人严格要求，一辈子甘当党和人民的"老黄牛"。他说："我从小放过牛，知道牛的脾气，牛出力最大，享受最少，我要老老实实地为党和人民当一辈子老黄牛。"

王进喜是吃苦耐劳的实干家，也是科学求实的典范。在科技领域，他以"识字搬山"的意志克服意想不到的困难，刻苦学习，带领工人们以创造性的劳动，创造出一个又一个优异的成绩。1961年2月，王进喜被任命为钻井指挥部生产二大队大队长，负责管理分布在大荒原上的12个钻井队。他经常身背干粮袋，骑着摩托车或步行，深入到各井场，调查研究，检查工作，帮助基层解决各种实际问题。当了大队长后，他深感没文化开展工作困难，拜机关干部为师，抓紧一切机会学文化。他说："我认识一个字，就像搬掉一座山。我要翻山越岭去见毛主席。"经过两年多的时间，铁人已经可以独立地看报、读文件，甚至可以列出简单的发言提纲了。王进喜学习技术知识始终坚持学以致用。他说："干，才是马列主义。不干，半点马列主义也没有！"他带领工人们不断地从实际需要出发搞技术革新。为提高钻井速度，他和工人改革游动滑车。为打好高压易喷井，他带领工人研究改进泥浆泵。为提高钻井质量，他和科技人员一起研制成功控制井斜的"填满式钻井法"。他还在多年的钻井工作中摸索出一套高超的"钻井绝技"，能根据井下声音判断钻头磨损情况。他对待工作严细认真，一丝不苟，经常向工人强调："干工作要为油田负责一辈子，要经得起子孙万代的检查。"

大庆石油会战取得的成绩和王进喜的"铁人"精神，得到了毛泽东主席的高度评价。1964年1月25日，《人民日报》以一版头条通栏刊出毛泽东的号召："工业学大庆"，并亲自接见王进喜。"工业学大庆"活动对于振奋中国人民自力更生、奋发图强的精神，推进社会主义建设事业，起到了十分巨大的作用。王进喜身上体现出来的"铁人精神"，激励了一代代的石油工人。铁人不仅是工人阶级的楷模，他更是一个为国家分忧解难、"独立自主，自力更生"、为民族争光争气、顶天立地的民族英雄。

曾经发出"宁肯少活二十年，拼命也要拿下大油田"誓言的王进喜，把自己的一生毫无保留地献给了祖国的石油事业。斯人虽逝，但他身上那股天不怕、地不怕的拼搏奉献精神，永远铭刻在人们心中。

"'铁人'精神早已融入大庆的每一方土地中，每一个大庆人的血脉里。"1205钻井队党支部书记段永坚说，"王进喜用尽一生诠释什么是'铁人'。"

1970年11月15日23时42分，王进喜同志因医治无效不幸病逝，享年47岁。新闻媒体纷纷报道了铁人王进喜逝世的消息和他的英雄事迹。1972年1月27日，《人民日报》在显著位置刊发了长篇通讯《中国工人阶级的先锋战士——铁人王进喜》，高度评价了王进喜伟大的一生。大庆油田做出了"向铁人王进喜同志学习"的决定。学习铁人精神,继承铁人遗志,大庆人决心把他未尽的事业进行到底!

王进喜用一辈子干好一件事情,就是发展我国的石油工业。为了实现这一终生理想,为了改变我国石油工业落后面貌,王进喜进行了长达 30 多年的艰苦斗争。新时代青少年应学习王进喜的铁人精神,不怕困难,艰苦奋斗,为祖国的建设事业贡献自己的力量。

学习思考

王进喜将自己人生都投入了石油行业,并且做出了很多被历史铭记的事情。他在有限的时间里面却对中国社会主义的发展做出了无限的贡献,并且留下了宝贵的"铁人"精神。

"铁人"精神激励了一代又一代的中国年轻人奋力前行,世界上没有做不成的事,只要拥有"铁人"精神一切难关都能够克服!

"铁人"王进喜虽然已经离开我们五十多年了,但是他的"铁人"精神却是流传了下来,只要提到"铁人"相信很多人都知道他的事迹。让我们铭记艰苦奋斗、不服输、坚韧不拔、无私奉献的"铁人"王进喜。

中国故事 5 孔繁森——情系高原的齐鲁赤子

孔繁森(1944 年 7 月—1994 年 11 月 29 日),男,汉族,中共党员,山东聊城人。他 18 岁参军,1966 年加入中国共产党。1969 年复员后,他先当工人,后被提拔为国家干部。1979 年,国家要从内地抽调一批干部到西藏工作,时任聊城地委宣传部副部长的孔繁森主动报名,请人写了"是七尺男儿生能舍己,作千秋鬼雄死不还乡"的条幅。刚到西藏,他又写下"青山处处埋忠骨,一腔热血洒高原",以此铭志。孔繁森同志是优秀共产党员,焦裕禄式的好干部、时代先锋、领导干部的楷模,我们学习的好榜样。

1944 年 7 月,孔繁森出生于山东聊城东昌府区堂邑镇五里墩村。母亲生他时已经 43 岁,他是家中第五个孩子,上面有两个哥哥,两个姐姐。当时社会的动荡、家庭的贫困,让孔繁森对人民疾苦有着深刻认识。在父母言传身教,以及齐鲁文化等观念和品质的熏陶下,孔繁森在成长过程中树立了为父老乡亲谋幸福的奋斗目标。

1959 年,15 岁的孔繁森进入聊城技工学校电工 206 班学习。1961 年,孔繁森经学校推荐入伍,成为济南军区总医院的一名军人。在部队里,他学习了基本的医学知识,为他日后在援藏期间给藏族同胞们送药看病奠定了基础。因为表现优异,第二年就入了团。1964 年,孔繁森被调到济南军区警卫营,他担任四连一排一班的副班长,连续六次被评为"五好战士"。1966 年 9 月,孔繁森加入中国共产党。

和孔繁森做过三年战友的吴西祥回忆说,"他做的好事太多了,就跟雷锋一样,说也说不完。"当年孔繁森因工作前往泰安,路过吴西祥的老家宁阳,在吴西祥家义务劳动七天。"这些事都是我回来以后别人给我说的,他回部队从来没说。"吴西祥说。

当年，孔繁森的战友臧秀启收到家信说父亲病重，孔繁森知道了这件事。过了不久，臧秀启收到家里来信，"你寄来的二十块钱给你父亲买药了，父亲的病治好了。"臧秀启心中疑惑，他当时也没钱，钱并不是他寄回家的。过了一段时间，臧秀启又收到家信，"你又寄来的二十块钱给家里解决大问题了，我们买了粮食，又给你父亲买了药，现在完全康复了。"臧秀启心中充满感激，却不知感激谁，后来他通过汇款单的留言认出了孔繁森的字迹。"他做人做事从不邀功，做什么都是实实在在。"臧秀启说。

1968年，孔繁森复员回到聊城技工学校工作。1975年至1979年，孔繁森担任聊城地委宣传部副部长。1979年，山东要选一批干部支援西藏建设。当时，孔繁森上有78岁的老母亲和73岁的老父亲，下有三个孩子，最大的八岁，最小的两岁，妻子也体弱多病，考虑到党和人民需要自己，他毅然报名，一干就是三年。

第一次赴藏工作结束返回聊城后，孔繁森担任聊城莘县县委副书记，分管文教、卫生工作。1985年和1986年，孔繁森先后担任聊城地区行署办公室副主任和聊城地区林业局局长。在他任职林业局局长的两年间，聊城林业快速发展，当时全区造林水平跨入全省先进行列，获得了全国平原绿化先进地区的称号。

第一次援藏时孔繁森说："西藏缺少干部，急需支援。我这样年轻的县级干部不报名，难道还要让党点名？"在担任西藏自治区岗巴县委副书记期间，孔繁森经常深入基层考察，开展有效工作，充分调动了农牧民的生产积极性，为岗巴县的建设发展做出了突出贡献。

他在一篇文章中这样写道："从进藏的第一天起，我就暗下决心，为西藏的繁荣昌盛，尽自己最大的努力。青山处处埋忠骨，一腔热血献高原。我下定决心，把自己的一切献给这块土地，献给勤劳勇敢的西藏人民。"

1988年，山东省再次选派进藏工作的干部，组织上认为时任聊城地区行署副专员的孔繁森有在藏区工作的经验等优势，便考虑让他带队前往。"我是党的干部，服从组织安排。"孔繁森说。他告别家人，第二次踏上前往西藏的路程。"当时他跪在奶奶面前，奶奶问他能不能不去。他说：'我是党的人，党需要我。'我觉得这句话的分量特别重。"孔繁森的小女儿孔玲在面对媒体采访时说道。

孔繁森再登青藏高原，担任拉萨市副市长，分管文教、卫生、民政等工作。到任拉萨不到四个月，孔繁森深入基层考察，跑遍了全市8个县所有的公办学校和一半以上的村办小学。

在他的努力和推动下，拉萨市的教育条件有了很大改善，适龄儿童入学率也从45%提升到80%。1989年11月，孔繁森在驱车前往基层考察工作途中发生车祸，事故造成严重的脑震荡和颅底骨折，在病情还未完全康复的情况下，他不顾病痛坚持回到工作岗位上。

1992年11月，孔繁森第二次援藏工作期满，西藏自治区党委决定任命他为阿里地委书记，同时兼任阿里军分区党委第一书记和政协阿里地区主席。阿里地区平均海拔4 500米，气温常年在0℃以下，最低达到零下40℃，每年7到8级的大风有140多天。彼时，孔繁森再一次服从党的决定，为了当地人民的幸福生活，他毫不犹豫地走向海拔更高、条件更为艰苦的工作岗位。

说一万句空话，不如办一件实事。怀着务实的信念，孔繁森在阿里工作期间，有近三分之一时间在乡下走访考察，和5 000多名干部群众交流过。每次下乡考察，他都会自费两三百元买药装满小药箱，利用在济南部队和生活中积累的医学知识，在工作之余为人民看病发药。他满怀对西藏人民的热爱，尽心尽力为人民谋福祉。

与孔繁森密切共事两年多的同事，时任阿里地委副秘书长的李玉建回忆说：“不管是平时下乡调研还是抗灾救灾，我多次陪同孔书记到基层。他深入一线，亲力亲为，对基层的干部群众非常热情，非常贴近老百姓心坎，所以老百姓拥护他。”"无论是干部还是群众，只要到他家去找他反映情况，他都是先让进门然后让座倒水。群众的话没说完，他就不休息。""他经常拿自己的工资去帮助困难的群众。"

因为孔繁森慷慨好客，大家平时都爱来找他，当时他在拉萨的宿舍被同事朋友称之为"大食堂"，援藏干部、执勤的战士等都是他家中的常客。

孔繁森常常拿自己的工资帮助他人，但他自己生活十分拮据。当年因为穿着过于朴素，拉萨的工作人员一时不敢相信眼前这位中年男人就是新上任的副市长。他的一些衣服穿了多年都不舍得扔，针线包成为他生活中的重要物品。大家拿这个和他开玩笑，他则回答：“没规定领导干部就不能穿带补丁的衣服。”在孔繁森同志纪念馆的展厅中，人们可以看到孔繁森生前穿过的衣物，用过的针线包等物品，生动诠释了孔繁森艰苦朴素的优良品质。

1994年2月，一场特大暴风雪侵袭阿里地区，孔繁森与工作人员挨家挨户为受灾群众发放救济粮和救济款。2月27日凌晨三点，连日高强度的工作导致孔繁森的身体状况不佳，头痛，辗转难眠，他在笔记本上写下一段话：“万一我发生不幸，消息不要给我的家乡讲，更不能让我的母亲和孩子知道。请以我的名义每月给家里写一封报平安的信。我在哪里发生了不幸，就把我埋在哪里。”经过一夜煎熬，孔繁森最终撑了过来。

孔繁森在工作上奋不顾身，在阿里地区工作不到两年的时间里，他跑遍了当地106个乡中的98个，行程共计8万多千米。1994年11月29日，孔繁森在带队前往新疆塔城巴克图口岸考察边贸工作途中，因路面结冰、车速过快，车辆发生颠覆，孔繁森在车祸中不幸殉职，享年50岁。

后来，孔繁森的骨灰一部分安葬在了家乡山东聊城，另一部分葬在了西藏拉萨。在他工作过的雪域高原，人们自发为他建起了衣冠冢，永远怀念他。

如今，在孔繁森的老家聊城东昌府区堂邑镇五里墩村，孔繁森精神党性教育基地已启用。孔繁森精神党性教育基地是山东省委组织部重点部署建设的4个党性教育基地之一。

孔繁森走了，但他的名字永远为人民所怀念，他的精神世代流传。

> 学习思考

孔繁森同志的名字和他的先进事迹传遍大江南北，在广大干部群众中引起了强烈反响。他的崇高精神和高尚品德，感人至深，催人奋进。孔繁森同志是在党的培养教育下，扎根于人民群众的沃土中成长起来的新时期援藏干部的楷模。他时刻不忘自己是党的人，一切听从党的安排。他顾全大局，艰苦奋斗，无私奉献。为了西藏的经济发展、民族团结和人民生活的改善，他殚精竭虑、呕心沥血、忘我工作，直至献出宝贵的生命。

从为千家万户呕心沥血的扶贫干部，到数不胜数的时代楷模、道德模范，新时代的孔繁森故事不断涌现、聚而成炬，"孔繁森"早已不局限于个人，而是化作一个群像、一个符号，成为照耀民族奋进的璀璨光芒。

中国故事6　蒋筑英——中国知识分子的光辉榜样

蒋筑英（1938年8月1日—1982年6月15日），浙江省杭州人，中共党员，全国劳动模范。1956年考上北京大学物理系。1962年考取著名光学科学家、长春光学精密器械所所长王大珩的研究生，之后一直在该所从事光学传递函数研究工作。

蒋筑英1938年出生在杭州的一个旧职员家庭里。1956年，他以优异的成绩考入了北京大学物理系。由于家庭经济困难，他一直靠人民助学金完成了大学学业。他常常说："生育我者父母，教养我者党。"他学习异常刻苦，大学期间10个寒暑假，有8个是在学校图书馆里度过的。他深深懂得，只有学习和掌握更多的文化知识，才能报答党和人民对自己的培养之恩。1962年，他即将大学毕业，毕业前夕，母亲一再来信，要他回杭州或去上海工作，以便照顾家庭。蒋筑英是长子，他深知母亲的苦处，很想替母亲分担一些忧愁。但是，他追求的是事业。他的专业是光学，而我国最大的光学基地在东北，最著名的光学科学家也在东北。岂能燕雀恋窝，要学鹏程万里。他写信说服了母亲，只身来到长春，考取了著名光学科学家、长春光学精密器械所所长王大珩的研究生。

蒋筑英来到长春不久，便得到了导师的赏识。王大珩所长发现他不仅质朴、正直，而且非常勤奋，进取心强。他对学习和工作满腔热忱，惜时如金，从不浪费时光。他走起路来大步流星，上下楼梯经常是一步跨三、四级台阶。王所长认定他是一块"璞玉"，经过雕琢，必定会放出奇光异彩。

蒋筑英性格直率，不善于说大话。他把对祖国、对党的深深的爱，都融入自己的工作之中。关键时刻，他总是能急国家之所急，用自己的聪明才智，为国家解决了一个又一个困难，创造了巨额财富。

一次，吉林省一些部门进口了一批光学器材，商检部门请蒋筑英帮助检验产品的质量。他和同志们使用自己设计制造的测量装置，对其中的进口镜头进行检查，发现这些银光锃亮的进口货质量不合标准。他把拍摄下来的照片和有关材料交给有关部门，主张向外商提出索赔。外商看了蒋筑英提供的检验报告之后，佩服地说："中国有内行！"此项查检，使国家免受十多万元的经济损失。蒋筑英所在的研究所筹建光学传递函数测量实验室，蒋筑英提出，只进口几部主要的仪器设备，其余的部件全部自己制造。仅此一项，又为国家节省资金十多万元。蒋筑英在患胸膜炎全休期间，不顾病痛，在技术上指导和帮助长春第二光学仪器厂生产出了国内第一流的变焦距镜头，使该厂实现了年纯利润30多万元。

蒋筑英一直在默默地奉献着，在他看来，把自己的知识用在工作中，能够为国家做点事情，就是自己人生价值的最好体现，除此之外，别无所求。多么崇高的思想境界，多么可贵的奉献精神。这种精神将永远激励后人向着科学的顶峰攀登。

20世纪70年代末，80年代初，改革的大幕刚刚拉开，在各个领域都没有深化到今天这种程度。当时，知识分子当中，还没有人从事第二职业，或以其他方式获得工资以外的收入。蒋筑英帮助别人都是出于自愿，从不想得到什么私利。曾经有人劝蒋筑英："依你的学识和才华。何不趁年轻多写几篇论文？把许多时间花在为别人服务上，太可惜了！"蒋筑英笑着说："国家的需要就是我们的责任。一个科学工作者怎么能对生产实际问题袖手旁观呢？"

1982年5月，党支部根据他的多次入党申请和一贯表现，准备接受他入党。当他接过那张多少年来梦寐以求的表格——《入党志愿书》的时候，激动的心情无法平静。他眼睛里闪动着幸福的泪花，他终于盼来了这一天。他庄严地写下了自己的信仰和誓言："一个人活着就应该有个信仰。人的生命是短暂的，但是，党的事业是永存的。我愿为实现党提出的各项战斗任务贡献自己的一切。"

1982年6月，在蒋筑英生命的最后四天里，他收拾了新建的实验室，修好院里被破坏的柏油路面，帮助同事家里修理下水道，又忍着腹部的疼痛到成都替一位家有急事的同事出差。飞抵成都的当晚，他就召集验收组的人员开会直到深夜11时。次日一大早，他换乘两次公共汽车，步行了三段路程到达某工厂，忍着病痛开展工作。6月14日深夜，他因腹痛难忍被送进医院。医生诊断他长期积劳成疾，患有化脓性胆管炎、败血病、急性肺水肿等多种疾病。因抢救无效，他于6月15日下午5时3分去世，终年43岁。

中共吉林省委根据蒋筑英同志生前的表现和愿望，追认他为中国共产党正式党员。经长春市人民政府批准，蒋筑英同志的骨灰盒安放在革命公墓。

蒋筑英的一生是不朽的，正如追悼会灵台两侧的挽联所写的：坚持马列光明磊落忘我工作对祖国无限忠诚；刻苦钻研才华横溢不计名利为四化鞠躬尽瘁。

学习思考

蒋筑英为党和人民留下了宝贵的物质财富和精神食粮，社会各界学习和纪念蒋筑英的活动一直持续不断，历久弥新。广大科技工作者学习蒋筑英精神，树立正确的人生观和价值观，培养高尚的科研道德和思想情操，刻苦钻研、勇于探索，奋勇攀登科学技术高峰，为祖国的科技事业不断创造出新的业绩。

蒋筑英身上体现了一代知识分子为科学事业献身的精神，以及攀登精神和奉献精神。他那种不图名不图利的高风亮节，那种热爱祖国、热爱人民、热爱事业、热爱科学和献身科学的精神值得每个人学习。

中国故事 7　　杨根思——人在阵地在

杨根思（1922 年 11 月 6 日—1950 年 11 月 29 日），江苏泰兴人，中共党员，革命烈士。中国人民解放军全国战斗英雄、中国人民志愿军第一位"特级战斗英雄"、中国人民志愿军第一位"朝鲜民主主义人民共和国英雄"。先后参加淮海战役等大小数十次战役战斗，擅长爆破，多次荣立战功，1950 年 11 月 29 日在朝鲜战场阻击美军南逃战斗中牺牲，年仅 28 岁。

1922 年，杨根思出生于江苏省泰兴县，原名羊庚熙，之所以后来人们都管他叫杨根思，是因为在入伍的时候，登记的同志由于口音的问题，把字写错了，从此将错就错，杨根思成了一个英雄的名字。

杨根思有着极为坎坷的身世，他的家庭是实实在在的贫农阶级，饱受地主的压迫，六岁那年父亲便去世了，八岁那年又没有了母亲。从此之后，杨根思只能和哥哥相依为命，两个尚未成年的孩子根本就没有赖以生存的技能，只能靠乞讨，吃百家饭，来保证自己能够活下去。有时候为了换一口吃的，他们得没日没夜地给地主做苦工。

小小年纪本该承欢于父母膝下，受到爱护，可是在杨根思幼年的记忆中充满了苦涩和泪水，并没有什么快乐的回忆。父母去世之后，又过了几年，哥哥带着杨根思来到了城里。

他们在上海的一家地毯厂做起了童工，但是生活却并没有因此而变得更好。资本家对于童工的压迫，比地主更加严重和残忍，每个月累得要死要活，也赚不了几个铜板，有的时候忙完一天，老板只扔给他们两个馒头，就抵消他们一天的劳动。

抗日战争爆发之后，地毯厂倒闭，他们连唯一的生活来源也没有了，哥哥为了躲避战火，只好带着杨根思再次回到老家去，但是回到家乡之后，日本人早就已经占领了村子，而且在村里到处抓壮丁，兄弟俩有家不能回，只能东躲西藏。

在这样颠沛流离的生活之中，杨根思的哥哥得了不治之症，贫穷的他们没有钱去请大夫，身体虚弱的哥哥很快撒手人寰，临死的时候连一顿饱饭都没有吃上。

哥哥去世的时候，杨根思 20 岁，这个年纪，放在今天，不过也就是个大学生，但在当年，20 岁的杨根思已经受尽了人世间所有的苦难，他再也没有一个亲人可以依靠，天下之大，没有他的容身之所。

他简直想不明白，自己一家人老老实实，本本分分，从来没有做过一件错事，为什么生活的苦难却一次又一次地打击他们，难道作为贫穷百姓就注定要一辈子受苦吗？杨根思不信自己的命运一直都会是这样，直到有一天，一支队伍的出现，让杨根思看到了曙光，这支队伍，便是新四军。

新四军是一支属于人民的军队，新四军来到村里之后，赶跑了地主恶霸和日本侵略者，并且还给农民分了土地。新四军的做法让杨根思心中感到了震动，他从未见过这样的军队，这样一支为老百姓着想的部队深深感动了杨根思。杨根思当即就决定，自己也要加入新四军，要和他们一样报效祖国。很快，杨根思就来到了征兵处。

1944年，杨根思正式成为新四军的一员，又过了几个月，他因为战斗成绩优秀，被提拔为班长，同时部队又把杨根思抽调去学习爆破技术。当时新四军的条件有限，爆破基本也就是用普通的手榴弹和炸药包，但是杨根思把这些简单的武器玩出了名堂。

在攻打泰安的战斗中，杨根思所在的部队负责攻打西关的制高点，杨根思用18颗手榴弹压制了敌人；4个月后的郭里集战斗中，杨根思用新式拉雷摧毁了敌人的碉堡。从那之后，部队里便称呼杨根思是"爆破大王"。

作为一个战绩斐然的年轻战士，杨根思成了队伍里的名人，当时部队里流传着杨根思的名言，他说自己有三个"不相信"，分别指的是不相信有完成不了的任务，不相信有克服不了的困难，不相信有战胜不了的敌人。

这三个"不相信"，便是杨根思心中的信念，他把这份信念坚持到了最后一刻。1950年，抗美援朝战争爆发了，美军将战火烧到了我国的东北边境，为了保家卫国，新中国必须打这一仗，而且只能赢，不能输，如果输了，国家的命运将转入更艰难的境地，所有的志愿军战士都怀着必胜的信念，尽管他们都知道这一战会打得非常艰难。

杨根思来到朝鲜战场的时候，正赶上了朝鲜的冬天，严酷的环境给战士们的生活造成了极大的困难。当时因为走得匆忙，杨根思所在连队根本没有带足物资，战士们连一件可以御寒的棉衣都凑不齐，至于食物更是想都别想，美军天天吃肉喝咖啡，而志愿军只能吃土豆，吃炒面，渴了就从地上抓一把雪吞进嘴里。就在这样艰难的情况下，战士们依然坚守在自己的岗位上，祖国还在身后，他们不能退缩。

1950年11月29日，上级给杨根思下达了一个重要的任务，让他带领一个排的兵力，三十多人去坚守小高岭阵地，这个阵地对我军十分重要，绝对不能落入美军的手中。但是美军对小高岭阵地也势在必得，他们已经派出了大批的兵力前来围攻，杨根思身上的责任非常重大。

为什么小高岭的战略也会变得这么重要？原因是在长津湖战役中，小高岭正是美军南下撤退的必经之路。如果杨根思完不成任务，让美军跑了，那么前面战士们所付出的一切牺牲都白费了，所以这是一项必须完成的任务。

美军虽然是溃逃而来，但在求生欲的驱使之下，他们爆发出的战斗力也一定是非常强悍的，何况他们的火力又是如此密集。相比之下，杨根思这边并没有什么很明显的优势，人数上并不如美军多，武器上相当简陋，而且在严寒的天气之中，战士们只能依偎在一起，互相取暖，临来的时候，每个人也只不过吃了几个冻得硬邦邦的土豆。

仅仅从纸面上的实力来看，杨根思他们似乎要打一场必输的战争。但杨根思会用自己的实际行动证明，即便在如此艰难的情况下，中国人民志愿军依然会取得胜利。

不久，战斗爆发了，美军并没有立刻靠近，而是用炮火对小高岭进行攻击，他们的火力非常密集，炮弹密密麻麻地炸在小高岭上，一个一个的弹坑出现了，雪地被染成了黑色，杨根思让战士们千万不要轻举妄动，把美军放上来，等他们靠近再做打算。

在一阵炮火轰炸之后，美军觉得已经安全了，于是他们的大部队开始向小高岭包围过来，当美军距离阵地还有30米的时候，杨根思下达了命令。让战士们拿出手榴弹对美军进行攻击，美军当时没料到我军会发起突然袭击，队形十分密集，死伤惨重，美军只能暂时停止第一次攻击，但是美军当然不会轻易地放弃对于阵地的争夺，很快他们又组织人员，发起了第二次、第三次进攻，而每一次，杨根思都带领着战士们如同长城一样牢牢地焊死在阵地上，从未后退一步。

美军感到非常绝望，他们没摸清阵地上到底有多少人，但他们可以预感到，阵地上的志愿军人数并不多，只不过他们没有办法突破这道坚不可摧的防线。

杨根思这边的情况其实比美军更加糟糕，因为他们手里的弹药有限，而美军显然没有立刻撤退的打算，弹药眼看就要打光了，杨根思只能自己坚守在阵地上，让一部分战士悄悄摸到半山腰，从美军的尸体上取一些弹药，然后继续和美军作战，就这样循环往复，一共打退了美军八次进攻。

在经历了八次战斗之后，阵地上已经不剩多少人了。眼看一个又一个的战士倒在自己面前，杨根思心里又何尝不难过，但是在出发之前，战士们早就已经立下誓言，人在，阵地在，即便只剩下一个人，也要坚持战斗。

在美军发动第九次攻击的时候，阵地上确实只剩下杨根思一个人，一个战士，如何敌得过上百人的攻击呢？这听起来就是天方夜谭，但是对杨根思而言，哪怕只有一个志愿军还活着，就不能让美军突破防线。

当时杨根思带上来的30多个人，只活下来6个。在美军发起第九次攻击之前，杨根思让剩下的还活着的战士带着重机枪等武器先撤离，毕竟阵地上已经没有子弹了，留下重机枪也没有什么用，带回去，下次还能继续作战。

杨根思知道，这一次必然有很多人要牺牲，他愿意做这个最后的牺牲者，在剩余的战士撤下阵地之后，杨根思把炸药包紧紧地绑在了自己的腰上，这是他最后剩下的武器了，美军很快再一次冲上了小高岭。

大批的美军很快将杨根思团团包围，在生命的最后时刻，杨根思依然显得很冷静，他点燃了炸药包的导火索，然后奋力扑向了美军，一阵巨响过后，阵地上回归了平静，杨根思和40多名美军同归于尽，这一年，这位年轻的战士只有28岁。

他用生命捍卫了阵地，粉碎了美军的战斗计划，也保证了长津湖战役最终的胜利。大战过后，部队曾经派人到小高岭一带寻找杨根思的尸体，但是阵地上处处都是一片焦土，美军的尸体和志愿军混在一起，大家找了半天也根本没有发现杨根思的遗体，最后的那次爆炸，早已让他的遗骨不知所踪，人们甚至都无法好好安葬他、祭奠他。

随后，朝鲜在国内为杨根思立起了一座纪念碑，朝鲜人民感激他的贡献，感激他用生命所做的一切，而志愿军也追授杨根思为特级战斗英雄，他所在的连队，被改名为杨根思连。

每年新兵入伍的日子，杨根思连的连长都会带着新一届的战士，来到杨根思的雕像前面，在杨根思的雕像面前迎接新一代的年轻人，这是属于杨根思连的独特传统。

杨根思是抗美援朝战役中涌现的战斗英雄，他在28岁那年牺牲在了朝鲜战场上，但是，虽然他已经不在了，他的精神却激励着一代又一代的人。

> **学习思考**

战场上的杨根思，在敌人的猛烈进攻中，不畏牺牲，不惜一切代价守卫阵地，表现出了英勇无畏的精神。他的战斗精神和英雄气概，感染了所有的战友和后人。他用自己的生命和血肉，铸就了国家和人民的繁荣富强，留下了不可磨灭的历史功勋和英雄形象。

杨根思的事迹，是中国军人和中国人民的骄傲，更是一代人的楷模。他是用自己的血肉和生命谱写了永恒的赞歌，用自己的英雄事迹展示了中华民族的优良品质和崇高精神。他的形象永远铭刻在人们的心中，鼓舞着人们勇往直前、奋发向前。

作为我们传统美德和精神力量的重要组成部分，英雄主义精神的传承和弘扬，是当代中国的时代使命。杨根思这位英雄的形象，对于当代青年来说，既是一面鲜艳的旗帜，也是一份不竭的动力和榜样。我们应该珍惜这份英雄精神，继承并发扬光大，把这种精神传递下去，成为我们民族和国家的不竭动力，让中华民族走向更加辉煌灿烂的明天。

中国故事8　罗伟忠——高技术含量的新工匠精神

"90后"罗伟忠是一名数控机床的技术人员，在富有技术含量的岗位上，他不断精进，精心打磨产品，他参与了众多新产品开发，包括RMD08机器人的支架、三脚架，水平机器人的腕体，RB03A1机器人的大臂等。面对技术挑战，他迎难而上，利用工装夹具和多轴机床解决了机器人腕体多面体加工容易变形的问题，保证了工件的形位公差和位置公差，从而保证了产品的及格率，也提升了生产效率。

起初巧合地进入数控行业，他不浮躁、沉下心来苦学技术，攻破一个个技术难关，诠释着新时代的高技术含量的"新工匠"精神。

罗伟忠是广州数控设备有限公司的一名技术工作人员，"90后"的他如今已是技术骨干。

走上数控技工之路

罗伟忠出生在肇庆怀集县洽水镇。初入中学时，罗伟忠因为脚伤延误了上学时间，由此而没有赶上英语学习的进度，此后英语一直是他的软肋。中学毕业之际，成绩并不拔尖的他在亲戚的建议下选择进入高级技工学校，学习模具设计与制造。"有个亲戚说做模具相关的工作还不错,那时和社会还没什么接触,就听了家长的建议。"

罗伟忠怀着些许未能上大学的遗憾进入了技校,学习时间为5年,读完相当于大专的文凭。罗伟忠在家排行第三,不过他自小比较独立,中学就寄宿在学校,很快就适应了技校的生活。技校学习的课程分为理论和实操部分,比例大约是1:1。

让他记忆犹新的课程有工艺学、机械制图、材料学等,不过最让他兴奋的还是数控和软件编程课程,首先通过软件编程完成物件的生产模型和生产流程,随后通过电脑发出指令,机床完成生产,"这个过程很神奇",罗伟忠也由此慢慢走上了数控的道路。

罗伟忠还记得当时上软件编程课的激动之情,虽然课程只是粗略的入门引导,但他怀有强烈的学习欲望,在课余他会充分利用时间多在学校机房练习几次。那时经济条件有限,他还没有自己的电脑,学校机房是他能上机练习的好场所。有时候他甚至会混入其他班级学生中上机练习。他笑着说:"好在老师不点名,他也不知道是不是这个班。"

罗伟忠为了提高工作竞争力,还利用周末的时间上了一个大专函授班,他相信自己的付出在未来能够得到回报,学到的知识将来会有用武之地。

毕业之际,罗伟忠总算等到一个可以用真实材料进行数控生产的机会,"那种感觉和平时用蜡做试验是完全不同的。"当时,罗伟忠做了一个多边形的物件。通过编程完成生产指令,听着机床刀具与金属材料摩擦的声音,看着多边形物件逐步成型,罗伟忠第一次体会到数控的魅力。

初入行从打杂开始

毕业之前,罗伟忠想提前积累实操经验,便进入了朋友家开的模架工厂。带着满满的憧憬和希望,他开始了半年的实习,但是他慢慢发现,除了做一些基本的杂事,没有得到任何机会可以去实操数控机床。

罗伟忠考虑再三,觉得再这样拖下去,可能只是虚度光阴。但他依旧对数控情有独钟,"我就是冲这个来的。"那时有两家公司在招聘数控的学徒,罗伟忠想再去试试,一位主管给了罗伟忠美好的承诺,"我们这里可以让你学到很多,你也有机会操作数控机床。"于是他进入了这家生产机器人的数控公司,从学徒做起。

"平时干的都是打杂,清理铁屑之类的杂事。"时间一晃又是半年,罗伟忠还是没能真正接触到数控,他有些着急,原先承诺让他实操的主管也已离开。罗伟忠感觉自己离原来的目标越来越远,他在患得患失之间考虑转行,但他又不甘心,于是决定再给自己一次机会。他找到厂长谈了自己的想法,"反正我也要走了,就想在走前多给自己一个机会。"

厂长被他的诚意和积极打动,答应给他实践的机会。尽管心情激动,但真正到了实操数控机床时,他立马变得小心谨慎,"数控机床太昂贵了,一旦操作不当引起撞击,原本设计、调控精密的机床就会产生误差,可能就再也调不好了。"他感觉压力倍增。

在师傅的指导下他进行了第一次实践,"师傅调好了机床的参数,然后说'你执行吧'。"怀着兴奋的心情,罗伟忠在打杂近1年后终于亲自动手操作了心心念念的数控机床。他也暗自跟自己较劲,"别人能做到的,我也能做到。"他告诉自己要多努力一点、再努力一点。在清理机器之余,罗伟忠时常在一旁偷师,借着给师傅搞清洁的机会请教问题。他也没少挨白眼,一些师傅因为"教会了徒弟,饿死师傅"的观念而提防着他,总是找个借口叫他去干些其他的活,不过他也遇到了肯教他的贵人。

下班之后,他反复编程、调整产品的生产参数,优化流程,把自己的编程拿给师傅看,再从中找到差距,不断优化自己的设计。

就这样,2010—2014年,罗伟忠在这家公司服务了4年,在这4年中,他成长迅速,基本上完全了解了手工编程,对操作系统、数控机床已能熟练操作。

操作高精密机床

经过4年的磨炼,原来这家公司已经不能满足罗伟忠更上一层楼的技术追求,他在寻求更大的平台。此时,广州数控伸出了橄榄枝,承诺罗伟忠可以在这个大舞台上自由发挥,而广州数控更加丰富的数控机床、更加精密的五轴生产机床等硬件吸引着罗伟忠。于是他加入了这个大团队。

新的平台有新的挑战,在前公司,罗伟忠更多的是手动编程,而如今他要操作更加复杂、精密的机床,需要电脑编程。下班后、周末时间,他一头扎进编程里,通过软件模拟不断优化生产参数,力求将产品打磨到完美。

完美的编程还要加上完美的执行才可能生产出完美的产品,罗伟忠面对的产品生产机床会用到20多把刀具。如何把刀具的参数设置得恰到好处,让它们彼此良性协作,是罗伟忠必须解决的问题。他把几十把刀具的技术参数、偏摆程度、机床性能等记得烂熟于心。

即便如此,刀具都有一个安全生产的范围值,在范围之内取不同的值,生产出来的产品可能会有比较完美、接近完美和与完美有一定的差距。在长期的工作当中,罗伟忠凭借丰富的经验会先取一个值,然后使用他的独门秘籍——听音辨(产)品。"听机床声音,听转速、震动,以此来判断它们之间的配合和误差。"经过1~2次的参数调整,生产出来的产品又向完美靠近了几分。

看似平淡无奇的技巧背后,却是罗伟忠成千上万次不断精进、不断调整参数的经验累积,也是因为他对机床、刀具的性能有全面的了解。

罗伟忠进步的速度很快,入职后2个月,他就被安排使用五轴联动数控机床生产产品。这是一个高精密度生产机床,利用五轴联动的精度实现产品的多面加工,他举例说,产品两端进行旋转加工打孔,最后两个孔连成一条直线,精度可以达到1根头发丝的1/10。

能参与这样高精密度的生产其实是对他的一种认可。

参与新产品开发

如今罗伟忠经常需要迎接新产品的技术挑战,"要在有限的时间内,保证产品质量。"罗伟忠时常接到上级的任务:在2~3天内攻克新产品某部件的技术难关。

比如,他曾攻坚机器人三脚架的技术难题。这种机器人需要的三脚架部件形状复杂、容易变形,轻轻一压就变形,因此它对打孔、平面度、垂直度等方面要求高,而完成任务的时间有限，罗伟忠坦言接到新任务后，他的紧迫感立马就来了，因为"确实很难做"。

罗伟忠的工作节奏随之调快，他首先要对这个三脚架部件做一个评定，分析出它的变形程度，从而评定、计算、设置出技术基准值，以此来设计一个工装夹具，来配合加工它。这个看似按部就班的步骤实则需要很大的耐心，这个基准值需要不断优化，要一遍一遍地去调试。

"这个（新产品）我没有做过，只能拿以前的经验做参考。"刚开始的时候，罗伟忠要不断改进工艺，连续调试大半天再正常不过了，"加班加点是常态，一定要按时加工出来。"机器人大小部件有几百个，罗伟忠得保证他的这个部件按时、按质地完成，否则会耽误机器人的整体组装。

罗伟忠有成就感的是他利用工装夹具和多轴机床解决了机器人腕体多面体加工容易变形的问题，保证了工件的形位公差和位置公差，工件的垂直度、平行度、平面度误差都有改进，从而保证了产品的及格率，也提升了生产效率。

面对这样的挑战已是罗伟忠工作的新常态，"新产品蛮多的，今年就开发了五六套。"他参与的新产品开发包括 RMD08 机器人的支架、三脚架，水平机器人的腕体，RB03A1 机器人的大臂等。由于工作成绩突出，罗伟忠也连续两年获得公司（2016/2017）年度优秀员工称号。

工匠精神：付出、投入、创新、耐住寂寞

2017 年，罗伟忠还参加了 2017 年广州开发区第九届"技术能手"大赛，参赛的项目是数控铣工，他获得了一等奖。

"我想验证一下自己的实力，挑战一下。"挑战的项目是在约 4 小时内完成一个汽车模型，比拼的是速度、工件精密度，时间也紧迫，"分秒必争"。比赛之前，他紧张得睡不着觉，但到了比赛现场，他很快进入状态，顺利完成比赛并获得名次，"这对我是很大的鼓励。"

2018 年 3 月，罗伟忠多了一个"团队领导"的身份，带领着 10 多个人的团队。他坦言，对于新身份的转变还有些不适应，"从前只要自己做好技术、做好产品就行，现在还需要管理好团队的工作进度和效率。"面对团队成员，他总结了过去的工作经验，告诉他们在实际操作中可能会遇到哪些问题，"提前帮他们绕过一些坑"。

作为技术人员，罗伟忠认为新时代工匠更富有技术含量，涉及的知识面也更广，这要求新工匠们不断学习，"工匠精神是要沉下心来不断付出、投入，不断创新拼搏，还要耐得住寂寞。"

罗伟忠坦言，数控技工加班加点很正常，周末可能也没休息，"感觉很多年轻人不愿意干这个行业，累，生活太单调了。"因为一直面对的是不会说话的机器，他感觉与社会有些脱节，感情生活也受到影响，目前还没有女朋友。

"我很喜欢（数控），不想放弃，感情方面希望朋友多介绍介绍，我也多参加社交活动。"对于未来，罗伟忠的想法是，做好自己，经过自己不断努力、拼搏，多学新技术。

> **学习思考**

四年拜师学艺,四年技术进阶,罗伟忠作为数控技术人员,是当之无愧的时代工匠。他认为:"工匠精神是要沉下心来不断付出、投入,不断创新拼搏,还要耐得住寂寞。"

奋斗创造历史,实干成就未来。在中华民族伟大复兴的新征程中,需要灼灼匠心的劳动者,在平凡岗位上务实肯干、勤奋敬业,创造出不平凡,也需要现代工匠人坚守职业理想和初心,满怀产业报国之情,筑强国之梦,将精益求精的工匠精神内化于心、外化于行,书写出从中国制造到中国智造的辉煌篇章。

习近平总书记指出:"劳模精神、劳动精神、工匠精神是以爱国主义为核心的民族精神和以改革创新为核心的时代精神的生动体现,是鼓舞全党全国各族人民风雨无阻、勇敢前进的强大精神动力。"

当今世界正经历百年未有之大变局,我国正处于实现中华民族伟大复兴的关键时期,新时代青年应该笃定初心,大力弘扬中国精神,弘扬爱国主义为核心的民族精神和以改革创新为核心的时代精神,在平凡的岗位上做出不平凡的成绩,共同参与到这场匠心接力赛中。

五、明辨思考

思考1:每个国家都有自己的国家精神,中国精神体现在哪些方面?

思考2:践行爱国主义,如何从身边做起,从小事做起?

六、实践课堂

实践项目1:诗歌朗诵会:忆革命先烈,抒爱国热情,燃热血青春

> **实践目的**

"诗言志,歌咏言,文以载道。"通过组织学生开展以"忆革命先烈,抒爱国热情,燃热血青春"为主题的诗歌朗诵会,使学生充分领略诗歌的意境和魅力,感受革命先烈坚毅的爱国之志,感受祖国文化的宏大和壮美,激发学生的爱国热情,增强学生继承和弘扬中国精神的兴趣和动力。

> **实践方案**

（1）任课教师宣布实践活动主题，并明确实践活动要求。

（2）组织成立诗歌朗诵会筹备小组，负责场地、设备、配乐、朗诵会流程及开展活动过程中相关角色的选择和安排等前期准备工作。准备工作完成后，向任课教师汇报并征询意见，进行调整。朗诵会筹备小组人员3～5人，可由任课教师指定，也可以是学生毛遂自荐。

（3）学生围绕本次诗歌朗诵会的主题，搜集整理诗歌，并对所选诗歌进行深入的了解和学习。

（4）学生选定朗诵诗歌后，搜集相关的朗诵视频和朗诵技巧进行学习和演练。

（5）按照朗诵会筹备小组最终方案，开展诗歌朗诵会。

（6）朗诵会结束后，每人写一篇心得体会，可从对诗歌的准备和学习、诗歌朗诵感受、听其他同学朗诵诗歌时的感受等角度展开。

实践项目2：讲抗联故事：在抗联精神滋养中弘扬爱国奋斗精神

> **实践目的**

历史是最好的老师，发掘利用好党史红色资源，有助于让思政课丰富授课内容、拓展学理深度。为了大力弘扬以爱国主义为核心的伟大民族精神，引导学生在杨靖宇英勇殉国的壮举里，读出信仰的力量，思考历史为什么选择了中国共产党和社会主义道路。本次讲抗联故事比赛，以"在抗联精神滋养中弘扬爱国奋斗精神"作为主题，讲抗联的小故事，感受抗联战士为了抗战和中国革命的胜利浴血奋战、艰苦奋斗、百折不挠的革命精神，激发学生的爱国热情。

> **实践方案**

（一）活动原则

开展"讲抗联故事：在抗联精神滋养中弘扬爱国奋斗精神"实践活动要遵循以下原则：一是要与"讲好中国故事"总要求相结合，弘扬主旋律，传播正能量；二是要与抗联历史相结合，展示东北抗日联军在敌我力量悬殊、环境艰苦恶劣的情况下始终坚持抗战，为民族解放和世界反法西斯战争的胜利做出了巨大牺牲和重要贡献。

（二）活动内容

在白山黑水之间，有一种精神让人奋勇直前，这种精神，凝聚了东北抗日联军和东北人民在中华民族生死存亡关键时刻天下兴亡、匹夫有责的情怀，凝聚了抗联英烈前仆后继、血战到底的英勇，凝聚了抗联战士无畏强敌、百折不挠的奋斗，成为了东北人民乃至全国人民战胜一切艰难险阻的强大精神支柱和力量源泉。挖掘抗联文化中的红色故事，进行每人8～10分钟的演讲。

(三)整体实践过程

1. 主讲内容及准备

从抗联精神中收集整理能够集中反映东北抗日联军十四年浴血奋战,在敌我力量悬殊、环境艰苦恶劣的情况下始终坚持抗战,为民族解放和世界反法西斯战争的胜利做出了巨大牺牲和重要贡献的素材(含文字、图片、数据、视频等),准备展示PPT及8~10分钟讲稿。

2. 参赛方式

第一阶段为初赛:思政课老师组织各班学生在班级内部进行比赛,每位学生都有参赛机会,各班选拔出1至2名优秀者参加学校比赛;

第二阶段为决赛:思政课教师作为指导教师,以思政课教学班级为单位参加学校比赛。

3. 比赛要求

演讲内容充实、语言畅通、感情真实、结构完整;故事必须真实,带有真情实感,不得造假、抄袭;参赛选手演讲时应富有感情色彩及使用恰当的肢体语言讲述故事。

(四)故事展示

1. 建设"红色抗联故事"视频资源库

制作"红色抗联故事"系列微视频,通过微信公众号、学院网站广泛传播,建立视频资源库,传播典型故事,加强故事推介,推送活动成果。

2. 举办"红色抗联故事"展映会

在全校故事征集,评选出感人故事,举办"讲抗联故事:在抗联精神滋养中弘扬爱国奋斗精神"活动,集中展示实践活动成果,生动呈现长职学生的精神风貌。

七、参考资料

《开好新时代的"大思政课"(人民时评)》,《人民日报》,2021年6月3日13版。

>> 在线答题

第四章 明确价值要求 践行价值准则

一、知识框架

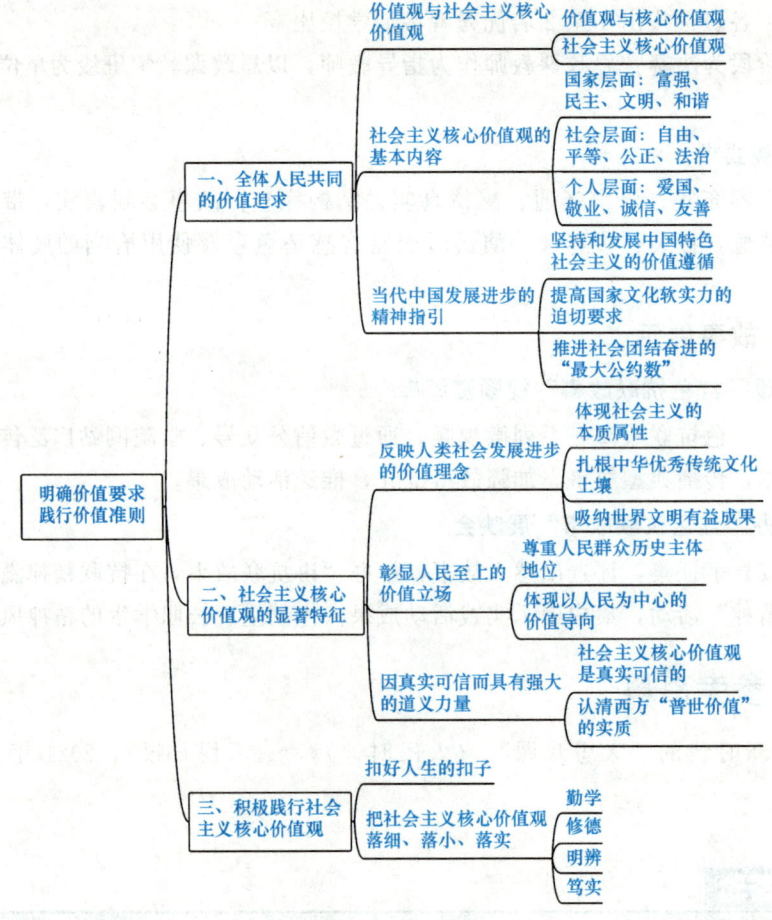

二、教学目标

知识目标：掌握核心价值观与社会主义核心价值观的内涵，明确社会主义核心价值观每个范畴的核心要义，理解学习社会主义核心价值观的重大意义。

能力目标：能够将个人前途命运与国家和民族的前途命运紧密联系起来，坚定"四个自信"，能够深刻领会社会主义核心价值观的精神内核，能够自觉将个人价值追求和社会价值规范辩证统一联系。

素质目标：增强价值观自信，认同社会主义核心价值观的重大意义，树立为中华民族伟大复兴奋斗的信心。

教学重难点：

1. 价值观和核心价值观。（重点）
2. 社会主义核心价值观的基本内容。（重点、难点）
3. 社会主义核心价值观和社会主义核心价值体系的关系。（重点）
4. 培育和践行社会主义核心价值观的重大意义。（重点）
5. 社会主义核心价值观的显著特征。（难点）
6. 社会主义核心价值观反映人类社会发展进步的价值理念。（重点）
7. 社会主义核心价值观彰显人民至上的价值立场。（重点、难点）
8. 认清西方"普世价值"的实质。（重点）
9. 改革创新是新时代的迫切要求。（重点）
10. 如何做社会主义核心价值观的积极践行者？（重点、难点）

三、引经据典

原典1：孟子曰："君子所以异于人者，以其存心也。君子以仁存心，以礼存心。仁者爱人，有礼者敬人。爱人者，人恒爱之；敬人者，人恒敬之。"

出处：《孟子·离娄下》

释义：孟子说："君子和一般人不同的地方，就在于居心不同。君子心里老惦记着仁，老惦记着礼。仁人爱他人，有礼的人尊敬他人。爱他人的人，别人总是爱他；尊敬他人的人，别人总是尊敬他。"

解读：在任何艰难困苦的环境中都要有一种高尚的情操，养成一种宽广的胸怀，养成与人为善、和睦相处、共创大业的团结精神。

原典2：万物并育而不相害，道并行而不相悖。

出处：《礼记·中庸》

释义：万物竞相生长而互不妨害，日月运行、四时更替而互不冲突。体现了宇宙和大自然法则中的包容精神与和合之道。

解读：我们要努力建设一个远离封闭、开放包容的世界。文明的繁盛、人类的进步，离不开求同存异、开放包容，离不开文明交流、互学互鉴。

原典3：子曰："人而无信，不知其可也。大车无輗，小车无軏，其何以行之哉？"

出处：《论语·为政》

释义：孔子说："人要是失去了信用或不讲信用，不知道他还可以做什么。（就像）大车没有车辕与轭相连接的木销子，小车没有车辕与轭相连接的木销子，它靠什么行走呢？"

解读：对自己要守住心中"信"的守则。"信"是靠"践行"实现的，要多做少说，守信可以提高自己的信誉；贪欲往往使人"变节"，不再守信，切不可失去"做人的底线"。对他人，多助人，勿栽刺；多合作，勿拆台。赢得他人的信任了，在关键时刻，别人也愿意帮助你，所谓"得道者多助，失道者寡助"。

四、中国故事

中国故事 1 "敦煌的女儿"樊锦诗："我心归处是敦煌"

人物简介

樊锦诗，1938 年 7 月生，1986 年被评为"全国优秀共产党员"，现任敦煌研究院名誉院长。樊锦诗把敦煌文化遗产保护、研究、弘扬、管理工作当作终身事业，在敦煌莫高窟永久保存与永续利用等方面做出重大贡献，被誉为"敦煌的女儿"。

"我这一生只做了一件事，就是守护、研究、弘扬世界文化遗产——敦煌莫高窟，这是最大的幸福。"接受记者采访时，耄耋之年的樊锦诗还在为编写敦煌莫高窟考古报告殚精竭虑，她跟记者说得最多的一句话就是："别说我了，还是说说敦煌，说说莫高窟吧。"

当记者问她，如果要用一句话概括自己，她会怎么说？樊锦诗停顿了片刻，轻轻说出 7 个字："我心归处是敦煌。"

"国家的需要就是我的志愿"

在茫茫的戈壁大漠中，有这样一片美丽的绿洲——敦煌莫高窟，它向我们呈现出一个神秘、瑰丽的艺术世界。1963 年夏天，一个瘦弱的年轻女孩在北京火车站背着大大的背包，头戴草帽，满怀理想，登上开往西部的列车来到这里。她就是樊锦诗，那年她 25 岁。

这个女孩子叫樊锦诗，出生在北京，成长于上海，1958 年考入北京大学历史系考古专业。当时，年轻的樊锦诗根本没想到自己毕业后会到地处大漠戈壁的敦煌莫高窟工作，更不会想到一去就是 50 多年。

回忆起最初的抉择，樊锦诗把它归因于一次"偶然"："1962 年，经学校安排，我和 3 名同学到敦煌文物研究所实习。毕业时，研究所向学校要人，我就成为学校分给研究所的两名同学之一。"

敦煌莫高窟俗称千佛洞，是古代丝绸之路上的无价之宝，被誉为 20 世纪最有价值的文化发现、"东方卢浮宫"，以精美的壁画和塑像闻名于世。它始建于十六国的前秦时期，经十六国、北朝、隋、唐、五代、西夏、元等历代的兴建，形成巨大的规模，现有洞窟 735 个，壁画 4.5 万平方米、泥质彩塑 2 400 余尊，是世界上现存规模最大、内容最丰富的佛教艺术圣地。近代发现的藏经洞，内有 5 万多件古代文物，由此衍生专门研究藏经洞典籍和敦煌艺术的学科——敦煌学。1961 年，被公布为第一批全国重点文物保护单位之一。中华人民共和国成立后，敦煌文物研究所成立。1984 年，扩建为敦煌研究院。1987 年，被列为世界文化遗产。

从敦煌莫高窟保护研究事业的开拓者和奠基者常书鸿，到敦煌研究院第二任院长段文杰,老一代莫高窟守护者们大多是名校毕业生,他们舍弃了大城市的安逸生活,自愿来到戈壁沙漠中,一待就是一辈子。

毕业分配时,敦煌文物研究所向北大要人,樊锦诗的名字赫然在列。对此,父亲不是没有顾虑的,甚至曾经给学校写过一封"求情信",却被樊锦诗给扣下了,因为虽然那时的樊锦诗也曾想过再也不要回到这里,心里却有一个执着的念头:"自己已经向学校表态,会服从毕业分配,到国家最需要的地方去。这时怎能反悔?"樊锦诗说:"报效祖国,服从分配,我选择去敦煌,因为,国家的需要就是我的志愿。"

就是这样的念头,让樊锦诗用往后时光坚守了承诺。

敦煌的美震撼人心,敦煌的苦同样令人心惊。"初见敦煌,惊艳无比。可只有真正留在这里才知道,洞内是神仙世界、艺术殿堂,洞外却是飞沙走石、黄土漫天。"回忆起当时的情景,樊锦诗感慨,"和北京相比,这里简直就是另一个世界。"

黄沙之中、大漠之内的敦煌,生活条件是异常艰苦的,艺术的熏陶也无法掩盖现实的残酷,那时的樊锦诗在敦煌住土房泥屋,没水没电,更不用说卫生设施。

住的是不通电的土房子,睡土炕,吃杂粮,厕所在几里之外,风沙不歇、满面尘土,生活极不方便。喝口水她就吐了,竟是咸的……这些咬咬牙也就挺过去了,可那夜晚的黑,让她一个 20 多岁的姑娘头皮发紧。没有电,莫高窟黑得伸手不见五指。厕所离宿舍有五六分钟的路,她不敢自己去,晚上也不敢多喝水……

衣食住行苦,工作更苦。每天进洞去做研究,都要跟先生们爬"蜈蚣梯"。所谓"蜈蚣梯",就是一根斜立在崖壁上插着树枝的木杆。每次爬时,她都心惊胆战,在梯子上左晃晃、右晃晃。为减少恐惧,她改了早起喝水习惯,整个上午不用上厕所,每日便能少爬几次。

有一次她半夜想上厕所,刚出门,就看到两只绿油油的大眼睛正瞪着她。樊锦诗吓坏了,以为是只狼,赶紧关上房门。等到天亮,开门一看,才发现原来那不是狼,而是一头驴。

不过,最令她难以置信的是,前辈们已经在这种艰苦条件下工作生活了 20 余年。一日日,一年年,凭借着一股信念,她殚精竭虑地去探索、钻研,撰写出了学术价值极高的考古报告。自然,一点点成绩的背后,是苦行僧式的清寂和孤独。面对前辈们治流沙、搞临摹、做研究,为研究院打下的坚实基础,樊锦诗明白了自己的使命和责任,从此,守护敦煌成了她毕生的志向。

"我为敦煌尽力了"

樊锦诗一心扑在石窟考古、科学保护和管理上,并完成敦煌莫高窟北朝、隋及唐代前期的分期断代,为学术界公认。26 卷大型丛书《敦煌石窟全集》集中展示百年敦煌石窟研究,由她具体主持编写。在她任敦煌研究院院长期间,研究院形成了一整套先进的数字影像拍摄、色彩矫正、数字图片拼图和储存等敦煌壁画数字化保存技术,制定了文物数字化保护标准体系,让"数字敦煌"名声大噪。

为了研究每一洞石窟、每一幅壁画背后的历史,追溯这些艺术品后的创作来源,樊锦诗走遍了735个大小洞窟、看遍了每一幅壁画、每一尊彩塑。2011年，她历时40年主持编写的《敦煌石窟全集》第一卷《莫高窟第266—275窟考古报告》正式出版，被誉为国内第一本具有科学性和学术性的石窟考古报告。目前，历时10余年编写、30多万字的《敦煌石窟全集》第二卷《莫高窟第256—259窟考古报告》正在进行出版前的最后修改，这是樊锦诗现在最惦记的事。

"光阴荏苒，没想到我在敦煌工作已逾半个世纪。也没有想到，我承担的敦煌莫高窟考古报告的任务，竟然长期未能交卷。"樊锦诗说，"到新世纪才出版了第一卷，现在第二卷的编撰工作才快结束。"

"敦煌定若远，一信动经年。"1967年，樊锦诗与大学时的恋人彭金章结婚，当时的彭金章在武汉大学工作，虽然成了家，但夫妻二人过着天各一方的日子。都说好的婚姻，是懂得，是珍惜，是成全。

樊锦诗说："我丈夫明白我对敦煌的感情，他知道我已无法舍弃敦煌。"为了成全妻子的事业，1986年，彭金章决定舍弃自己在武汉大学的事业，陪妻子扎根敦煌。结婚19年后，彭金章放弃了武汉大学如日中天的事业和一手参与创办的考古专业，回到了莫高窟人的行列，他们一家终于团聚，那时的樊锦诗年近五旬，每天仍忙碌不休。

1985—1986年，樊锦诗牵头负责莫高窟的申遗工作。随着时间的延续，壁画病害、崖体失稳和风沙肆虐等问题接踵而至，樊锦诗仍是不遗余力地探求着种种行之有效的方法。一天，樊锦诗刚到洞口，就被一阵浓烈刺鼻的香水味呛得直打喷嚏。她皱起眉头，知道游客们的汗味和香水味将会对壁画产生不可逆的腐蚀。"莫高窟几乎所有洞窟，都不同程度地存在着病害。""我们拿出1908年拍摄的莫高窟照片和现在对比，发现100多年间变化很大。现在的壁画很模糊，颜色也在逐渐退去。壁画和人一样，不可能永葆青春。"樊锦诗瞅着日益毁坏的壁画、塑像，心如煎熬，寝食难安，日日夜夜思索着保护之法，面对这种老化、分化的趋势，樊锦诗很伤感，也很焦虑，一门心思扑在了研究保护的门道上。

樊锦诗敏锐地察觉到，保护这颗深埋大漠的遗珠已势在必行，同时她也深刻地感知到宣传莫高窟的必要性。如何能做到保护和传承的两全呢？为了寻找解决的方案，樊锦诗四处奔走，呼吁为敦煌"限流"，并和同事们制定了一系列参观标准。然而，一个偶然的机会，樊锦诗看到了数字化技术的先进和便捷。

经过一番调研，她提出了自己的构想：为每一个洞窟、每一幅壁画建立完整的数字档案。1998年樊锦诗出任敦煌研究院院长。此时，西部旅游发展如火如荼，莫高窟的游客数量也与日俱增。游客数量从1979年只有1万人，增加到了20万人。樊锦诗为此十分头疼："游客多了，莫高窟的窟内温度湿度都会发生变化，这会加速壁画的退化。"她开始顶着压力控制游客数量，可如何才能更好地处理旅游和文物保护工作之间的关系呢？

在她的倡导下，敦煌研究院在中国文化遗产地中率先开展游客承载量研究，建成了莫高窟数字展示中心，2016年5月"数字敦煌"上线，高清数字化的敦煌图像向全球发布。30个经典洞窟及壁画的高清数字化内容，游客们只需坐在电脑前轻轻一点鼠标，就可以看到莫高窟的清晰全景，宛若在石窟中游览一般。同时，还实行了"总量控制、网上预约、数字展示、实地看窟"的莫高窟旅游开放新模式，实现了文物保护和旅游开放的双赢。游客可以先观看数字电影，了解莫高窟的前世今生，再前往洞窟领略千年前古人留下的慧心妙笔。

将敦煌文物"永久保存，永久利用"是樊锦诗给"数字敦煌"的定位。而在这项巨大工程最终落地时，樊锦诗已经78岁。劳累奔波半个多世纪，樊锦诗用尽一生守望着莫高窟。在她瘦弱的身躯里，包裹着一颗倔强的心。"一代人有一代人的使命"，樊锦诗用一生的痴守，诠释了她这一代人为国家担负的使命，也诠释了一名合格的共产党员应有的精气神。她对记者说："如果我死时让我留一句话，我就留这句：我为敦煌尽力了。"

择一事，终一生

大半生待在大漠，樊锦诗病痛缠身，每天吃药。她自嘲："体检下来浑身都是毛病，和莫高窟一样。莫高窟会衰老，这是不可逆转的自然规律。"

壁画、彩塑都是用泥土、草料、木料、矿物颜料等制作，总有一天会随着岁月消失，但在精心保护下，洞窟壁画穿越千年仍流光溢彩，彩塑像栩栩如生，正是一代代保护者的青春生命育润而来。

扎根大漠50余载，樊锦诗说："我们的保护就是要和时间赛跑。在人世间奔波，此生命定，我就是莫高窟的守护人。"

20世纪初，藏有5万余件中古时期写本的敦煌藏经洞被发现，随后大量文物流失海外，这触动了学术界乃至全民族的神经。在这样的背景下，常书鸿、段文杰等老一辈"莫高窟人"筚路蓝缕，砥砺前行，开启了守护敦煌的这场"史诗级"接力赛。

经过数十年的耕耘，中国学者在敦煌历史、语言文字、文学、考古、艺术、宗教、科技及中外文化交流等学科做了大量工作，取得了不少重要研究成果，"敦煌在中国，敦煌学在外国"的局面被彻底扭转。

在此过程中，樊锦诗的付出和贡献是不可或缺的。

在樊锦诗坚守大漠的半个多世纪里，她获奖无数。从全国优秀共产党员、全国文化系统先进工作者、全国先进工作者，到"100位新中国成立以来感动中国人物"；从2018年12月党中央、国务院授予她"改革先锋"称号，颁授改革先锋奖章，到2019年9月习近平主席签署主席令，授予她"文物保护杰出贡献者"国家荣誉称号，再到2019年9月被授予"最美奋斗者"称号……荣誉虽多，但无论何时何地，她都一如既往地保持着淡然与谦逊。

她沐月当歌、踏沙而行，尽心尽力地守护着敦煌。漫长的五十年，她择了这一事，也终了一生。对每一个人来说，"择一事"是心态与信仰，"终一生"是责任与坚守。她用一生的时间做好一件事，以艰苦求卓绝，以初心致匠心，谱写出了一曲壮丽的敦煌乐章，让历经磨难的千年石窟重新焕发了生机。于她，锦瑟年华去，莫高永留诗。很久很久以前，有一个地方叫敦煌。很久很久以后，这个地方仍然叫敦煌。只是，不同的是，一位叫樊锦诗的老人把青春和梦想都留在了这片土地上，把一生的心血和精力都献给了这个地方。

学习思考

"舍半生，给茫茫大漠。从未名湖到莫高窟，守住前辈的火，开辟明天的路。半个世纪的风沙，不是谁都经得起吹打。一腔爱，一洞画，一场文化苦旅，从青春到白发。心归处，是敦煌。"这是2020年，中央广播电视总台"感动中国2019年度人物"栏目写给樊锦诗的颁奖词。

爱，有时是一瞬间的闪念，有时是一辈子的执念。

于樊锦诗而言，对敦煌的热爱，让她把一辈子的时光，都留在了这个漫漫黄沙的荒凉之地，从青春年少，到满头华发。

有人问她："可有心酸不平？"她的回答是："无怨无悔。"

没有如此的决绝和勇气，樊锦诗怎能在那样一个孤独苦寒之地，走过半世纪的文化"苦旅"？罗曼·罗兰说："真正的英雄主义只有一种，那就是在认清生活真相之后依然热爱生活。"

"坚守大漠、甘于奉献、勇于担当、开拓进取"，这16个字是樊锦诗概括的"莫高精神"。樊锦诗在敦煌异常艰苦的生活条件下，依然对其抱有热爱，依然没有知难而退，对于樊锦诗先生而言，对敦煌的爱，对文物保护强烈的责任感，让她将一辈子的时光留在了这里，留在了这个漫漫黄沙的荒凉之地，从青春年少，到满头华发，一坚守就是半个多世纪。这份执着的坚守，让我们深刻感受到樊锦诗先生对祖国的赤诚，对民族文化的钟爱，先生用实际动向诠释了爱岗敬业、择一事终一生的家国情怀。

中国故事2 "时代楷模"张桂梅：用生命托起大山的希望

人物简介

张桂梅，女，满族，1957年6月生，1998年4月入党，辽宁岫岩人，云南省丽江华坪女子高级中学党支部书记、校长，华坪县儿童福利院（华坪儿童之家）院长，"七一勋章"获得者。46年前，她从东北到云南支边，成为一名平凡而又伟大的人民教师。她扎根贫困地区40余年，创办全国第一所全免费女子高中，帮助1 800多名贫困山区女孩圆梦大学，是为教育事业奉献一切的"张妈妈"。她探索形成"党建统领教学、革命传统立校、红色文化育人"特色教学模式，用红色基因树人铸魂。拖着病体忘我工作，持续12年家访超过1 600户，行程11万余千米。她荣获"全国脱贫攻坚楷模"荣誉称号和"全国优秀共产党员""全国先进工作者""时代楷模"等称号。

在云南省华坪县,张桂梅的故事已经家喻户晓。全国脱贫攻坚楷模、感动中国2020年度人物、全国优秀共产党员、时代楷模张桂梅,是全国第一所全免费女子高中——华坪女子高中的校长。她常说:"女孩子受教育,可以改变三代人。"她教会了大山里的女孩用知识改变命运,她用教育扶贫阻断了贫困的代际传递。

倾注爱心,用知识改变贫困山区女孩的命运

1988年,张桂梅以优异的成绩被丽江教育学院中文系录取。在上学期间,张桂梅认识了一位优秀的白族小伙。两人毕业后,张桂梅随丈夫一起到大理教书。但在结婚的第六年,张桂梅的丈夫因癌症去世。丈夫的离世让张桂梅悲痛欲绝,为了离开她的伤心地,张桂梅选择来到环境更加艰苦的丽江市华坪县任教。一开始,她不太适应这里的环境,但是慢慢地,在教学和家访工作中,她深刻感受到教育对于改变贫困山区的重要性。于是,她一心扑在工作上,每天工作十多个小时,与孩子们的朝夕相处也慢慢化解了她内心的悲痛。每天从星辰中来,迎着月亮而归,为了让当地的孩子得到更好的教育,张桂梅走访过一千六百多个家庭。

然而上天并没有善待这位善良的女教师。正在忙于初三毕业班教学工作的她,身体出现种种不适的状况,在同事多次劝告后,她才去医院做了检查,结果查出了子宫肌瘤,而且已经很严重,医生要求立即住院治疗。为了不影响毕业班的教学进度,张桂梅反复思考后决定继续回学校上课。直到学生中考结束,她才去医院做手术,医生从她的体内取出了4斤重的肿瘤,被诊断为癌症。面对病魔,在她心灰意冷、孤苦无助的时候,学校师生和社会各界伸出援助之手,纷纷为她捐款,在当地党委政府的关怀下,张桂梅的病得到了及时救治。

张桂梅说,在她最需要帮助的时候,是这里的父老乡亲们为她捐款治病,是组织的关心温暖了她,这份恩情,她是一辈子也还不完的。就是怀着这样一颗感恩报答党和人民的心,张桂梅勇敢地与病魔抗争,与时间赛跑,忘我地工作,勇敢担当起这份责任和使命,即便是在治疗期间也不愿耽误一节课,没有放弃一名学生。

1997年,张桂梅因为教学工作出色,被调到华坪县民族中学,并请她担任初三毕业班的班主任。在教学工作中,她明知道自己的身体状况不好,但她依然把自己所有的精力都放在了教书育人的工作中,把自己的情感全部倾注于学生们的身上。因为过度劳累,她好几次晕倒在讲台上,被扶回宿舍,醒来她又坚持回到岗位上。想着自己是一名党员,共产党员的责任和义务使她忘记了病痛,忘记了年龄,使她浑身又充满力量。她要用有限的生命、有限的力量为孩子们多做点事,为她们织出一片生命的绿洲。张桂梅是这样想的,也是这样做的,她一心扑在少数民族贫困地方的教育工作岗位上,用自己的一言一行,用心血和汗水,坚定守护着自己的信仰,践行着自己的入党誓言。

病好后,张桂梅把全部精力都放在教学工作上,对每一个学生都十分关心。渐渐地,她发现学校里一些女生读着读着就不见了。很多贫困家庭的女孩早早辍学,或帮父母种地,或外出打工,甚至早早嫁人换取彩礼。在许多年前的一次家访途中,张桂梅看到一幕让自己至今都无法忘怀的情景:一个女孩坐在山坡上,忧愁地望着远方,身旁放着箩筐和镰刀。她上前询问得知，女孩才十三四岁，父母为了3万元彩礼，要她辍学嫁人。"家访中我了解到，这些女孩子其实是非常想读书的，但是她们贫困的家庭和父母落后的思想不给她们读书的机会。"张桂梅说，"如果她们有一个有文化、有责任感的母亲，她们就不会辍学，如果这些女孩子辍学了，很可能将来她们的孩子还会重复她们的命运。"张桂梅萌生了办一所免费的女子高中的想法，她要改变大山女孩的命运，让她们通过读书走出大山。张桂梅认为，改变一个女孩的命运，相当于改变三代人甚至无数代人的命运。她想让这些贫困家庭的女孩子通过知识改变命运，彻底阻断贫困在低素质母亲与低素质孩子间的恶性循环。办一所免费女高，是张桂梅固执的理想。但在贫困地区，凭她一己之力创办一所女子高中，而且还是全免费，责任之大，困难之多，让人难以想象。当时张桂梅身边的人都劝她放弃，可她却信心满满地说："我知道困难肯定很多，贫困女孩的教育问题不解决，全面小康就没指望。这件事就算再苦再难，我也要做！"无私无畏的张桂梅克服了种种困难，在各级党委、政府和各界爱心人士的鼎力支持下，2008年，她创办了全国第一所免费女子高中——云南丽江华坪女子高级中学，张桂梅被任命为该校党支部书记、校长。在女高建校10年中，张桂梅老师先后失去了三位亲人，但每一次，都没能回去看一眼。但即便如此，在募捐中，她还是会遭到一些不解，甚至有次被人放狗出来追咬。小脑萎缩的她本来就不能很好地保持平衡，自然跑不过恶狗。一番撕咬后，看着被狗撕破的裤腿和流血的脚，想着自己的委屈，她坐在地上放声大哭。还有一次，在人群中募捐，被以为是骗子，被人在大庭广众之下把口水吐到脸上。张桂梅为了心中那份对党的教育事业的忠诚，默默承受着。在创办华坪女子高中的13年时间里，培养了2 000名贫困女大学生。张桂梅创办的女子免费高中高考本科录取率最高达到了94%，高考成绩全市第一。

"党员要守住这块教育扶贫的阵地"

女子高中成立之初的困难，是张桂梅始料不及的。山区条件艰苦，再加上张桂梅对工作要求严格，很多年轻教师难以适应。一栋孤单的教学楼，没有围墙、没有宿舍、没有食堂，也没有厕所，更没有保安。为了学生的安全，每天晚上张桂梅带着女教师住进由教室改成的学生宿舍陪着学生过夜，男教师则在楼梯间用砖头和木板搭建起简易的床铺，轮流值守。由于条件非常艰苦，17名教师中有9名辞职，100名学生中也有6名提出转学，教学工作近乎瘫痪。社会各界开始质疑学校能否办得下去，校园内也人心惶惶，焦虑、沮丧的情绪包围着张桂梅。在留下来的8名教师中，有6名是共产党员。张桂梅把6名党员教师集中起来，重温了入党誓词，诵读了《为人民服务》《纪念白求恩》等篇章。有的教师眼里泛起泪花，他们被张桂梅的无私打动，他们要和张桂梅一起，把女子高中办好，把大山里的女孩送入大学。

留住了教师，还要留住学生。于是家访成了张桂梅最重要的工作。很多学生的家在偏远山区，有的地方只能靠步行到达，但张桂梅要求自己"要亲自到每一个学生的家里去看看"。一次,她坐乡政府工作人员的摩托车上山,"不敢低头,摩托车稍微歪一点,就会跌下悬崖粉身碎骨"。12年来,张桂梅在大山里走了近12万千米,对1 600名学生进行了家访。家访途中,她摔断过肋骨、发过高烧、迷过路,严重的类风湿、骨质疏松、肺病和过度劳累导致张桂梅几次晕倒在路上。

有一次,张桂梅和同事一起去家访的途中,下起了大雨,一打听要家访的那个孩子的住址,还需要翻山过河走两个多小时才能到。望着眼前雨帘中的高山和泥泞的土路,同事劝她别去了,但张桂梅转身就向指路人手指的方向一脚深一脚浅地走去。过河时她摔了一跤,同事问她摔伤没有,她说没事。直到几天后,同事发现咳嗽不停的她脸色不对劲,强制送她去医院检查,才知道她右侧第七、第八根肋骨断裂,肺部也感染了。看着检查结果,在场的人都哭了。

亦师亦母,"校长妈妈"大爱无疆

长年累月的工作,使张桂梅身体每况愈下,每天都要吃大量的药。现在的她上下楼梯都要扶着扶手一点一点挪动,因为稍微用力就可能碰到胳膊上的包块骨刺。病痛已经让她无法继续站在讲台上授课,但她仍然每天早晨5点准时起床,挨个摁亮楼道里的灯,提着喇叭喊学生们晨读,晚上12点检查完所有的教室后她才休息。

在高三学生办公室,张桂梅给记者算了孩子们的作息时间。早上5时30分起床,上课到中午12时;中午10分钟吃饭时间,吃完饭再上40分钟课,休息1小时;下午1时50分上课到5时30分;花半小时完成吃饭、刷牙、洗脸、洗脚、打水、整理宿舍;晚上6时上课,一直到夜里12时20分,回宿舍休息。

从早上5时30分起床,到第二天凌晨睡觉,这就是华坪女高的秘诀。

在这个过程中,张桂梅的喇叭从不停歇。催促学生上课、吃饭、自习、做操。从早上5时30分开始,她用喇叭喊出的催促声,便要伴随孩子们一整天。她对时间要求极其苛刻,耽误一分钟都不行。前不久,一位前去考察的领导甚至为孩子们"说情",他提醒正要处罚一个学生的张桂梅,时间还差30秒……说起这个,张桂梅对记者感叹,这些年自己一直不敢心软,怕对孩子们心软了,日积月累,课又落下了。

张桂梅的喇叭,伴随着学生们起床、早读、宣誓、唱歌、吃饭、午休、晚安。这样的喇叭,她在办公室、教学楼、宿舍楼和食堂一共备了四把,随时可以催促。她想让孩子们在生活习惯和时间观念上与城市接轨,与现代社会接轨。张桂梅膝下没有儿女,她把母爱奉献给了女高的孩子。

每逢假期,不管工作多忙,她都要抽出时间去学生家中挨个家访。10多年来,她的足迹遍布丽江市一区四县,行程超过11万千米。

张桂梅名下几乎没有任何财产,她没有房、没有车,所有收入都用在了女高的学生们身上,自己一件衣服能穿10多年。

2018年年初,张桂梅病危入院,华坪县县长到医院看望她。躺在病床上的张桂梅拉住县长的手说:"我情况不太好,能不能把丧葬费提前给我,我想看着这笔钱用在孩子们身上。"

我将无我，传递信仰的力量

从 2001 年 3 月起，张桂梅一边当教师，一边义务当上了华坪县儿童之家的院长，成了众多孤儿的"妈妈"。这些孤儿年龄从 2 岁到 12 岁不等，院子里经常哭声一片，扰得左邻右舍都睡不着觉。张桂梅只能抱着孩子满院子走。一些孩子不会上卫生间，经常弄得床上、裤子里都是大小便，她和工作人员就不停地擦洗。一些孩子体质弱常生病，为此她就常在医院和学校之间来回奔波。"想想那个时候，都不知道怎么过来的！"回忆往事，张桂梅很是感叹。

新学期开始，华坪女高高一新生端坐在操场上，聆听入学后的第一堂"校课"。每周"校课"，小到学习生活，大到理想信仰，张桂梅都亲自授课。

如今，这堂课让张桂梅愈发感觉吃力。60 多岁的她站在教学楼前，身形有些佝偻，手指、胳膊、颈背上贴满了止痛膏药。"早上起床时，脚疼得不敢着地。有时我真想不干了，可看着你们，我告诉自己必须坚持。"张桂梅对学生说。

看到有学生抽泣，张桂梅连忙说："不哭不哭，我答应你们，我会好好的，陪你们读完这三年……"话音未落，100 多名新生已哭成一片。

张桂梅吃穿用都很简朴，多年以来，她把节省下来的工资、奖金共计 100 多万元，都用来捐助教育和儿童福利事业。为了给寒冬腊月里发高烧的男生保暖，她把丈夫留下来的珍贵的毛背心送给了他；为了省下钱来资助学生，她戒掉了肉食，常年吃素；为了回报和她并肩作战的女高教师们，她把数年来领取的劳模慰问金全部用作教师们的教学奖励金，可她自己却连一袋牛奶都舍不得喝。

张桂梅说："我们年轻时的偶像都是江姐。女高党建活动宣誓，凡是表演江姐的班成绩都考得好。"

江姐是张桂梅心中的英雄，她教育女孩独立、自强、坚定……每一项都是江姐身上的品格。

她把十七大党代表证、五一劳动奖章、奥运火炬和毕生获得的所有荣誉证书，毫无保留地全部交给了组织，全部保留在了县档案馆里。她说，是党为她指引了一条光明的人生路，是党为她铺满了鲜花盛开的路，她所做的算不了什么，她就是要以共产党人坚定的理想信念，为党和人民奉献自己的全部。

"俯首甘为孺子牛"是鲁迅先生的写照，也是张桂梅的生活，30 多年来爱岗敬业，无私奉献，始终坚守在三尺讲台上，她没有子女，生活节俭，把自己一天的生活费控制在三元以内，而拿出自己绝大部分的工资接济困难学生，给没有学费的学生垫交学费，把母亲般的慈爱全部奉献给学生和孤儿。

2021 年 2 月 17 日，张桂梅被评为"感动中国 2020 年度人物"；2021 年 2 月 25 日上午，全国脱贫攻坚总结表彰大会在人民大会堂隆重举行，她被授予全国脱贫攻坚楷模荣誉称号；2021 年 6 月 29 日，中共中央授予张桂梅"七一勋章"。教育部发出通知，要求教育系统深入开展向张桂梅同志学习的活动。丽江市专门设立了"张桂梅教育基金",所筹集资金将用于支持华坪女高发展、补助贫困学生。

她,像一团火、一盏灯、一颗星,燃烧着、闪烁着、散发出爱的光芒,向贫困山区的孩子们播撒希望的种子,引领她们走出大山。

学习思考

"烂漫的山花中,我们发现你。自然击你以风雪,你报之以歌唱。命运置你于危崖,你馈人间以芬芳。不惧碾作尘,无意苦争春,以怒放的生命,向世界表达倔强。你是崖畔的桂,雪中的梅。"这是感动中国2020年度人物张桂梅的颁奖词。作为一名人民教师,她用实际行动书写了坚守、责任、担当,为大山深处的贫困女孩点亮了前行的火把。从青春靓丽、笑靥如花,到苍老憔悴、满身伤病,张桂梅将最好的青春年华献给了山区的教育事业。她没有子女,却是上百个孩子口中的"妈妈";她身患绝症,却把自己所得的奖金都捐给了贫困山区的孩子们;她在基层教育岗位上辛勤耕耘数十年,用自己的心血和汗水托起了贫困山区孩子们的希望。她将全部心血倾注在孩子身上,更将自立自强的种子播撒在她们心中。在华坪女高,有这样一段震撼人心的誓词:"我生来就是高山而非溪流,我欲于群峰之巅俯视平庸的沟壑。我生来就是人杰而非草芥,我站在伟人之肩藐视卑微的懦夫!"正是这样的誓言,激励着许多家境贫寒的山区女孩,不认命、不服输,走出山区,看见更广阔的世界。

教育扶贫改变的是人,而且是几代人。扎根大山的"燃灯者"张桂梅,用坚韧和奉献托举起大山孩子的梦想,为一个个贫困家庭带去希望,更为打赢脱贫攻坚战贡献了力量。决心"战斗到我最后那一口气"的张桂梅宛如一座灯塔,激励着更多教育工作者在筑梦之路上坚守初心、点亮他人。

中国故事3 于漪:一辈子做老师,一辈子学做老师!

人物简介

于漪,女,江苏镇江人。1929年2月7日生,毕业于镇江中学,1951年7月毕业于复旦大学教育系,长期从事中学语文教学,形成独特的教学风格。1978年被评为语文特级教师。如今已是耄耋之年的于漪在2018年12月18日,被党中央、国务院授予改革先锋称号,颁授改革先锋奖章,并获评"基础教育改革的优秀教师代表"。

一切为民族,以生命点亮生命

1929年,于漪出生在镇江一户做小生意的普通人家。童年的于漪,在战火中颠沛流离地生活。父亲早逝后,母亲带着于漪兄妹5人艰难谋生。

于漪的少年时代在艰难中度过。日本侵略中国,她亲眼看到邻居的房子被炸毁,家破人亡。她往乡下逃难途中不慎一脚跌倒,下巴磕伤,留下终身的疤痕。

抗战胜利后,于漪在镇江中学读高中。在镇江中学读书时,她的国文教师叫赵继武。"茕茕孑立",他教一个"茕"字。"茕"字上面一个草字头,就像光荣的"荣",

下面一个"冗",他在黑板上写得大大的。穷,再穷脊梁骨要硬,是一竖!骨头要硬,记住了。那个时候老师穿着长衫,一面讲,一面做手势。当时于漪就感觉到老师是了不起的,因为一个人要脱离愚昧,应该要明理。做一个老师,实实在在地能够把一代一代的人培养成为有文化的人,那么国家民族就有希望了。18岁那年,于漪考入复旦大学。免学费、免生活费的教育系对于漪来说,是最经济的选择,更是内心早就播下的种子。

"求学为什么?从愚昧走向文明,就要立志为解救苦难的民族于水深火热之中……"当年老师激昂的话语引导着于漪的人生追求。"'一切为民族'这五个大字掷地铿锵,镌刻在我心中,成为我铸造师魂的基因。"

1951年,大学毕业后的于漪成为原上海第二师范学校的一名历史老师。自打从教那天起,于漪就有明确的使命追求。母校江苏省镇江中学的校训"一切为民族"伴随她终身。8年后,因为工作需要,她从历史转行教语文。为了成为不耽误孩子的语文老师,于漪每天晚上9点以前工作,9点以后学习,两三年下来,她把中学语文教师该具备的语法、修辞、逻辑知识,该具备的文、史、哲知识,该了解的中外名家名著过了一遍。她给自己立下规矩,不抄教学参考书,不吃别人嚼过的馍。1986年,著名语言学家张志公阅读于漪的手稿《学海探珠》时,曾拍案赞叹:"于漪教书简直教得着魔了!"

恢复高考之际,于漪针对不同学生知识基础差异显著的情况,打算把学生分为快班、中班、慢班,但去问领导,他们都不敢拍板。有人就劝于漪,还是不要跳出来了,以前你吃过的苦头还不够多吗?于漪自担风险,毅然决定这么做。在首批高考中,有两个班的学生全部考入大学,充分证明她的办法行之有效。

1977年10月,上海电视台邀请于漪去上一堂向全市直播的语文公开课。于漪选择讲授高尔基的《海燕》。于漪说,她总是想到,乌云总归要过去的,乌云总归是遮不住太阳的,因此我就想到了高尔基的《海燕》。一时间,上海市民守在电视机旁,争睹她上课时的风采。当时有人评价说,这哪是在上课,分明是于漪用生命在歌唱!在那个年代,人们能静下来听一节语文课,意味着教育领域的复苏。1978年,一个新的时代来临。中学语文的教学资料匮乏,已是全国首批语文特级教师的于漪,根据多年教学经验,完成了《中学语文教学探索》《中学语文备课手册》等多部著作。1978年,于漪被评为上海首批语文特级教师。年底她到北京参加中华全国总工会的会议,随后作为妇女代表团成员前往日本访问考察。

从课堂授课到教育改革,从呼吁"教文育人"到倡导"弘扬人文",从培养学生到培养老师,于漪倾情投入改革开放进程中,为教育事业贡献智慧和力量。时至今日,快要满90周岁的于漪依然在忙碌着。"教育是滴灌生命之魂。老师教历史风云、天地人事,目的不是让孩子学会应对考试,而是唤醒他们的生命自觉,点亮生命之火。"于漪说。

第四章　明确价值要求　践行价值准则

坚守三尺讲台，胸怀江河世界

20世纪80年代，于漪老师的公开课《海燕》在电视里直播时，全国人民纷纷守在电视机前，争睹她上课时的风采。事后，连高教界都在谈论于漪与她的《海燕》，一位复旦大学历史系教授谈及当年盛况，说一位同事出差回上海，问及上海最近有什么动静，这位教授说，都在看《海燕》直播呢。这在现在简直是不可想象的。

这位老师教过的学生，十几年后再来看望她，还能把她在课堂上讲过的话一字不差地背出来，有的还能记起当时她在黑板上的板书，学生说："你怎么讲的，我们都记得。"

这位老师曾说出"师爱超越亲子之爱"这样的话，她说："学生的天就是你的天，学生都是你的儿女。"

而她在以后教学工作的60余年里，用切身行动证明着这话无半点虚假。

学校把一名屡次逃学、偷窃、打群架的学生放到于漪带的班级。这名学生与父亲争执被打后离家出走。于漪焦急万分，与几名学生找了他一天。找到后，怎么办？送他回家，只有两个可能，一是再逃走，一是旧毛病复发，依然故我。带他回自己家，他会偷，怎么办？为了教育好这个学生，于漪把他接到家里，于漪上班，他上学。学校放学，他跟着于漪回家做作业。于漪以心换心，以情激情，以理疏导。经过多次"拉锯战"，这名学生逐步安静下来，走上正道。后来，于漪生了一场重病，住院治疗。这名学生已经工作，探望时看到于漪打吊针，哽咽地说："于老师，你不能死啊……"他没有什么生动的语言，反反复复地说着这句话。

于漪说，她的学生不一定都是最优秀的，但他们都是家庭的宝贝、国家的宝贝，作为教师，就要把学生当宝贝一样来教育。不求他们能显赫，但一定要成为社会的好公民，服务国家，服务人民。

炬火一般的师爱，陪伴更多学生前行，既为学生之师，也做教师之师。于漪的很多学生，毕业后也成了人民教师。她所带62届学生里的生活委员肖龙宝，至今都记得老师给他买的一个面包。当时粮食很困难，男孩子长身体的时候配给的那点粮食经常吃不饱。有一次肖龙宝生病发高烧，说："于老师我真想吃一个面包。"当时于漪的配给是一个月只有22斤粮票，省下一顿，然后把粮票给一个同学，请这个同学买一个面包给他。但是她跟那个同学讲，不要告诉小龙。

三十多年后，于漪因病住院，肖龙宝千里迢迢赶来探望老师。

几十年前的一个面包，让肖龙宝懂得了什么叫爱学生，因此他就把这个爱给到他所教的所有学生当中。他带的班级都是优秀的班，他教的学生，他都是以善良的心对待，以自己的生命去温暖别人的生命。几十年前的一个面包，让几代学生受益。师道传承，让于漪感叹不已。她勉励青年教师：要成为新时代的大先生。

"学生身上的事，都是我教师心上的事，什么叫教师，学生的天就是你的天，学生都是你的儿女，所以我说，师爱超越亲子之爱。"于漪认为对待孩子应当丹心一片，是全心全意，还是半心半意，还是三心二意，学生心中一清二楚，没有爱就没有教育,只有把真爱播撒到学生的心中,学生心中才有老师的位置。

在于漪的教育生涯中,她带过许多"乱班乱年级",她喻之为"考问感情与责任"的难题:"生命本来没有名字,没有高低贵贱之分,坏习气不是胎里带出来的,我做教师的责任是帮助他们洗刷污垢,要像对其他同学一样满腔热情满腔爱。"

于漪在爱学生方面不仅是全心全意,在教学方面也是踏踏实实,她将自己的岁月奉献给三尺讲台,她的人生教学,是在用生命唱歌,用上课的质量来影响孩子生命的质量,她告诉世人如何"一辈子做老师,一辈子学做老师"。

她为了一堂完美的语文课,用格物致知的探索,血肉交融的感应,砥砺前行。一位青年教师从1976年开始,听了3 000节于老师的课,没有发现于漪上课有过任何重复的内容,哪怕是一篇课文教第二遍、第三遍,都没有重样。

在教育的大海中畅游的于漪,在现实生活中的脚步是不轻松的。胃溃疡、肝炎、心脏病……都曾"光顾"过她。每天,她吃大把大把的药;每天,她意气风发,要么伏案疾书,要么四处奔走,从不停歇。近年来,于漪每年都准备一本专用的挂历。挂历上,几乎每一个日子都画上了圈。但这远不是全部。退休后,她逐字逐句审阅了从小学到高中12个年级的上海语文教材和教参。至今,她有时上午要听4节课,下午开展说课、评课。她曾经腰椎骨折,卧床3个多月,一能坐起就深入学校指导课题和论文,走进课堂听课、评课。

于漪是教育界的"明星",她家三代六口全部是教育工作者,回首于漪的一生,从来没有间断过和艰难困苦做斗争,旁人说她有一种忍辱负重、举重若轻的本事,于漪自己解释道,那是因为她想自己少一点,想学生、想他人多一点。

淡泊名利,唯重书香

人们都知道于漪是全国有名的专家,却不知道她很长时间没有任何职称,她总是把名额主动让给其他教师。2002年,于漪从一线岗位上退休后,拒绝了上海不少民办教育机构的重金聘请。

于漪的爱人黄世晔同样是一位不争名利、崇尚节俭朴素的人。在复旦大学从教多年的黄世晔总把晋级教授的机会让给年轻教师,直到校领导多次做工作他才同意晋升。退休后的生活更是简单朴素,一件于漪给他编织的毛衣穿很多年仍不舍得换新。他一辈子廉洁自守、纤毫不沾,说"贪"是万恶之源;一辈子严谨治教、爱生如子,教学、行政,数十年一丝不苟、夜以继日,坚持质量就是生命,认为耽误学生是不可饶恕的"罪孽";一辈子好学深思、淡泊名利,一再强调教书做人、报效国家,从不在名利场沉浮。

在于漪和爱人的示范教育下,勤俭节约、不慕虚荣、不贪名利成为全家的行为准则。"奶奶从无职称评定、无众多奖项评判的年代走来,内心只有四个字可以形容,那就是'简单、纯粹'。直至今日,她的价值观仍然深深地影响着我。"黄音说。

对名利看得很淡,生活上崇尚俭朴的于漪对读书却看得很重。"我们这个'教育之家'要教书育人,首先要自己严格修身。"在于漪看来,爱读书才有"安身立命"之本。

因此，她不仅自己爱读书，还明确要求家人把心思聚焦于读书学习上。黄音的读书习惯就是于漪刻意培养引导的结果。小时候，大多数时间生活在爷爷奶奶家的黄音，见到最多的画面就是爷爷在阳台的藤椅上看书，奶奶伏在案头一边看书一边勾画笔记。

提升专业素养，是一个教师最好的敬业

1978年，中华大地百废待兴，中学语文课堂，犹如一块干裂的土地，于漪的一批教学实录、教学磁带横空出世。

根据自己多年的语文教学经验，于漪用口述的方式完成了《中学语文教学探索》《中学语文备课手册》等多部著作，这些浸润着于漪二十多年，不停思索和探究的语文教学实录，对于语文教师们来说，恰如久旱甘霖。

截至20世纪80年代，教育界还没有一个人系统完整地研究过教师学，而于漪把这个课题揽在了心里，她完成了两本教师学著作——《现代教师发展丛书》《现代教师学概论》，教育部将它们作为全国教师教育的培训教材，《现代教师学概论》成为中国第一部研究现代教师学的理论著作。

1986年，上海成立了全国第一个教师学研究会，于漪担任会长，问及为什么叫教师学研究会，于漪的眼中满是坚定与骄傲："我们是想让中国的教育在世界上有话语权，我们要有中国教师自己的教师学！"

学习思考

从锦瑟年华到耄耋老者，于漪在讲台上一站就是67年。在这67年里，于漪不断地提升自己、沉淀自己，她努力让每一位学生爱上语文，欣赏语言汉字的美。为了使自己的课堂生动有趣，于漪做到了每一堂课都不重复，给予学生春风化雨般的教学氛围。德国诗人荷尔德林说："人，诗意地栖息在大地上。"于漪诗意的语文课，如同高山流水，春雨缠绵，情景交融，自然流放，充满着灵魂的飞升和投入生活的热忱。

于漪有一句名言："我上了一辈子课，教了一辈子语文，但还是上了一辈子深感遗憾的课。我做了一辈子教师，一辈子在学做教师！"即便在他人看来于漪的课堂活泼生动，可是于漪仍对自己不够满意，在她眼中时代在进步，学生在进步，而自己的教学方法也应该不断进步。学无止境，时刻严格要求自己。

在于漪心中，教育不是一个结果，而是面向未来的生命展开过程。于漪对于教育事业的热爱有很大一部分原因来自从事教育事业所给她带来的神圣感。一群群面孔稚嫩的孩子在这里获取知识，树立自己的价值观，而这些都与他们所获得的教育息息相关。尽管多年来于漪获得的荣誉难以计数，但她最喜欢的还是被学生亲切地叫上一声"于老师"。她说，讲台是她这辈子最舍不得、最牵挂的地方，让她觉得自己的生命在闪光。在于漪眼中，没有爱便没有教育。教育之有爱，犹如池塘之有激滟，山岳之有巍峨，江海之下百川。因为有爱，所以桃李满天下，因为有爱，所以栋梁立乾坤。

中国故事 4 "小巷总理"谭竹青

人物简介

谭竹青（1931—2005 年），女，汉族，吉林省长春市人，中共党员。生前是长春市二道区东站街道十委社区党委书记、居委会主任。为解决社区居民孩子入托，她无偿把自家住房拆掉一半扩建幼儿园。她把政府发给自己的 10 多万元奖金全部用于社区建设和扶贫帮困，被群众亲切地称为"小巷总理"。

"二道洼子"摇身一变

20 世纪七八十年代，长春人将十委社区称为"二道洼子"，即"都市里的农村"。该社区地理位置偏僻，三条胡同一条街，全是土路，晴天一身土，雨天两脚泥，到处是破旧的棚屋，生活配套设施简陋，居民受教育程度也不高，是人们口中"给钱都不去的地方"。那时的社区居民面临子女入托难、买早点难、出门行路难、看病就医难、孤寡老人生活难、待业青年安置难等一系列问题，而谭竹青所在的居委会穷得连办公用品都买不起。身为十委社区主任的谭竹青此时 47 岁，已走过前半生的她，不甘心让十委社区继续穷下去。从旧社会走过来的谭竹青没有念过几天书，不懂得太多的文化，更不懂"经济基础决定上层建筑"的理论。如何改变十委落后的面貌？谭竹青意识到，要建设好社区必须发展社区经济。大的生意一时半会儿做不了，可以先从小的干。经过一番深思熟虑，她决定开间社区小吃部，帮大家解决吃早饭问题。然而，对于一穷二白的十委，开个小吃店也是一件不切实际的事。没钱、没物，她就带领社区里的一些退休职工和待业青年去河边挖沙子，去拆房工地拣碎旧砖头，和大家一起光脚丫脱土坯。那时人均工资 30 多元，她拿出了家里仅有的 450 元钱投入小吃部。在她的带领下，其他委主任也拿出了家里的多年积蓄。在大家的共同努力下，1981 年年初，十委的第一个买卖"如意小吃部"开张了。为了省钱，她还把自家的锅碗瓢盆和饭桌几乎都拿到了小吃部使用，自己一家只能在炕上吃饭。不到半月，10 多平方米的"如意小吃部"开业了。

没向国家要一分钱，没向银行贷一笔款，靠着艰苦奋斗的精神，谭竹青带领社区居民办起了麻花作坊、鞋厂、皮革厂、服装厂、幼儿园和敬老院等 17 家企业，建立了长春市第一个由社区居委会牵头兴建管理的 3 500 平方米的室内综合市场。固定资产高达 2 000 万元，年创产值千万元以上，上缴税费 680 万元，让幼儿园、敬老院和菜市场也从无到有。国家给她个人近 15 万元的奖金，她分文未取，全部用在了社区发展和救济困难户上。

小巷无小事

居民的需求、百姓的琐事，对于社区工作而言，这些"小事"才是真正实实在在的"大事"。20 世纪 70 年代，十委附近还没有一家幼儿园，很多母亲既要送孩子到很远的幼儿园，又要赶着上班，常因挤不上公共汽车而着急。谭竹青看在眼里，急在心上。天天算计筹划的谭竹青找技术人员设计出了幼儿园的图纸。实地选址测量时，正好需要拆掉她家的半间房。大家主张把设计缩小点,她的儿媳妇也想不通:"哪有拆自家房给公家建幼儿园的呀。"谭竹青说:"居民的事是大事,自家的事怎么也好凑合。好不容易盖个幼儿园,不能让孩子们受委屈。"拆墙那天正下大雨,儿媳脸上雨夹杂着泪花,谭竹青硬着心肠指挥儿子砸墙搬砖。幼儿园按原设计建成了,社区和附近的母亲们不用再为孩子的事发愁了,可谭竹青一家却仅剩下小小的土坯房,一住就是10多年。

为了不断改善和满足社区居民的需求,10多年来,谭竹青带领大家陆续又花了10万元建起了社区益寿院、阅览室、健身房、录像厅、游艺部,用150万元为社区建成了1 780平方米的服务中心。凡是她能想到的、居民需要的,她都昼夜奔忙,一件件落实到社区的土地上。今天,走进十委社区,看到的是一处处公益建筑设施,是一栋栋令人眼亮的居民住宅楼,是一条条平坦的柏油路,是一片片怡人的花草树木。然而,谭竹青来到这里时是"晴天一身土,雨天两腿泥"的棚户区。

1994年,长春成立经济适用房建设领导小组办公室,为了让居民早日圆上楼房梦,时年63岁的谭竹青为找开发商四处奔走。可是,一个个老板来看看就扭头走了,有的还说:"我送你200万元,你不让我在这儿投资建房就行。"为什么没人愿意接这个工程?回迁率高达整个开发面积的63.89%,算经济账,赔!居民们灰心了,谭竹青却不气馁。依然昼夜不停地奔波,苦口婆心地协商,终于打动了一家房地产老板的心。七大政府部门,她一个一个地去跑,甚至几次去找市长。有一次,晚上9时多,她把市长堵在了家门口。就这样,谭竹青跑细了腿,磨破了嘴,十委最终被列入了棚户区的改造名单。谁都没想到,从拆迁公告发布之日起,300多户居民的老房子竟然在42天内就全部拆完。当年年底,5栋住宅楼拔地而起,547户低收入居民欢天喜地迁入新居。2005年11月30日,谭竹青去世的前4天,十委最后一个回迁户住进了新楼房。至此,十委先后三批开发棚户区16万平方米,圆了近4 000户居民的住楼梦。

她一生4张工资单

4张工资单——显示着她并不富有的一生,然而这辈子,她自己掏腰包捐助困难户的钱就有近万元之多。

1981年至1989年,月工资20至30元;
1990年至1995年,月工资120至150元;
1996年至2004年,月工资300至350元;
2004年至2005年,月工资890元。

这就是谭竹青的工资单。

从20世纪80年代初开始,谭竹青带领东站十委的人以"燕子垒窝"的艰苦奋斗精神,创下了现在这资产总值近3 000万元的家业,不了解底细的人都以为她挣高薪,很有钱,可看到这张记录着谭竹青四个不同时段工资额的单子时,就会对她肃然起敬。按照东站街道办事处经济承包合同和计划生育等单项承包合同奖励办法,十几年来谭竹青应得奖金15万元,可她分文不取,全都用在了发展社区经济和救济困难户、军烈属上。

几十年来，谭竹青获得无数荣誉称号，社会影响很大，许多媒体、协会、学会隔三岔五就会寄来约稿函。对这种"公家出钱，个人出名"的事，谭竹青的回答只有一句话："不花钱的可以，要钱的一律不办。"1996年，吉林省有关部门组织劳模出国考察。出国考察，这对许多人来说是个梦寐以求的好机会，但谭竹青主动放弃了。她说："社区的事处处都需要钱，我不出去了，把省下来的钱用在发展社区事业上吧。"对于自己的事，谭竹青很"抠门"，可每当困难居民求助时，出手却很"大方"。据不完全统计，她自己掏腰包捐助困难户的钱就有近万元之多。

4个孩子的"代理妈妈"

1995年，长春市妇联发起了"代理妈妈"项目，谭竹青主动加入。胡同里有个叫莹莹的女孩，母亲残疾，生活不能自理，父亲靠蹬三轮维持一家人的生活。一次交通意外，父亲受了重伤，家庭陷入了极度困苦，莹莹只能退学来分担家庭困难。看到同龄的伙伴们背着书包去上学时，莹莹只能抱着书包躲在角落里哭。谭竹青知道后，赶紧来到莹莹家对她说："孩子，别哭了！从今往后，我就是你的妈妈，你就是我的亲生女儿，安心地上学吧！"从那以后，谭竹青承包了莹莹的学费，帮莹莹置办每一样学习和日常生活用品，每逢节日她就会给莹莹买漂亮衣裳，上门慰问，还会把莹莹接到自己家为她做饭吃……

社区居民邵素英多年来一直靠领低保金独自抚养女儿，然而女儿刚考上大学，邵素英就被查出患了骨癌。谭竹青知道后，来到邵素英家对她女儿说："啥也别担心，鼓起劲儿念书去！招儿是人想出来的，想着往好里奔，日子就会越变越好！"此后，谭竹青每个月都从300元的工资中，拿出100元救济邵素英母女。

多年来，谭竹青先后成为4个贫困家庭孩子的"代理妈妈"，进行了上千次的家访，还援助了孩子们近万元，许多孩子亲切地称她为"谭妈妈"。去世前的10多天，她还带着病体，参加了打造未成年人零犯罪社区会议。

就这样，从青丝到白发，从腰背笔直到佝偻，谭竹青拖着自己的小马扎走街串巷，做细致入微的工作，让近4 000户居民住上了楼房，协调安置了1 000多名下岗职工，让社区居民老有所养、幼有所教、贫有所依、难有所助。谭竹青用48年的朴实工作，践行了自己的诺言——"作为一名基层党员干部，虽然官不大，但是为官一任，就要造福一方，这是共产党员的本分和天职。"

谭竹青用"燕子垒窝"的精神，从一点点的小事做起，一步步改变着十委社区的面貌。拆除棚户区、修路、种草、栽树、修花坛、盖凉亭、建起社区服务中心，昔日"都市里的村庄"彻底改变了模样。

谭竹青始终把居民利益放在第一位。谭竹青所在的十委社区居民中有90%以上都是贫困人群，下岗职工多，接受低保救济的人多。谭竹青竭尽所能，举办了美容理发、服装裁剪、家政、烹调等培训班，使下岗职工掌握一技之长，先后安置了1 000多名下岗职工，使社区居民"虽下岗，不失业"。

第四章 明确价值要求 践行价值准则

谭竹青视社区居民为亲人，家长里短她调解，贫困人群她接济，失足青年她帮教……走百家门、知百家情、解百家难、暖百家心，谭竹青成为居民群众的贴心人，被人们亲切誉为"小巷总理"。

2005年12月3日，谭竹青病逝。长春市成千上万的干部群众自发为她送行。谭竹青先后被授予"全国优秀党务工作者"、"全国劳动模范"、全国优秀居委会主任"孺子牛"奖、全国"三八"红旗手等170多项称号。她用近半个世纪的行动谱写了勤勉为民的感人篇章。

学习思考

谭竹青从事居委会工作50多年，始终坚持为党和政府分忧，为居民群众解难，时时处处心系群众，带领社区干部群众白手起家，艰苦创业，努力发展社区经济和各项事业。她积极进取、勇于开拓，先后创办了鞋厂、商店、印刷厂等十几个企业，建成了社区服务中心、敬老院、幼儿园、卫生服务站等服务场所，提供了一大批就业岗位。组织开发建设居民住宅楼，拆除棚户区，改善了居民居住条件。积极协调有关方面把委内街、巷、胡同全部修成了柏油路，方便了居民出行，使东站十委社区发生了翻天覆地的变化。她全身心投入社区工作，走百家门，知百家情，解百家难，暖百家心，把党和政府的关怀送到千家万户。20世纪80年代初，她拿出自己的微薄积蓄创办社区服务网点。为解决社区居民孩子入托，她无偿把自家住房拆掉一半扩建幼儿园。十几年来，她把政府发给自己的10多万元奖金全部用于社区建设和扶贫帮困，被群众亲切地称为"小巷总理"。

从青丝到白发，谭竹青把毕生的心血都奉献给了她所钟爱的事业。在近半个世纪的居委会工作中，她鞠躬尽瘁，任劳任怨，用自己的智慧和力量创造了一流的居委会工作业绩，也赢得了群众的信任和爱戴。她用执着奉献的一生，为后人留下了丰厚的精神遗产，她崇高的品格和时代风采将世世代代传承下去。

中国故事5　窦铁成：施工现场成长的"工人教授"

窦铁成，1956年10月生，1986年5月加入中国共产党，全国劳动模范、全国优秀共产党员、十八大代表，中铁一局电力工工匠技师，被誉为"专家型技术工人""金牌工人"。先后参与建设了京山铁路、京秦铁路、西安地铁等上百个工程项目。历任中铁一局电务处四队电力工，电气设备安装、试验班班长，电力工高级技师，电力试验所质量负责人、窦铁成技能大师工作室负责人、工匠技师、陕西省总工会副主席（兼职）。

在秦皇岛南站、煤码头工地，冒着海湾的严寒大雪，他高标准完成了工程任务，总结了一套高寒气候下变电所施工的宝贵经验。

在京珠高速机电设备安装工程，这个被国际上称为"最具挑战性"的项目上，他以过硬的理论功底和高超的技术，发现并纠正了进口设备的错误，"洋专家"向他竖起了大拇指。

在祁连山脉乌鞘岭隧道,他和队员在冻土上挖沟,超时空布线,为企业追回损失近700万元,写下骄人的传奇故事。

他就是窦铁成,中铁一局电务公司的电力工高级技师,这位专家型技术工人被誉为建筑和电力行业的"工人教授"。39年来,他苦学不辍,刻苦钻研,成长为享誉全国的电力专家。

窦铁成于1956年10月出生于陕西蒲城,未成年时,在繁忙的农务之余,便萌生了对无线电的兴趣。为了满足对知识的渴望,借书、买书、看书,成了他当时最大的乐趣。不仅如此,他还喜欢将书本知识运用到实践中去,渐渐地,窦铁成成了所在乡村远近闻名的安灯接线维修电器的一个能人。

"一个人可以没有文凭,但不能没有知识和技能"。1979年,23岁的窦铁成通过招工考试,成为中铁一局电务处的一名电力工人。然而,踏上工作岗位的窦铁成很快发现:在技术密集的电力行业,初中学历是明显不够的。怎么办?他意识到:要想当一名好电工,只能用勤奋学习来弥补学历的不足了。

1980年,窦铁成凭借优异的成绩,进入中铁一局电力培训班。已经成家的他一方面写信嘱咐妻子承担一切家庭事务;另一方面暗下决心,制订严格的学习计划,他要打一场漂亮的"知识翻身仗"。他牢牢抓住这来之不易的学习机会,每天最早一个到教室,最后一个离开教室。离家不远的他竟七个月没有回家。当七个月培训结业时,他拿了电力内外线考试的最高分,为今后工作打下了良好的知识基础。

"吃了这行饭,就一定要把这行干好!"回到工地,窦铁成接受了独立负责坨子头(北京—山海关—秦皇岛枢纽)变配电所安装施工的重任。初担重任,面对近5指厚的各种图纸,窦铁成深知自己的知识储备根本无法应对。但倔强的他给自己打气:"再难的知识,只要一点点啃、一点点琢磨、分析,总能悟出个道理来。"于是,窦铁成白天干活,晚上对照专业书籍,一张张图纸、一条条线路、一个个节点地分析解读,设备如何安置、电缆怎么走。施工中,他发现无碱玻璃丝缠绕电缆这种工艺复杂且易损,成本还高。他利用工作之余的时间,翻查资料,推理研究改进方案。最后根据试验数据持续改进,形成了聚四氟乙烯工艺,应用后不但工序减少,节时省钱,质量也有所提高。工程期间,他把七套各类不同技术图纸齐齐地画了一遍。最后,工程顺利完工,还获得了国家优质工程银质奖。

1999年,变配电设备的测试开始采用电脑进行分析,已经40多岁的窦铁成立刻买来计算机教材,从最基本的原理学起,慢慢地学会了表格制作、工程制图等,成为铁一局3万员工中掌握电脑设计、绘制电力图纸的第一人。为了能学习电力知识及施工技术,在工资不高、生活不宽裕的情况下,他先后花了近万元购买《高等数学》《电工学》《电磁学》《电子技术》《电机学》《钣金工艺》《钳工技术》《机械制图》等技术书籍,利用工余时间进行自学,甚至向身边的工友、技术人员和徒弟请教。40多年的工程生涯里,窦铁成边学边干,累计写下了90余本、200多万字的学习笔记,密密麻麻记满了他成长、成才足迹。而工友用手机偷拍的他光着膀子读书,后背被蚊子密密麻麻叮满红包的照片,成了他刻苦学习的真实写照。

窦铁成先后参与了京九、西康、达成、浙赣、东乌、西成、宝兰等10多条铁路的电力施工,参加了深圳、北京、上海、西安、大连等地多条地铁的建设。先后主持安装铁路、地铁变配电所近百座,全部一次性验收通过,一次性送电成功,全部获得优质工程。

2009年,在深圳地铁电力施工中,电缆已全部固定在狭小的高架站金属支架上,意味着接续施工只能成功,一旦失败必须用两组接头来补偿,而电缆已没有富余的了,然而高电压测试却没有成功。

一个电缆头,单材料费用就是上万元。大家着急了,怎么办?"有困难,找老窦"。在狭小的空间里,当时53岁的窦铁成半蹲着身体,甚至倒卧在地施工,一个多小时的热缩烘烤,不仅考验技术,更考验身体耐力。离电缆太近,怕烤煳外皮,太远,温度又不够,必须保持均匀,热熔才恰到好处。火苗朝着他的脸,他偏头凝视,好像杂技演员一样将身体弯曲,终于完成了制作。

对于被锯掉的电缆头,窦铁成不依不饶。他叫来技术人员、工人和材料供货商一起来解剖,探寻问题到底出在什么地方,后来发现了症结:热缩到位的厚度是4毫米,击穿点的外侧却不足2毫米,成了高电压测试中的"软肋"。之后,他几番抽丝剥茧研究分析,让10毫米的电缆击穿点露出本来面目,大家心服口服。他还将这次电缆分析做成多媒体课件供大家学习交流,从此,电缆接头这个环节,再未出现过问题。

磨破嘴皮,不如做出榜样。窦铁成带徒弟,很少说教,总是用行动教会年轻人如何做人,怎么对待工作。对待工作从来不含糊讲情面,奖罚分明。在传授技能方面,窦铁成不保守,他主动向大中专学生和青年工人新工传授自己刻苦自学来的知识和技能。"一个人的能力再大,也做不了多少。"从业多年,窦铁成把自己有限的知识传授给尽可能多的人,成为单位最有"权势"的人,上至公司领导层,下至普通电力工,2/3的人都自称是他的徒弟。他还多次参与施工技术培训,并为技术院校学生授课,将知识与技能毫无保留地传授给了500多名工友和广大青年学生,用自己的真实事迹感染和鼓舞大家。

窦铁成是"名人",是"工人主席",可办公室里总是找不到他。简单的工装、一个黑色的双肩挎包,他行走在施工一线,一直如此。作为电力试验所质量负责人,在大连、佛山、西安、天津工地上来回跑,重大工程节点,都有他指导施工的身影,尽职尽责、毫无怨言。

窦铁成整理了自己的工作经验,写成数十万字的施工作业工艺指导;组建了班组,把培养人才和团队建设当做自己的使命;开展起技术创新,小革新、小创造接二连三,重点发明更是取得国家专利。但是,已经62岁的他仍然会扎进一个工程,专注地干着技术把关、工艺指导的老本行。

"自己就是个工人,只有在火热的施工现场,才能发挥自己的特长,只有把所学知识奉献社会,人生才有价值。"窦铁成锲而不舍地在他热爱的岗位上展现一个大国工匠的情怀和担当精神,他是新时代的最美奋斗者。

学习思考

一个只有初中文化程度的普通工人,通过自身不断地努力学习,刻苦钻研,学中干、干中学,最终成为一名掌握精湛技术、极具创造精神的高级工人技师,从人生的发展历程来说,窦铁成超越了自我,创造了奇迹。

窦铁成是个普通人,但他所做的事情不普通;窦铁成是个平凡人,但他做出的业绩不平凡。在他身上,充分体现了"知识改变命运,学习成就未来"的人生真谛;在他身上,反映出当代中国工人的精神风貌和优秀品质;在他身上,展示的是当代技术工人的伟大力量和巨大潜力。他的身上充分体现出当代工人阶级对党、对国家、对企业高度负责的主人翁责任感,充分体现出"劳动光荣、知识崇高、人才宝贵、创造伟大"的时代精神。

2019年9月25日,在北京人民大会堂召开的"最美奋斗者"表彰大会上,窦铁成荣获"最美奋斗者"称号。但他依然像过去一样,有着一股勇于创新、不懈奋斗的劲头。正如他自己所说:"只要努力奋斗,就没有解决不了的困难。"

中国故事6 美丽的索玛花:彝族列车长阿西阿呷坚守大凉山26载

人物简介

阿西阿呷,女,彝族,中共党员,1975年8月出生,1996年6月参加工作。现任中国铁路成都局集团有限公司成都客运段管内车队5633/5634次列车长。曾获得2017年"春运最美铁路人"、成都局集团公司"优秀共产党员"、"2018年度新时代成铁榜样"、"2019年四川省五一劳动奖章"、"2019年全国民族团结进步模范个人"等荣誉。

索玛花开大凉山,彝族旅客贴心人

普雄站到攀枝花南站的5633次列车7:10发车,6:50开始检票。作为列车长的阿西阿呷要在6:20前到列车上做系列准备工作:检查车体车控,指挥列车员打扫卫生,一层层理顺窗帘,挨着擦凳子,"要做到窗明几净。"等做完这些,阿西阿呷环视一周,赶紧急走两步到列车门外,迎接旅客上车。就是这趟速度不到40千米/小时的"小慢车",与阿西阿呷已相守26载。

阿西阿呷针对彝族旅客的特点,不断总结经验,推出了"情、亲、真、引"四字工作法,使"让标准成为习惯,让习惯成为自然"成了乘务组始终贯穿于服务工作全过程的基本法则。她还经常利用休息时间到"小慢车"的各个车班,教授同事们基本彝语对话和彝族风俗禁忌,与"小慢车"上的彝族同胞建立了深厚的感情,为旅客营造出文明、温馨和友爱的旅行环境,有效提升了列车服务水平。

普雄站每天会通过30多对列车,阿西阿呷能通过不同的鸣笛声,分辨出进站的是货车还是客车,是特快还是普快……这样的本领,在她很小的时候便有了。

小镇地处偏远山区,火车是当时唯一的公共交通工具。父母无论是走亲戚,还是买米、买油,都要坐火车。阿呷记得,生活在车站边的人们,每当听到汽笛声,无论乘车与否,都会停下手中的事,去月台上看一眼。那时候的她,并不知道,无尽延伸的黑色铁轨,将带给她与同龄的大凉山女孩截然不同的命运。

20世纪七八十年代,大凉山很少有女童上学。但因为铁路,阿呷一家的观念走到了前面。小时候,阿呷每天清晨都要坐上绿皮火车,到10千米外的乃托乡上学。

"记得读一年级时,班里还有5个女生,二年级时就只剩2个了。爸爸身边基本都是汉族兄弟,对我家的影响很深。如果没有爸爸的这份工作,我应该十六七岁就会嫁人,现在过的是面朝黄土背朝天的生活。"她说。在父亲的极力支持下,阿呷一直念完了初中。她的生活轨迹,也一直未曾离开过铁路。她常常在路上偷偷观察车厢里的面孔,努力从他们的身上寻找"外面的世界"的痕迹。

阿西阿呷羡慕那些穿着制服的列车员,觉得举手投足间都有一种神气。1996年,她终于脱下了便装,换上制服,理正帽檐,戴上工牌,成为越西车站的一名客运员。第二年,她踏上了熟悉的绿皮车,成了一名列车员。

当一条条高速铁路在中国大地上飞奔的时候,一趟平均速度仅40千米/小时的"慢火车"悠悠地穿行在大凉山深处。这趟车的乘客90%是彝族老乡。自1970年7月1日成昆铁路通车以来,"慢火车"已开行50余个年头,全程353千米,途经大小26站,9个多小时才能跑完全程,是沿线群众出行最重要的交通工具,最低票价只要2元。

如果说高铁体现着中国发展的速度,"慢火车"则呈现出小康路上"不让一个人掉队"的温度。阿西阿呷就是传递这一温度的代表人物。

2017年以前,"慢火车"上的彝族列车员很少,彝族老乡对同为彝族的阿西阿呷有着天然的亲切,有什么需求就找到她,阿西阿呷从来都是热心帮忙。久而久之,老乡们都和她熟识了,亲切地称她"阿呷车长"。

阿西阿呷18年未更换的手机号,给人非常踏实的安全感,不只是能准确无误地找到她。在这道路不通畅的大凉山,坚守不变的手机号就是乡亲们的希望之光。"我是阿呷阿姨,也在大凉山长大。你妈妈发现你不见了,非常着急。明天列车返程时,我带你回家好吗?"听着熟悉的彝语,年幼的小乘客李苦伍平安回到父母身边。大爱无私,电话一接,村民的困难就是自己的困难,并不需要做多少惊天动地的事情,日日夜夜无数的点滴小事最终汇聚成璀璨星河。20多年来,阿西阿呷储存的彝族乡亲手机号码已达到上百个。遇到求助电话,她总是想方设法为他们解决难题。

相辅相成 "一快一慢助力凉山发展"

"小慢车"虽慢,近些年也在快速发展。2016年开始,"小慢车"进行改造,车厢划定不同的功能区。2022年,列车再次升级,在不影响载客量的前提下,规划设置了专门的学习车厢、健康驿站、流动市场、家禽牲畜专区等。每到周五、周日，"小慢车"会接送500多个孩子回家或返校，学生们会在车上写作业、背课文、看书、识字，"小慢火车也被大家亲切地称为'校车'。"

"小慢车"升级改造，动车也飞驰进山。2022年12月，新成昆线全线通车，穿越大小凉山腹地，从成都到攀枝花最快4个多小时，缓解了"小慢车"部分客运压力。

说起新成昆线开通，阿西阿呷有更多惊喜和欣慰，"新成昆线高速高效，带动大凉山迅猛发展；一批批游客乘动车纷至沓来，为旅游发展送上源源不断的活力。"

纷至沓来的，还有新的工作机会。

是否会与同事一样去新成昆线动车组？阿西阿呷郑重表示"不会"！问及缘由，阿西阿呷笑着说："彝族群众走亲访友还是习惯实惠便捷的'小慢车'，他们会想念我、需要我。""小慢车"与动车组，她觉得二者是相辅相成的，"一快一慢，都是为了助力凉山发展。"

帮老乡拓展销路，脱贫攻坚践行者

阿西阿呷值乘的"小慢车"途经沿线最大的彝族聚居地，也是国家级贫困县最为集中的地区之一。车上90%为彝族旅客，因列车低至2元的票价，小站站站停靠及大运输量，越来越多的人通过"小慢车"做起了小生意，脱贫致富，走出大山。

近年来，国家对大凉山地区实施精准扶贫，在政府的帮助下，越来越多的彝族老乡开始建新房。但有些地区还不通公路，于是"小慢车"便成为彝族老乡们运送建材的"运输车"。

老乡们购买的建材中有木材、砖瓦、钢筋、防盗门等材料，行李车放满后，阿西阿呷和工作人员专门腾出几节车厢码放建材，引导老乡们到另外的车厢乘坐，并安排专人看管，确保旅客人身和货物的安全。

近年来，阿西阿呷也深刻感受到精准扶贫政策给家乡带来的变化，特别是现在彝族老乡对子女教育越来越重视，乘坐"小慢车"去县城读书的彝族孩子一年比一年多。每逢周五、周日，列车上尽是穿着校服、背着书包的彝族娃娃们。每到这时，她对孩子们一路呵护有加，有时还给他们辅导作业，鼓励他们好好学习，走出大山，踏上成才的希望之路，通过学习改变命运。彝族老乡也将阿西阿呷当成了孩子们学习的榜样。

20多个冬去春来，在这列穿越大凉山腹地的"小慢车"上，留下了阿西阿呷太多的记忆，她与"小慢车"上的彝族同胞建立了深厚的感情。能够为他们服务，助他们经济脱贫、精神脱贫，是她最大的心愿。

"一辈子一趟车"，有付出也有收获

2021年1月，阿西阿呷被中共中央宣传部、中国国家铁路集团有限公司授予2020年"最美铁路人"称号。刚听说获奖的时候，她有点出乎意料。阿西阿呷特别真诚地告诉四川在线记者，当时"并没有什么特别的感受"。直到到了北京，和其他

获奖的榜样一起学习交流，那时心潮澎湃，感受特别多、特别深。

"每个'最美铁路人'的背后，都有很多艰辛、很多不容易，催人泪下。"说到这里，阿西阿呷的声音有点急，有点哽咽。

阿西阿呷说，自己其实没做什么轰轰烈烈的大事，有付出但也有很多收获。这些年，她看着"慢火车"的硬件、软件越来越好，彝族孩子们长大了，出去读书了，又回来了，看着大凉山日新月异，心里特别有满足感。

一步步走来，值乘"小慢车"20余载往返于大凉山，海拔近千米铁道线上的阿西阿呷始终不忘"人民铁路为人民"的初心，用浓浓关爱凝聚温情，真诚服务沿线彝族旅客，让这趟充满爱的"小慢车"载着大凉山的彝族旅客，不断奔向美好幸福的新生活。

学习思考

交通越来越便利，科技越来越发达，设施越来越齐全，但真正打动人心的还是人心，真正温暖双手的还是双手。"小慢车"上留下了阿西阿呷太多的记忆，同时也让她与彝族同胞建立了深厚感情。不忘初心，砥砺前行，阿西阿呷始终不忘为人民服务的初心。阿西阿呷说："我会一直守着'慢火车'，为彝族老乡服务，助他们经济脱贫、精神脱贫，把我的家乡建设得更加美丽。"她以"一辈子一趟车"的真情，始终守护着这趟彝族同胞的致富车、便民车、希望车、连心车，被称为"大凉山美丽的索玛花"。自1970年成昆线通车后，阿西阿呷一家三代为铁路事业奉献50余年。阿西阿呷从小就有一个梦，她要走出大山，看看外面精彩的世界。阿西阿呷如愿以偿，成为列车长，她的儿子也子承母业走上人民铁路这个光荣岗位。"一辈子一趟车"，阿西阿呷以真情守护出行。她没有豪言壮语，却用真情感动旅客，也感动了每一个知道她故事的人们。

中国故事7　宋玺："海军蓝"锻造的"国系'90后'"

人物简介

宋玺，女，山西长治人，1994年3月出生，中共党员，北京大学2012级本科生，北京大学心理与认知科学学院2018级硕士研究生，北京大学专职辅导员。

2018年10月，入选中央宣传部和退役军人事务部共同开展的"最美退役军人"20名候选人之一。2018年11月10日，获颁"最美退役军人"证书。2018年12月，中央宣传部、退役军人事务部决定授予宋玺同志"最美退役军人"称号。2019年1月，当选"2018北京榜样"。

宋玺的微信个性签名写着：时间是唯一的自变量。这个年轻的山西姑娘，经历丰富得让人羡慕：考上北大、参军入伍、合唱夺冠、和习近平总书记交流对话、获"最美退役军人"称号、当选"2018北京榜样"……几乎每一项都活成了"别人家的孩子"，甚至有网友将其称为"国系'90后'"。

宋玺于2012年9月考入北京大学，在学院接受了良好的学术训练，提升了思辨能力，并深受爱国进步的北大光荣传统的熏陶和影响，立志挑战自我、追寻梦想。在经历两年多缤纷校园生活的沉淀与积累之后，她鼓起勇气，坚定踏上携笔从戎的追梦之旅。

初入新兵连，宋玺便向往着成为一名两栖"霸王花"，为实现梦想，刻苦训练，积极参加新兵连各项比武、竞赛，取得优异成绩。最终于2015年12月加入中国人民解放军海军陆战队，成为一名两栖侦察兵，也是北大首位海军陆战队队员。无论是外训考核，还是集体生活，她都时刻牢记初衷，去努力、去拼搏，于2016年年底被评为优秀士兵，获旅嘉奖。宋玺梦想中的军营生活，最初与她并不十分"契合"。因为班长眼中的"举止散漫"，她几次受到批评，情绪一度很低落。但宋玺忘不了临行前做出的承诺，"当兵就当最好的兵"。

宋玺和自己较上了劲，5千米越野、攀爬铁丝网、战术射击……每项训练课目她都不断给自己加码，以全优成绩从新兵实战化考核中脱颖而出，同时受到多个单位的青睐。最终，她选择了去海军陆战队，因为"可以在最艰苦的地方磨炼自己"。

2016年海训期间恰逢"七一"，宋玺和战友们来到海训所在岛最大的一块礁石上，对着党旗重温入党誓词。"那种仪式感极为强烈，党旗在前，身边大海孤岛为证，我再次感受到入党时的赤诚之心，坚定了为保护好祖国领土领海完整而牺牲奉献的决心。"

2016年12月，因表现优异，她被选拔为唯一一名女陆战队队员加入中国海军第二十五批护航编队，赴亚丁湾、索马里执行护航任务。所在护航编队完成62艘次中外船舶护航任务，解救被追击船舶2艘，发现并驱离疑似海盗活动小艇82艘次。2017年4月9日，编队成功解救被海盗劫持的外籍商船，并首次抓捕海盗，宋玺和战友们用切身行动保卫祖国，维护地区和平。

除日常军事训练外，她也是编队文艺骨干。护航编队另一重要任务是穿越大洋，代表国家对外进行军事访问，展示中国海军力量，传达和平友好理念。2017年5月至7月，她随护航编队执行顺访任务，先后访问马达加斯加、澳大利亚、新西兰、瓦努阿图。出访期间，作为舰员代表参与了舰艇开放日引导、对外文化交流、甲板招待会等活动。干练的作风、浓厚的艺术修养展现了大国海军良好形象。

作为北京市和家乡山西省长治市的征兵形象大使，半年多来宋玺一直活跃在大学生征兵工作第一线。"为什么去当兵？"是宋玺被问及最多的一个问题。

"当兵是我从小的梦想。"宋玺的父亲曾是一名军人，自小在部队大院长大的她受父亲影响，有很深的军人情结，即便后来考上北京大学，想当兵的念头也从未消失。

其实，在同学、老师和亲友眼中，宋玺的大学生活已足够精彩。来到北京大学后，多才多艺的宋玺成为校园十佳歌手、电台主播、运动达人，活跃在各种舞台，还作为学校合唱团领唱与同学们一起参加了第八届世界合唱比赛，并赢得2枚金牌。但宋玺对这样的青春经历并不满足,"我总觉得还少了点什么,因为儿时的那个梦想还没实现。"

北京大学武装部李纬华老师的邮箱里,至今还留存着宋玺连续3年报名参军的邮件,"她前两次报名,都因为家人反对,怕她到部队吃不了苦而未能成行。"2015年,宋玺再次看到了学校的征兵宣传海报。这一次,她选择了"先斩后奏",完成报名、体检后才告诉了家人。

2017年,宋玺结束了两年的军旅生活,回到学校准备毕业论文。回归学生身份后,宋玺除安排好自己的学业外,还承担起更多的责任。她不仅担任北京大学心理与认知科学学院团委副书记,还担任了2017级本科生班辅导员、全校本科生军理课及相关专业课助教。她积极配合老师,尽职尽责、用心用情地参与服务同学的工作,获得了师生肯定。随之而来的是各种荣誉、宣讲会和采访。有了荣誉,意味着身上的责任更重。半年多以来,宋玺远赴上海、辽宁、新疆等地的高校和中小学举行征兵或国防教育讲座,为国防事业贡献着自己的一分力量。

宋玺说:"每个人都是一分力量,现在我们生活在一个美好的时代,国家也为我们提供了良好的发展平台,只要你有梦想,就应该努力为之奋斗,不留遗憾。"

学习思考

如果说青春是一张白纸,那么当我们用奋斗的汗水为其绘制上色彩时,它就具有了另一个名字——梦想。青春的颜色是多彩的,每个人的青春都是独一无二的。我们都有着自己独特的青春梦想,也有着与众不同的青春故事。我们在青春中收获梦想,也在青春中获得成长。宋玺通过自己的努力实现了她的梦想,而梦想的实现与她的自律是分不开的。退役后的宋玺回到北京大学继续完成了学业,并攻读了临床与健康心理专业的硕士研究生。在完成北京大学临床与健康心理学专业硕士研究生的学业后,宋玺成为北京大学一名专职辅导员。在宋玺看来,"当兵时在亚丁湾,我们是为各国的往来船只护航,而做学生辅导员,恰恰是为同学们的健康成长护航。"在课堂和校园外,宋玺鼓励着更多年轻人。她的社交媒体账号已经有18万粉丝,很多青少年向她咨询,她都尽可能有问必答。

"生逢盛世,肩负重任。"从参军报国的大学生,到为青年学子保驾护航的辅导员,宋玺的身份改变了,但身为中国青年的责任担当从未改变。

中国故事8　窦兰英:好心人借给我救命钱,决不能赖账

人物简介

窦兰英,女,汉族,1949年5月生,甘肃省张掖市肃南裕固族自治县红湾寺镇隆畅社区居民。2019年9月,获得第七届全国道德模范"全国诚实守信模范"。

2019年9月,窦兰英当选第七届全国道德模范。她中年丧夫、老年丧女,家庭屡遭变故,却始终坚强乐观地面对生活。她恪守诚信、坚守承诺,6年辛勤劳作为女

还债。经过多年的努力，债务如今已经还清，窦兰英如释重负，终于可以像寻常老人一样，在家安度晚年。

"女儿欠下的账，我还"

1985年2月，窦兰英丈夫因肝癌去世，36岁的她以一己之力承担起抚养两个女儿和照顾婆婆的重担。2006年，窦兰英的大女儿结婚了，但孩子出生28天后女婿就离家出走，从此杳无音信。2013年，患直肠癌的大女儿不幸去世，留下年幼的外孙女和12万元看病欠款。

矢志不渝替女还债，信义账本存心间

料理完女儿的后事，窦兰英一下子苍老了许多，花白的头发变成满头银丝。正当周围的邻居和亲朋好友看着年迈的窦兰英和年幼的孩子，觉得老人会承受不住老年丧女的悲痛，可能会一蹶不振，都不好意思开口再提还钱的事情，甚至有人准备主动放弃债务时，窦兰英却做出了一个意想不到的决定："做人要讲诚信！是我女儿借的钱我都认，我一定会想办法还钱。"这是她这些年来说得最多的一句话。"谁都有难处，谁挣钱也不容易。当时女儿重病，一个电话，人家就能把钱打卡上，女儿虽然不在了，她看病借的钱还不上我心不安。"她默默地用孙女的旧田字本做了个小账本，把看病所欠的12万元的账目全都一笔笔罗列出来，甚至女儿生前所欠附近一些菜铺、面铺数额不大的柴米油盐钱也都被列了进去，记在本上、装在心里。为信守替女还债的承诺，60多岁的老人当起保姆、干起钟点工，捡废品卖破烂，省吃俭用把每一分钱都攒下来。每还完一笔，窦兰英就在债主名字旁边打钩，心里也就轻了一分。

在她的影响下，外孙女无论家务还是学习，样样拿手，多次获得"三好学生"等奖项。外孙女常说："姥姥不仅抚养我长大，更教会了我做人，真想快快长大挣钱，让姥姥享福。"

"即使生活艰难，我也从没想过放弃"

"人家问我，你有钱吗？我说有钱。只要有心，就能把债一笔笔还上。"说这话时，窦兰英拍着胸脯，声音坚定有力。

每借一笔账，窦兰英都会把跟谁借的、借了多少等内容郑重地记在小账本上。尽管她识字不多，但账目烙在心里，清清楚楚绝不会出错。

还账的时候，窦兰英总是带着钱、提着礼物，到曾经帮助过她的朋友家里去，郑重当面道声感谢，感谢他们雪中送炭，感谢"这笔钱救了人，帮了大忙"。

每还上一笔钱，窦兰英就在账本上打钩，那种心情是"说不上来的高兴"。她会对着女儿的遗像，告诉女儿账还了，还给谁家，还了多少，让女儿不要挂心……

2019年10月3日，嘉峪关市妇幼保健院职工强蕊的手机上收到了一条转账短信，显示收到一笔1万元的汇款。强蕊纳闷，这钱是哪里来的？还没来得及询问银行，她就接到了窦兰英的电话——"之前为女儿看病，向你借的1万元已经打入你的账户，拖了这么久实在不好意思，这是我为女儿还的最后一笔债，账还清了，我很开心……"

历时 6 年，年近 70 的窦兰英当保姆、做钟点工、捡废品、卖破烂，省吃俭用，没添过一件像样的衣服，不舍得多花一分钱买药看病，把挣来的钱几乎全部用于还债。

"那是好心人借给我救命的钱，我决不能干昧良心的事。"窦兰英心里只有一个朴素信念，"从来没有想过放弃，我下了决心，今年还不了明年还，决不赖账。"

"党和政府及社会各界的恩情不能忘"

窦兰英替女还债的事迹引起了社会各界的关注，不少企业和爱心人士发起募捐活动，为老人捐款。"从 2014 年起，社区每年为窦奶奶申请临时救助。"兰永红介绍。为帮助窦兰英解决生活上的困难，肃南县每年为祖孙俩落实政策性救助资金 34 000 多元；2015 年以来，省、市、县每年对老人进行慰问，相关单位和爱心人士经常赠送生活物资；学校为窦兰英的外孙女免除了全部费用……

2019 年 9 月，窦兰英被评选为第七届全国道德模范后，老人家第一次到北京参加颁奖典礼。"能到首都来看看，我心里很高兴；当选全国道德模范，我更感到无比光荣！"窦兰英笑着说。

如今，窦兰英有了个新的身份——窦兰英工作室名誉主任。2020 年 7 月，以窦兰英个人名字命名的道德模范工作室在红湾寺镇新时代文明实践所揭牌成立。当地依托这个崭新的平台，引导广大干部群众崇德向善、见贤思齐，形成"敬好人、学好人、做好事"的社会氛围。

债务还清了，窦兰英唯一的愿望就是把外孙女抚养长大，培养成才。如今，在老人努力和社会各界帮助下，祖孙俩的生活也一天天幸福起来。除了债务本，现在她的手里还多出了一本"爱心本"，记录着来自社会各界资助的善款和物资，摩挲着"爱心本"，窦兰英老人常说："这些恩情不能忘。只要有信心，敢于拼搏，生活总会好起来。"生活的磨难，没有摧垮窦兰英老人的信念，她用自己的实际行动诠释了诚实守信的真谛。

学习思考

这是一个关于诚信的故事。窦兰英用愚公移山、精卫填海般的信念，6 年间辛勤劳作，未有懈息，全心全意偿还女儿生前治病欠下的 10 多万元债款。认识窦兰英的街坊都说，她这一生太苦，家庭屡遭变故，但认识她的人又不约而同地说，她很坚强，一力承担起照顾外孙女和偿还债务的重担，没有被生活压垮，没有因困难退缩。

一颗石子投进湖水，泛起层层涟漪。窦兰英的故事被越来越多的人知晓，越来越多的人被她的信义精神打动。这位年过七旬的老人，心怀朴素信念，践行诚信义举，对亲人有情义，对他人有信义，她的身上闪烁着坚忍、勇敢、乐观和善良的光芒。窦兰英让人们看到，苦难不会摧垮人的精神，诚信和坚守能够赢得信任和尊重，哪怕山穷水尽，只要心中有信有义，坚持下去，总会云开日出、柳暗花明。

五、明辨思考

思考1：如何理解社会主义核心价值观和西方"普世价值"的实质区别？

思考2：作为新时代大学生，如何坚定价值观自信？

六、实践课堂

实践项目1：自省课堂——我的价值观探索之旅

实践目的

自省就是自我评价、自我反省、自我调控和自我教育。子曰："见贤思齐焉，见不贤而内自省也。"曾子曰："吾日三省吾身。"自省是自我意识能动性的表现，是从我国古代传承至今的一种重要的道德修养方法。在培育和践行社会主义核心价值观的过程中，通过开展"价值观自省课堂"，引导大学生对自己的价值取向进行探索和评价，进而对自身价值观与社会主义核心价值观之间的差距及产生差距的内在原因进行反思，有助于大学生更好地认识自我，真正澄清自己内心所秉持的价值取向，并采取实际行动向社会主义核心价值观靠拢。

实践方案

（1）任课教师宣布实践活动主题，并明确实践活动要求。

（2）对照反思环节。在充分理解社会主义核心价值观所倡导的富强、民主、文明、和谐，自由、平等、公正、法治，爱国、敬业、诚信、友善十二大价值要求基本内涵的基础上，由任课教师（或指定学生）针对每一个价值要求收集并选取若干代表性案例进行课堂讨论（如针对"诚信"这一价值要求，选取"房公训：七十六年守护烈士墓"进行讨论），每一位大学生在分析案例的过程中展开自我评价与反思，思考是否认同案例中所展现的核心价值观，能否践行这种价值观，能够在何种程度上践行这一价值观。

（3）公开表达环节。在结合案例对自身价值取向进行自我评价和反思的基础上，鼓励学生面对班级（或讨论小组）成员进行公开表达，将自己反思的结果当众与他人分享，并做出相应的行动承诺。在这一过程中，教师及其他同学可以与之进行互动。例如，对他（她）的错误价值观进行有理有据的说服、辩论、引导，对他（她）的正确价值观进行肯定，对他（她）的模糊价值观进一步澄清。通过"公开表达环节"，使大学生个人对自我价值观的认识进一步清晰化，特别是与他人互动的过程，能够检验自我价值观的正确性，发现自己对自身价值观的认识偏差，使自己更加全面准确地把握自己的价值观。

（4）付诸行动环节。将在"公开表达环节"所做出的社会主义核心价值观践行承诺转化为实际行动。一方面，以社会主义核心价值观为标准制订渐进式行动计划；另一方面，实施行动计划，在"思想道德修养与法律基础"课程结束前完成行动计划中的一项任务。

实践项目2：《社会主义核心价值观》小组意见评论会

实践目的

为了深入学习习近平新时代中国特色社会主义思想和贯彻党的十九大精神，以社会主义核心价值观引领大学生成长成才和全面发展，增强青年大学生培育和践行社会主义核心价值观的自觉性和主动性，下好落细、落小、落实的功夫，切实做到勤学修德明辨笃实，用小组意见评论会的形式展示所学内容，唱响时代主旋律，展现校园新风尚，提高思政课的针对性、吸引力和感召力，增强思政课的实效性。

通过实践活动，引导学生把握"富强、民主、文明、和谐"，以国家富裕强盛为奋斗目标，建设以社会主义民主制度为发展基础、以社会主义精神文明为时代内涵、以稳定、和谐为前提条件的社会主义现代化国家，是新时代兴国之魂；把握"自由、平等、公正、法治"，保障人的自由全面发展、坚持各民族和社会各成员平等、推进社会公平正义，是新时代精神之钙；把握"爱国、敬业、诚信、友善"，弘扬爱国主义民族精神、倡导敬业爱岗奉献精神、传承诚实守信民族美德、坚持仁爱友善品质操守，是新时代梦想之舵。

实践方案

（一）活动内容

在教学中通过小组组织学习和学生主动参与调查，了解社会主义核心价值观的内容和三个层面，在这个过程中，关于为什么要将十二个词语作为社会主义核心价值观的内容，成为学生们学习和讨论的主要方向，学生自主确定主题内容和意见，收集相关的信息和资料，找出讨论议题中支撑的素材和事例，进行小组内部讨论，小组成员进行意见抒发，并且接受其他小组的提问，并且解答调查中的疑惑和问题。

（二）活动议题

社会主义核心价值观的内容——富强、民主、文明、和谐、自由、平等、公正、法治、爱国、敬业、诚信、友善。

(三) 整体实践过程

1. 活动准备

将一个班的学生按总共十二组的基础进行分组，人数不均可调整；通过实践活动的学习，在确定主题的基础上，自选角度，自行拟定各小组讨论议题；确定小组讨论议题后，各小组成员分工合作进行资料的收集等工作；并利用准备时间，讨论出每个小组的主要意见和个人看法；每小组提交一篇与实践内容有关的，关于小组主题的实践报告，实践课程结束后作为学生实践成果。

2. 实践活动实施

实践活动开篇——由任课教师对实践内容引出话题。

实践活动讨论——进入讨论阶段，每个小组，可以通过个人阐述、多人配合等方式，利用十分钟时间阐述自己的主题、观点的证明。随后，针对主题和问题，其余同学进行探讨，适当加入讨论，最终整合小组综合性意见，形成小组汇报内容。

实践活动交流——各小组轮流汇报。其他同学可以提出问题，互相交流，再做补充。

(四) 实践成果和总结

实践活动总结——学生和老师共同对此次活动进行总结。

学生在课堂实践过程中，不受场地、经费、学校组织等的约束和影响，可以更好地专注于实践讨论，这种形式更好地展示了学生的理论深度，同时也能够更好地施展学生的实践能力，在实践教学过程中学生还能更好地控制实践节奏，把握实践拓展的实效性。

七、参考资料

《运用党史学习教育成果，弘扬社会主义核心价值观》，王卫卿，《新华日报》，2021年12月24日。

在线答题

第五章 遵守道德规范 锤炼道德品格

一、知识框架

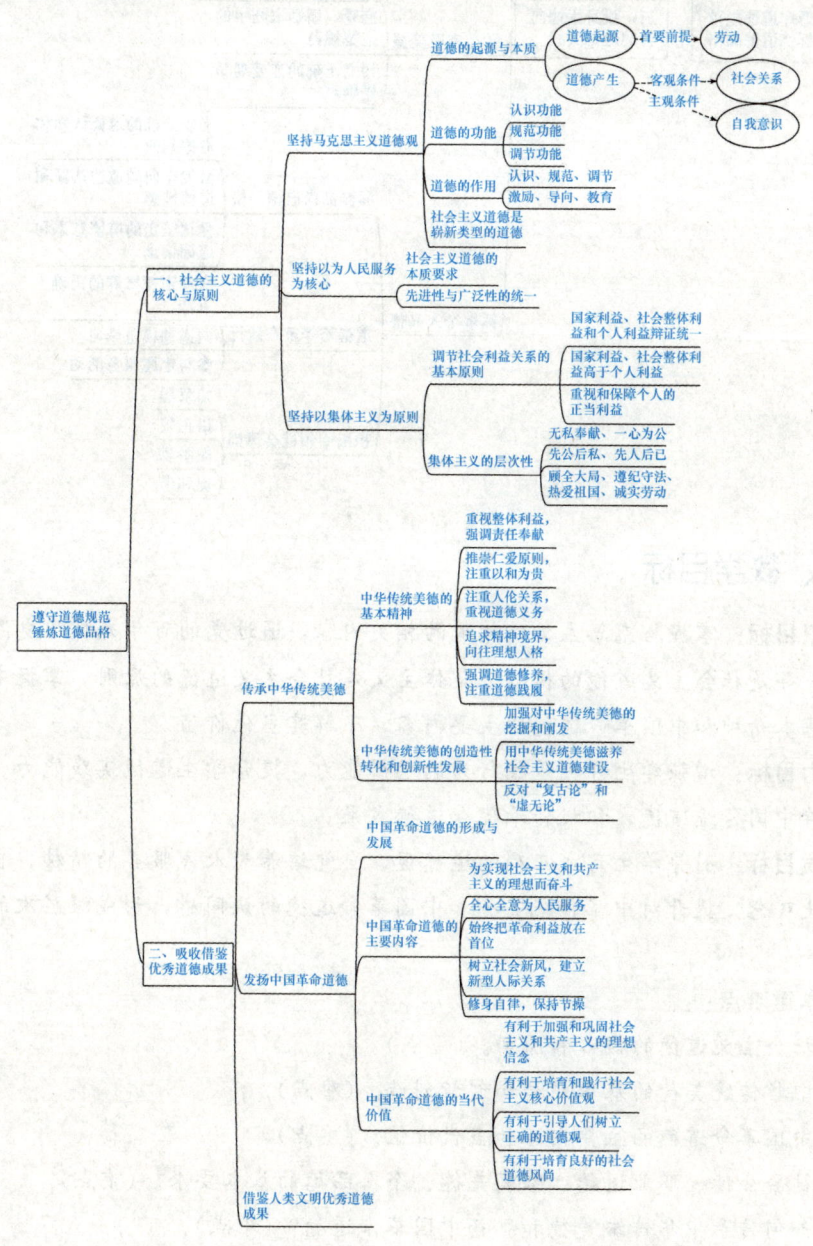

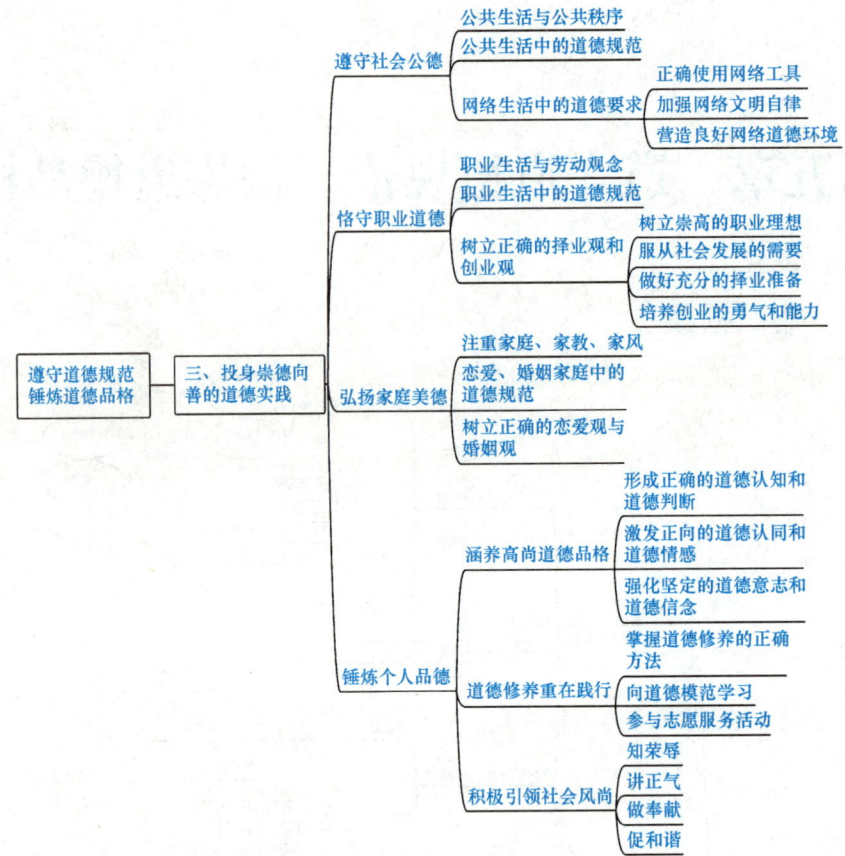

二、教学目标

知识目标：掌握马克思主义道德观的相关内容，通过党的百年光辉历史深刻认识为人民服务是社会主义道德的核心，集体主义是社会主义道德的原则。掌握中华传统美德的基本精神和中国革命道德的主要内容，了解其当代价值。

能力目标：增强学生评判道德行为的思辨能力，提升学生道德实践能力。辩证认识和看待中国传统道德，积极传承优秀道德成果。

素质目标：引导学生形成正确的道德观，自觉培养为人民服务的精神，自觉树立集体主义观念。提升对中华传统美德和中国革命道德的认同感，形成深层次的价值观自信。

教学重难点：

1. 社会主义道德的核心和原则。（重点）

2. 中华传统美德的基本精神和创新创造。（难点）

3. 中国革命道德的主要内容和当代价值。（重点）

4. 社会公德、职业道德、家庭美德、个人品德的基本要求。（重点）

5. 如何传承中华传统美德和弘扬中国革命道德？（难点）

6. 如何加强道德修养？（重点、难点）

三、引经据典

原典1：子曰："见善如不及，见不善如探汤。"

出处：《论语·季氏》

释义：看到善的行为，就唯恐自己达不到；看到不善的行为，就好像把手伸到开水中一样赶快避开。汤，古时指热水。孔子用"探汤"这一生动形象的比喻，来说明一个人看到不好的事情时所应采取的态度。后世常用这句话来警示从政者要常修为政之德，常思贪欲之害，常怀敬畏之心。

解读：修身养德，最重要的是要趋善避恶。"见善如不及"，是要常修为政之德。坚持"吾日三省吾身"，始终以先进为榜样、以楷模为标杆，发现自己的缺点，认识自己的短处。要常怀敬畏之心，不因蝇头小利而鼠目寸光，不为荣耀光环而急功近利。

原典2：是故圣人上德而下功，尊道而贱物。道德当身故不以物惑。

出处：《管子·戒》

释义：因此，圣人总是以德为上而功业在下，重视道而贱视物利。道德在身，所以不被物利所诱惑。

解读：修身立德是党员干部的立身之本，处事之基，成事之要，只有立稳道德根基，才能在各种利欲诱惑面前保持共产党人的政治本色，站得稳、行得远。

原典3：古之欲明明德于天下者，先治其国；欲治其国者，先齐其家；欲齐其家者，先修其身；欲修其身者，先正其心；欲正其心者，先诚其意；欲诚其意者，先致其知，致知在格物。物格而后知至，知至而后意诚，意诚而后心正，心正而后身修，身修而后家齐，家齐而后国治，国治而后天下平。

出处：《礼记·大学》

释义：古时那些要想在天下弘扬光明正大品德的人，先要治理好自己的国家；要想治理好自己的国家，先要管理好自己的采邑；要想管理好自己的采邑，先要修养自身的品性；要想修养自身的品性，先要端正自己的思想；要想端正自己的思想，先要使自己的意念真诚；要想使自己的意念真诚，先要使自己获得知识，获得知识的途径在于认识研究万事万物。通过对万事万物的认识研究，才能获得知识；获得知识后，意念才能真诚；意念真诚后，心思才能端正；心思端正后，才能修养品性；品性修养后，才能管理好采邑；采邑管理好后，才能治理好国家；治理好国家后，天下才能太平。

修身是格物、致知、诚意、正心的落脚点，又是齐家、治国、平天下的出发点。在古人看来，任何设计严密的政治体系，最终均需落实到具体个人。所以，对为政者而言，个人修养水平至关重要，可以说是安邦治国的基础所在。

解读：在中国传统文化中，"修齐治平"既是进行道德教育和践履的理论体系，也是提高道德修养的最高境界和根本目的。这在《礼记·大学》中有非常完整的论述。由内及外,从个体到家庭再到国家、天下,个体道德在外化过程中不断完善、充实,达到化成天下的境界。换言之,先有修心治身的道德,后有经世治国的政德。

四、中国故事

中国故事 1　追记优秀共产党员高文毓 万亩青山写忠诚

人物简介

高文毓,男,1937 年 4 月出生,山西省芮城县人,高级工程师,共产党员。1963 年年底毕业于北京林学院水土保持专业,1964 年 2 月分配到山西省水利厅水土保持科学研究所,从事黄土高原水土流失防治研究。历任山西省水土保持科学研究所副总工程师、所总工程师等职,现任山西省水土保持学会理事。1986 年被山西省政府授予"山西省劳动模范"称号,后又多次被评为先进工作者及优秀共产党员。2021 年 11 月 5 日,荣获第八届全国道德模范提名奖。

坚守只为绿水青山的初心

1963 年,高文毓从北京林学院水土保持专业毕业,被分配到山西省水利厅水土保持科学研究所,从事以小流域为单元的水土保持综合治理工作。30 多年里,他建起了吕梁山区第一片苹果示范园;曾先后主持、参与国家"七五""八五"科技攻关项目,探索黄土高原水土保持的方案路径;跑遍全省所有县(市、区),实地验证核对土地利用状况,顺利完成了全省第一幅土壤侵蚀遥感图,为山西省水土保持事业发展奠定了坚实基础。30 多年里,高文毓扎根晋西北黄土高原,把一座座荒山变成优质高效的水土保持典型示范区,造福了当地群众。

1999 年退休后,本该安享晚年的高文毓想到家乡虎庙山每到雨季仍会暴发山洪、危及乡邻,遂立下誓言:"在有生之年,要让这片光山秃岭绿起来,治住恶水,为子孙留下一片树!"为此,他谢绝高薪聘请,带着家人毅然回到家乡——芮城县南磑镇山底村,开启了这场扎根深山、开荒造林、治水保土的新征程。

虎庙山面积辽阔、道路崎岖,上山栽树不能总靠肩扛背驮,高文毓决心要修一条车行道,树栽到哪里,路就修到哪里。他带领家人和乡邻用铁锤敲打、炸药爆破、铲车挖掘,两年多时间修出了一条长达 15 千米的盘山路。为了节约资金,他动员全家老小春秋季节种树,夏天管护修路,冬天防火,经历着风吹日晒雨淋,忍受着蚊虫叮咬和石尖刺伤,从坡顶到沟底,一苗一苗种树,一桶一桶浇水,耗尽积蓄借钱筹款……斗转星移,20 年的荒山绿化工程,所经历的事情非常人能够想象。高文毓把山当成了家,把栽树当成了生命中最重要的事情。先后绿化荒山 8 300 余亩,栽植各种苗木 160 余万株,修建旱地蓄水窖 30 余座,实现了播绿万亩荒山的"绿色梦",改善了当地的生态环境,为生态文明建设做出了突出贡献。

在多年绿化虎庙山的实践中,他还总结出了侧柏营养钵苗"一镢定苗栽植法"、土石山上造林"客土栽植法"和幼苗栽后"地膜覆盖法"等实用技术,可供同类地区绿化参考。"虎庙山上景色美,环境清静数第一,造林辛苦为后代,护林防火不松懈。"这首打油诗,道出了他的心声。

把自己献给了挚爱的事业

由于长期的户外劳作和奔波,高文毓严重透支了身体和精力。2012年,高文毓又一次晕倒在栽树现场,被诊断为严重营养性贫血。女儿望着日渐虚弱消瘦的老父亲,心疼地劝他在家休养。高文毓却说,他是一名共产党员,只能倒在山上,不能倒在床上。

2018年秋,已是81岁高龄的高文毓突感身体不适,去省里检查后,发现肺部有阴影,医院建议住院治疗。高文毓却坚持要回家保守治疗。他对子女说,我年龄大了,植树不同于其他,一耽搁就是一年时间,我的时间不允许!

在康复期间,高文毓坚持每天上山,理想信念教育基地有培训任务,他也从未推辞。2020年7月,高文毓出现咳血症状,自知时日不多的他,为了避免子女们担忧,偷偷隐瞒病情,始终保持抖擞的精神状态,带着前来观摩的基地学员们上山传授绿化经验。

2021年3月26日,已在弥留之际的高文毓看到高普星通过手机传回的山林长势视频后,突然改口说:"我死了以后,埋得离山远一些,能看见就行,以免留下祭祀隐患。"

守望相助,大爱无边

"哪怕自己喝汤,也要群众吃馍。"高文毓这样说,也是这样做的。

群众上山行路不便,他带领家人和乡邻用铁锤打、铲车挖,两年多时间修出了一条长达15千米的盘山路;群众在山上劳作缺水,他说遍布山坡的30个蓄水窖尽管使用;一些村民家境不富裕,他免费提供双季槐和皂角树苗;妇女同志外出打工不方便,他每年提供劳务工资8万余元,让她们在林地栽树管树;他还倡导成立山底民间艺术团,带头出资买了十多套演出服装,组织排练节目,恢复了多年失传的芮城道情剧。

凭借不忘初心的坚定信仰,高文毓实现了播绿万亩荒山的"绿色梦",也为实现家乡父老的"致富梦"做着自己的努力。虎庙山上早年栽的一些核桃、山杏、山梨树,如今都挂了果。高文毓告诉乡邻,山上的杏、核桃,大家都可以去采摘,想要多少摘多少,只有一点,不要弄坏这片饱含心血的经济林带。

高文毓表示,作为一名共产党员,就应该用党培养多年的专业知识来改变家乡的面貌,带动乡亲们共同致富。俗话说,靠山吃山。通过效益共享,山底村周边的乡邻每年农闲时节去山上采摘果子果核,每户年收入可达万元以上。而高文毓家,除了几间旧瓦房,几乎没什么像样的财产。除了种植核桃、杏等经济林,高文毓还在虎庙山上种植侧柏和刺槐。站在虎庙山上,看着满山绿色,老人觉得自己很富有:"党把我这个山里娃培养成高级工程师,我要倾尽全力,绿化家乡的荒山。这片青山绿树,就是咱留给子孙后代的最大财富。"面对乡邻们的夸赞，高文毓表示，虎庙山不是自己家的，他只是在给国家护山，虎庙山是大家的，永远是国家的！

在高文毓的带动下，山底村的助人为乐事迹层出不穷，孝老爱亲蔚然成风：在外工作人员张铁兵主动回家挑起村党支部书记、村委会主任重担，多方筹资修通了11个自然村、20个居民组、近20千米的断头路，垫资打井一眼，扩浇耕地近400亩；大家纷纷捐资扶持村里搞硬化、绿化、美化、亮化，用实际行动回报家乡。

2015年6月，高文毓被山西省委组织部、省委老干部局、省人力资源和社会保障厅授予"全省离退休干部先进个人"；2016年2月，被全国绿化委员会授予"全国绿化"奖章；2016年5月，被全国妇联授予"第十届全国五好文明家庭"；2016年6月，被山西省委授予"全省优秀共产党员"称号；2020年9月，被山西省林业和草原局授予"最美林草人"。

永葆本色，赤诚衷心奉献一生

2015年起，芮城县委在高文毓的家乡山底村建立"党员干部理想信念教育基地"后，他毅然决然地担任义务讲解员，先后为全县党员干部和中小学生作理想信念报告239场，听众达9 809人次。在康复期间，高文毓坚持每天上山，理想信念教育基地有培训任务，他也从未推辞。为了避免子女担忧，他隐瞒病情，始终保持抖擞的精神状态，带着前来观摩的基地学员们上山传授绿化经验。2021年3月29日，高文毓因病医治无效与世长辞。

如今，站在虎庙山放眼望去，满山遍野一片碧绿，昔日杂草丛生的荒凉景观已彻底换了新颜，万亩青山在诉说着这位老人的奉献与担当。高文毓老人虽然已经离开，但他的精神会一直传承，继续激励感染教育更多的人……

学习思考

1999年退休后，高文毓返回家乡芮城县，承包了南磑镇虎庙山以西近万亩荒山。从2000年春开始，高文毓带领全家老小，扎根深山、开荒造林，一干就是20年。20年来，高文毓以治理和改造荒山为己任，硬是把一座座光秃秃的山梁变得林丰草茂，花香袭人，果实累累。20年来，他始终坚定内心崇高的共产主义信仰，发扬信念坚定、科学求实的奋斗精神，倾注毕生所学，先后绿化荒山8 300余亩，栽植各种苗木160余万株，修建旱地蓄水窖30余座，实现了播绿万亩荒山的"绿色梦"，为当地生态文明建设做出了突出贡献。

虎庙山上的新愚公，八旬老人的绿色梦。儿时的播绿志向，让你舍弃安逸走向荒山；拖儿带女全家动员，是你情系林草的义无反顾；科学造林、林路相随、林水一体展现的是山水林田湖草系统治理的思想精髓，精神的高度与执着的追求成就出黄河岸边的精彩华章。

中国故事 2 "当代愚公"黄大发：绝壁天渠映初心

人物简介

黄大发，男，汉族，1935年11月出生，贵州遵义播州区平正仡佬族乡团结村半坎组人，小学文化，1959年11月加入中国共产党。曾任贵州省遵义市播州区平正仡佬族乡草王坝大队大队长、村长、村支部书记，现任团结村名誉村支书。20世纪60年代起，他带领群众，历时30余年，靠着锄头、钢钎、铁锤和双手，在绝壁上凿出一条长9 400米，地跨3个村的"生命渠"，结束了草王坝长期缺水的历史，乡亲们亲切地把这条渠称为"大发渠"。2017年4月25日，中央宣传部授予黄大发"时代楷模"称号；先后获得"2017年全国脱贫攻坚奖奋进奖"；荣获第六届全国道德模范（诚实守信类）。2018年3月1日，当选感动中国2017年度人物。2019年9月25日，黄大发获"最美奋斗者"个人称号。2021年6月29日，中共中央授予黄大发"七一勋章"。

他带领村民，历时30余年，在悬崖绝壁上开凿出一条主渠长7 200米、支渠长2 200米的"生命渠"；他用实干兑现誓言，为改善山区群众用水条件、实现脱贫致富做出突出贡献；他一心为民、埋头苦干、百折不挠……

他是"七一勋章"获得者黄大发，贵州省遵义市播州区平正仡佬族乡原草王坝村党支部书记，被誉为"当代愚公"。

"作为一名普通的基层党员，我什么困难都不怕，带领村民们开渠取水。水过不去，拿命来铺！""七一勋章"颁授仪式现场，86岁的黄大发心情格外激动，"新时代，共产党员更要知重负重，越是艰险越向前。"

一心为民：报答父老乡亲——从孤儿到村支书

黄大发出生在旧社会，小小年纪就成了孤儿。他滚草窝、睡牛棚，靠给地主放牛过活，靠远亲近邻的救济长大。

"我是吃'百家饭'、穿'百家衣'长大的。党来了，分给我土地，让我不再受饿挨冻。"黄大发说。党的关怀和远亲近邻的帮助，让黄大发感受到温暖。他发誓，今后一定要为草王坝做点事情，报答父老乡亲。

黄大发性格朴实刚毅、大公无私、敢想敢干，23岁就当上了草王坝大队大队长。1959年，黄大发光荣入党。此后几十年里，他先后担任村主任、村支书，直到2004年退休。

立志为缺水村通水

草王坝村山高岩陡，是典型的喀斯特地貌，雨水落地，顺着空洞和石头缝流走，根本留不下来。村民去最近的水源地挑水，来回需走两个小时。

村民用水，第一遍淘米洗菜，第二遍洗脸洗脚，第三遍喂猪喂牛。县里的干部到草王坝考察，村民递过来的水杯里，满是浑黄。

地里也打不出多少粮食。因为缺水，当地只能种一些耐旱的苞谷。苞谷粒炒熟去皮再磨成粉，蒸熟后就成了当地人餐桌上的主食，这种"苞沙饭"难以下咽，在喉咙上直打转转。村民一年四季连饭都吃不饱。

距离草王坝几千米处，就有充沛水源，但是高山成了险阻。

村子不通水、不通电、不通路，黄大发看在眼里，急在心上。当上村干部后，他撂下"狠话"，要为村民干三件事：引水、修路、通电。村里人都觉得他"疯了"。

"穷就穷在缺水上，一定要想办法通上水，让大家吃上大米饭。"黄大发下定了决心。

埋头苦干30多年，只为这条渠

六七月的团结村气温宜人，风景秀丽。天气晴朗时，抬头就能看到湛蓝湛蓝的天，一眼望不到边。同样望不到边的还有被各种植物覆盖的灵宝山，以及灵宝山上那一道水渠。

时间倒回至1958年，彼时的团结村缺水严重。由于深处大山腹地，山高岩陡，雨水一落地，就顺着空洞和石头缝流走，根本留不下来。村里人去最近的水源地挑水，来回最少也要走两个小时。没有稳定的水源就没有充足的粮食作物，吃上一碗大米饭成了很多人的梦想。

草王坝常年缺水，在1994年以前不通水、不通电、不通路，是播州区（原遵义县）最贫困的自然村。当地曾有一首民谣——"山高石头多，出门就爬坡，一年四季苞谷沙，过年难找米汤喝。"

"你可能不知道什么叫苞谷沙，那其实就是玉米芯磨粉。"黄大发说。入党时他就下定决心，一定要帮群众引来水，让大家吃上大米饭，过上好日子。

20世纪60年代，全国掀起了学习河南林县修红旗渠的热潮，黄大发也深受红旗渠精神的感召，积极为草王坝建渠引水。1962年，草王坝等3个大队上马了"红旗引水"工程，计划从马家河引水，修15千米主渠解决三个大队的用水问题，黄大发担任指挥长，带领数百群众上山修渠。黄大发每天都到现场，和乡亲们一起用钢钎、铁锤，用半年时间从石岩中"啃"出了一条116米长的隧道。

整整十多年，尽管黄大发和大伙儿艰苦奋斗，但土法引水最终还是以失败告终，黄大发痛哭流涕。"我当时很难过，但我觉得，我们党员必须遇事坚定，不能动摇，渠总有一天要修成功。"

1989年，已经54岁的黄大发主动申请到枫香区水利站跟班学习，终于有了修渠的知识储备。1990年，黔北发生特大旱灾，草王坝连续100多天滴雨未下，庄稼绝收，连耐旱的青桐树都枯死了，吃水要下坡两千米到河里去挑，来回近3小时。经过这次大旱，黄大发的心底重燃起修渠的火焰。

黄大发说，当时有村民怀疑，"红旗引水"工程都失败了，现在修渠根本不可能，还有村民冷嘲热讽。经过多次党支部会议、三次村民大会和不断做思想工作，绝大多数群众最终统一思想，同意集资修渠。1991年8月，"大发渠"的建设勘测工作正式启动，在专业队员的指导下，黄大发身先士卒在悬崖上做标记，经过3个多月的努力,终于全面完成了工程的设计。1992年1月16日,为抢抓农闲时间,争取早日通水,黄大发在资金尚未划拨的情况下,组织群众自力更生,提前开工。

1992年春,引水工程终于开工,57岁的黄大发带领200多名乡亲,浩浩荡荡奔赴工地。有次炸山出现哑炮,黄大发准备前去查看,有人突然大喊"要炸了"。情急之下,他用随身的背篓罩住自己,碎石块霎时满天飞。万幸的是,碎石只击破了背篓,擦破了他的手臂。

1993年,工程进行到异常险峻的擦耳岩,垂直300多米高,放炮非常危险。黄大发第一个站出来,带几名党员上到山顶,把绳子拴在大树上,再系到腰上,顺着石壁慢慢往下探,寻找放炸药的合适位置。

"共产党员怕牺牲能行吗?先烈们拿身体去堵枪眼,我们做事就要有这种精神。"黄大发说。在黄大发的带领下,大家早出工,晚收工,穿草鞋上工地,手脚都磨出了血泡。红薯炒苞谷饭作午餐,提瓶水来下饭。工地要用的300多吨水泥,都是拉到山下后,再靠人背马驮7千米运到山上,山路险峻,但大家都没有怨言。工地上保证天天有人,农忙时有常修队,农闲时有突击队,黄大发将全村上工人员分为9个小组,分别选出组长负责考勤和评分。他自己身先士卒,每天天未亮就带领大家上工,直到深夜才回家。

1993年冬天正是修渠最繁忙的时候,黄大发23岁的女儿黄彬彩突患肾炎,躺了3个月,只吃了些草药,病情越发严重。有一天,还在工地上修渠的黄大发听到女儿去世,一下子瘫坐在地上。几个月后,他13岁的孙子患急性脑膜炎,当时全家都在山上修渠,发现时孙子已停止呼吸。

1994年,水渠的主渠贯通。清澈的渠水第一次流进草王坝,村里的孩子跟着水流跑,村民们捧着渠水大口地喝:"真甜啊,真甜……"从没见过黄大发流泪的村民发现,老支书躲在一个角落里,哭了。

1995年,一条跨三重大山、10余个村民组,总长9 400米的水渠全线贯通,草王坝彻底告别了"滴水贵如油"的历史。村民以黄大发的名字命名这条渠,叫它"大发渠"。

凝心聚力:带领村民走上致富路——实现"三件事"诺言

"大发渠"通水后,黄大发马不停蹄地带领村民"坡改梯"。村民徐国树记得,自家"坡改梯"后有了4亩梯田,全部种上了水稻。1996年,亩产达到1 000多斤。其他村民也和徐国树一样,草王坝的村民从此吃饭不愁。

接下来,是修路、通电。黄大发每天带领100多名村民上工,大家齐心协力,4千米的通村公路很快铺通。1996年,村里通电工程启动。黄大发带头拿出100元,村民凑钱1万元。一圈上百斤重的电线,村民挽在肩头往前拉……草王坝村,终于亮起了电灯。

黄大发又商量着修学校。没有老师怎么办?黄大发要求村里几个上过中学的年轻人回来当代课老师,其中就包括他在外打工的小儿子黄彬权。拗不过父亲的黄彬权回村里教书，一干就是十几年。迄今，草王坝走出 30 多个大学生。

昔日的草王坝，如今已更名为团结村。近年来，在黄大发的精神感召下，团结村两委班子带领村民发展起中药材、有机稻米、有机高粱、精品水果，养起了肉牛、生态猪和蜜蜂，解决就业 1 100 多人，人均年收入突破万元大关。2019 年年底，团结村顺利脱贫出列，全村建档立卡贫困人口清零。

在团结村，民宿、露营、农旅基地等旅游项目陆续入驻。计划 2022 年 7 月通车的仁遵高速在团结村设了下道口。届时，从遵义城区到团结村只需半小时车程，团结村的致富路将越走越宽。

除了传统的农业，伴随着公路的开通，乡村物流、电商把村里的土特产卖到全国各地。2019 年，草王坝实现脱贫摘帽快步奔向乡村振兴，一幅乡村振兴的美丽画卷正在草王坝徐徐铺展。

如今的团结村早已变了样。信号塔竖起来了，打电话聊微信都不成问题，不用到高处找信号；仁遵高速（仁怀至遵义）即将修到村，从遵义到村里只要半小时；水也不缺了，种植的水稻也成了能对外销售的不用化肥的有机水稻，村民的腰包也鼓了起来……"你来嘛，到我家乡来嘛，我们村现在跟城市一样了。"

共产党员就是要干一辈子

1959 年初冬，黄大发在入党志愿书上郑重写道：我要求入党是为人民全心全意服务到底，当好的群众勤务员，不怕牺牲，不怕困难，不怕流血……

"共产党员就是要干一辈子，不干半辈子。"有着 62 年党龄，当了 46 年村干部、38 年村支书的黄大发说。

如今，早已退休的他每天佩戴着闪亮的党徽，仍在为村里的事忙前忙后。"思想齐不齐，想想大发渠"，已成为团结村干部群众团结奋进的精神动力。

2018 年，团结村建成"大发渠党性教育陈列馆"，黄大发的老屋成为党员政治生活馆。来自全国各地的党员干部到这里聆听黄大发讲党课。同时，他也被邀请为各地领导干部讲党课。

"愚公移山就是为人民服务，让我再活一次，我还做'愚公'。"黄大发说。

学习思考

水过不去，拿命来铺，这是一个老党员，为人民许下的誓言，大发渠，云中穿，大伙吃上了白米饭，36 年为梦想跋涉，僵直了手指，沧桑了面孔，但初心不变。

"当代愚公"坚韧不拔，勇敢无畏。黄大发几十年如一日地奋斗在修渠一线上，从不怕苦畏难。修渠的悬崖险峻高耸，一旦落下性命难保。而他为了引水，为了不辜负乡亲们的信任，甘愿拿命换。

黄大发将人生中最美好的时光无悔奉献于草王坝村，不畏艰险、克难攻坚，以愚公精神打造一条引领脱贫致富的"大发渠"，黄大发用他的实际行动感动了我们。黄大发用信仰的力量在悬崖峭壁间创造了奇迹，带领村民走上了致富的道路。

中国特色社会主义进入新时代，走在赶考路上的中国共产党人始终保持谦虚谨慎、艰苦奋斗的光荣传统和优良作风。相信在黄大发精神的引领下，一定会涌现出更多的"当代愚公"，以坚韧不拔的毅力和不达目的誓不罢休的韧劲，用硬脊梁、铁肩膀、真本事解决人民群众急难愁盼的问题，用实际行动诠释新时代共产党人的使命和担当。

中国故事 3　　王顺友：一生写就一条路

人物简介

王顺友，男，苗族，1965年11月生于四川省木里藏族自治县，2004年10月加入中国共产党。1985年10月参加工作，从事木里县城到白碉乡、三桷垭乡、倮波乡、卡拉乡的马班邮路投递工作，一个人，一匹马，坚守马班邮路32年。王顺友同志先后荣获"全国五一劳动奖章""全国劳动模范""全国优秀共产党员""全国敬业奉献模范""感动中国2005年度人物"等荣誉。2009年，被评选为"100位新中国成立以来感动中国人物"；2012年，当选中国共产党第十八次全国代表大会代表；2019年，荣获"最美奋斗者"称号。

一个人，一匹马，一条路

在木里藏族自治县绵延数百公里的雪域高原上，他牵着马踽踽独行的情景，曾是当地老百姓心中最生动的映像。

1985年，走了一辈子马班邮路的父亲，把手中的马缰绳交给了王顺友，对他说："父亲老了，走不动了，这个班今后就交给你。"那年，王顺友20岁。他走的是父亲走过的老路，从那以后，一走就走了30多年。

从木里县城经白碉乡、三桷垭乡和倮波乡至卡拉乡，往返里程584千米。年轻的他第一次感受到了马班邮路的遥远和艰辛。每走一个班要14天，一个月要走两班，一年365天，他有330天走在邮路上。

一路上，他要翻越海拔近5 000米、一年中有6个月冰雪覆盖的察尔瓦山，要走进海拔1 000米、气温高达40摄氏度的雅砻江河谷，还要穿越大大小小的原始森林和山峰沟梁。

"冬天一身雪，夏天一身泥，饿了吞几口糌粑面，渴了喝几口山泉水或啃几口冰块，晚上蜷缩在山洞里、大树下或草丛中与马相伴而眠。"

"最苦的是雨季，几乎没有穿过一件干衣服、睡过一个安稳觉，本来就难走的烂石路变成泥浆路，深一脚，浅一脚，连马都打滑，我常常摔得浑身是泥，夜里也只能裹一块塑料布睡在泥水里。"

"一路上，有时几天都看不到一个人影。心里憋得难受，就和马说话，要不就唱山歌。到了晚上，山里更是静得可怕，我燃起火，想着家中的妻子儿女，边喝酒边流泪。"

这条路上，他曾遭遇山体滑坡、山洪暴发，摔得头破血流，眼睛和半边脸肿得没了形;被受惊的马踢破了肠子,他痛得一边哭一边叫;过雅砻江时溜索断裂,他重重摔在江边的砂石上,差点被卷入波涛汹涌的江水中。

1998年8月,木里县遭受百年未遇的暴雨、泥石流袭击。倮波乡通往外面的路全部冲毁,连小桥也全被洪魔卷走——整个倮波乡几成孤岛,与世隔绝。正当乡民们绝望时,王顺友来了。"浑身沾满稀泥,裤脚高高挽起,蹭破皮的腿上,血一个劲儿往外渗,和着泥水往下淌,额头上也肿起一个大包。"乡长扎西龙布记忆犹新。当严严实实的塑料布包好的邮包打开后,人们惊呆了:15千克邮件干干净净,完好无损。

2000年7月,王顺友翻越察尔瓦梁子。忽地,树林中窜出两个劫匪。"把身上的钱和东西统统交出来!"劫匪手持尖刀,恶狠狠地叫嚣。"我是乡邮员,驮的是邮包。要钱没有,要命一条!"王顺友拔出防身用的柴刀,一副拼命的架势。一番话、一股气,倒让劫匪发愣了。趁此机会,王顺友跨上马,箭一般冲了过去。这次历险让"王胆大"名声更噪。"亏得冲过去了,不然邮件怕是保不住。"至今,王顺友仍对邮包安然无恙颇为得意。邮包,就是王顺友的命。安营扎寨,第一件事便是卸下邮包,细细捋平,枕在脑下,觉才能睡得安稳。"邮件是国家之宝,湿不得,脏不得。"王顺友常说,人在包在,这是规矩。好一个"人在包在"!为了兑现这规矩,他差点把命都搭进去。"为了送信,我一个人什么路都敢走,因此老乡们都叫我'王胆大'。"王顺友说,"常有人问我怕不怕,说实话,说不怕也是假的,但是我身上的国家邮政制服给我壮了胆。"

山里山外 30 多年

山高谷深的邮路上,零零星星散居着一户户人家,附近没有集镇,王顺友就是这条路上的"流动邮局"。

30多年中,他代收、代发信件和包裹不计其数。他走邮路的时候,总有一些乡亲拿着信件和包裹早早在路边守候着,请他代寄到外地。很多山里的人不知道邮寄信件和包裹是需要邮资的,每次王顺友都是一声不响地收下,回到县城后,再自己掏钱贴上邮票或付上邮费,把它们寄出去。

白碉乡乡长王德荣曾告诉王顺友:"你的工作虽然不是惊天动地,但白碉乡离不开你。因为你是我们乡唯一对外的联络员,是党和政府的代表。你来了,老乡们就觉得党和政府一直在关心着他们。"这话让王顺友特别激动,觉得自己是一个少不得的人。

王顺友的确是大山里离不开的人。因为他的付出,乡亲们更多地感受到了大山外面世界的温暖。

倮波乡磨子沟以前只能种土豆、苞谷、荞子,后来王顺友在送邮件的时候,给那里的老乡送去白菜、青菜、萝卜等蔬菜的种子,慢慢地,磨子沟村民有了自己的菜园;有人生病了,王顺友就为他们带药;村民们需要农药时,他就买好为他们送去。

山里的居民,生活大都十分贫困,他们与外界的联系常常仅仅是买些盐巴、茶叶,而就这点东西也得在大山里往返三四天。王顺友便在每次跑邮路时,装上几包盐巴、茶叶,山里人谁需要了,他就递上一包。

"每次我把邮包交给乡亲们,他们高兴得就像过年过节。热情地留我住宿,留我吃饭,把我当成共产党的大干部。"王顺友说,"看到他们的笑容,心头便有一种很幸福的感觉。"

乡亲们都说王顺友是雷锋。他说:"我比不上雷锋,但我要学雷锋。"

从木里县城到白碉乡的公路全线贯通,乘车只需要4个小时就可以到达。王顺友完全可以改道走公路直达白碉,既安全又省力。可他依然牵着马,翻山越岭步行两天到白碉。有人说他傻,他却说:"不是我傻。如果改道,我是方便省力气了,可雪山下那些托我带信、带包裹的乡亲们就不方便了。"

一个人走在邮路上,马是他唯一的伴儿。王顺友说,那时候,他最想的就是有一匹好马。得知王顺友的心愿,2000年,国家邮政局的领导和同志们捐钱给他买了一匹好马。2005年,时任凉山州委书记送了他一匹"千里马"。

"我干着自己应该干的工作,也就是送邮件这么一件事,却得到了党和人民的关心,我真的很感激。我经常在想,为人民服务不算苦,再苦再累都幸福,因为党知道我在做事,人民知道我在做事,他们都在关心我、帮助我。"

"我不怕困难,不怕吃苦,就怕别人说我工作没做好,对人不厚道。只要大家说我是个好人,是一个合格的共产党员,我就满足了。"

常常有人夸王顺友很了不起,每当这时,王顺友总是很郑重地说:"不是走马班邮路了不起,而是自己在为党做事,在为人民做事,是我做的这件事了不起。"

舍小家,为大家

30多年,他每年投递各类邮件近万件,没有延误过一个班期,没有丢失过一份邮件,投递准确率达100%。

30多年,他行程34万千米,相当于27趟二万五千里长征、绕地球赤道8.5圈。

30多年里,王顺友这个重情重义的苗族汉子熟悉"马班邮路"上的一山、一草、一木,却不熟悉家里的四季三餐;他熟悉大山里乡亲们的笑脸,却与家人交流不多。

结婚30多年,王顺友每年在家的时间不到40天。他家有三亩地、三头牛、十几只羊、四间土坯房,还有一双儿女,里里外外全部由妻子韩撒一个人苦苦支撑着。由于常年过度操劳,韩撒看起来比实际年龄大很多,身体也不如同龄人,好几次独自病倒在家,而王顺友在邮路上却一无所知。

2004年6月,王顺友出班归来,看到妻子躺在床上,已经病得很严重。他连夜将妻子送到县医院,第二天一早,向县邮局工会借了1 000元钱为妻子办理了住院手续。三天后,妻子的病稍微好转,为不耽误邮路班期,他又上路了。他说:"扁担挑水两头搁,顾得了一头,顾不了另一头。邮路总得有人去走,就像当年为了革命胜利总得有人去牺牲。为了能传达党和政府的声音,为了能让更多的乡亲高兴,我这个小家舍了也值得!"

30多年来,韩撒由开始对丈夫的不解变成了理解。她说:"他一两天不去,人们就会问起他,乡亲们都盼望着他,他一去人家就高兴了。"实际上,为了支持王顺友的工作，王顺友全家人都在奉献、付出。

王顺友的儿子王银海小时候在他的一篇《爸爸，我们支持你》的作文里写道："有一天，爸爸突然发现我腿上的伤疤，问我啥时候摔的，我说前两天。爸爸哪里知道，这个伤疤已经在我腿上待了3年。"后来随着年龄的增长，尤其是跟着父亲走过马班邮路后，王银海愈发理解了父亲，"也许正是因为爸爸的到来，许多和我一样的家庭才有了快乐，许多和我一样的孩子才摆脱了孤独。他的工作不是为了自己的家，而是为了千千万万个家。"

"我虽然对不起这个家，对不起老嬢儿和娃儿，但我对得起人民。我希望我的儿子以后接我的班，为木里13万人民服务好。"2006年，王顺友的这个愿望实现了，儿子王银海成了一名邮政员工，每当王顺友因公外出时，王银海就会替他走"马班邮路"送邮件。

"马班邮路"精神撼动世界

2005年10月19日，瑞士伯尔尼，万国邮联131年的惯例由中国人打破。86个国家和地区的300多名与会代表，被王顺友的故事深深吸引，眼睛湿润了，泪水挂在了脸上……

万国邮联国际局总局长达扬难以抑制激动的心情："感谢中国邮政，王顺友事迹让人震撼，他把一生都献给了邮政的普遍服务。"

那一年，日本NHK国家电视台摄制组一行来到木里，跟随王顺友拍出了《中国凉山马班邮路》的电视纪录片，纪录片震撼人心，王顺友的坚毅、坚韧、坚强，挑战生命极限的人生故事随之传遍世界。美国人说："马班邮路，世界罕见！"日本人说："王顺友，中国的伟大精神，人类的伟大壮举。"

王顺友曾说，他常常觉得自己这一辈子就是为了走邮路才来到人世上的。他离世后，许多人发出内心的感叹：

"人生如流水，只有在它急流与奔向前去的时候，才美丽，才有意义。王顺友的一生，就像急流，锁定方向，毫不犹豫，奋勇直前，在平凡岗位上散发光芒。"

"每个人都在用不同的方式书写着自己的人生历史。像雪域高原的一片雪花、大山深处的一棵小草一样普通，王顺友用朴素和真实书写自己的历史。"

"一个人做点好事不难，难的是一辈子做好事。王顺友的可贵之处正在于，他一生只做了一件事，但真正做好了这件事。他没有创造多少经济利润，但创造了一笔宝贵的精神财富。"

5月的雪域高原上，风里飘来歌声，那是王顺友留在马班邮路上的山歌，留在今天日渐快捷的马班邮路的山歌——"马班邮路长又长，山又高来路陡峭。情注邮路不畏险，索玛花开幸福来。为人民服务不算苦，再苦再累都幸福。"

学习思考

一个月里有28天都牵着一匹马，行走在马班邮路上，沿路给大家送邮件。这个

第五章 遵守道德规范 锤炼道德品格

人,在这条艰险的马班邮路上,走了 30 多年,共计 34 万千米,相当于走了 27 趟二万五千里长征,绕着地球赤道走了八圈半。他被评为"感动中国"2005 年度人物,当时组委会给他的颁奖词是:他朴实得像一块石头,一个人,一匹马,一段世界邮政史上的传奇。他过滩涉水,越岭翻山,用一个人的长征传邮万里,用二十年的跋涉飞雪传薪,路的尽头还有路,山的那边还是山,近邻尚得百里远,世上最亲邮递员。他朴实得像一块石头,将平凡的邮递工作做到了极致,成为世界邮政史上的传奇。

在做好本职工作的同时,王顺友还热心为农村发展经济办好事、办实事,为农民群众传递科技信息、致富信息,购买优良种子。为了给群众捎去生产生活用品,王顺友甘愿绕路、甘愿贴钱、甘愿吃苦。多年来,王顺友成了邮路沿线百姓联系山外的纽带。他用实际行动践行着"为人民服务不算苦,再苦再累都幸福"的人生追求,受到当地藏族同胞的衷心爱戴。

中国故事 4 "蓝领专家"孔祥瑞:港口工人的坐标

人物简介

孔祥瑞,男,汉族,1955 年 1 月生,中共党员,天津港煤码头公司孔祥瑞操作队队长兼党支部书记。多年来,孔祥瑞以"当代工人,只有有知识、有技能,才能有力量"为座右铭,坚持学习,坚持实践,坚持创新,从一名只有初中文凭的码头工人,成长为一名享誉全国的"蓝领专家"。孔祥瑞先后获得全国劳动模范、全国优秀共产党员、"100 位新中国成立以来感动中国人物"、全国优秀科技工作者、全国十大高技能人才楷模、第一届全国道德模范提名奖等荣誉称号,当选党的十七大代表。

一位初中毕业的普通工人,在生产一线工作的多年里,通过勤奋学习、不断钻研,主持开展了 150 多项技术革新项目,有的获得国家专利,有的操作法以他个人名字命名,为企业带来数千万元的经济效益和无法估量的社会效益。他创造了数项全国同行第一。

他,就是被人们称为"蓝领专家"的天津港煤码头公司一队党支部书记、队长、全国劳动模范孔祥瑞。

可以没有文凭,不可以没有知识

孔祥瑞 17 岁时走进港口,成为天津港第一代大型门式起重机(门机)司机。当时的天津港自动化程度还不太高,开上大型门式起重机的孔祥瑞特别珍惜自己的岗位。他找来设备说明书,一页一页地学,一项一项地啃,不明白的找资料,不懂的找人问,直到把厚厚的说明书弄通弄熟。在不断的学习和摸索中,十几年下来,他对自己掌控的多种设备从工作原理到技术参数都已烂熟于心。因此,当有些连专家都感到棘手的问题出现时,孔祥瑞却能想出办法,妙手回春。

1995 年,孔祥瑞在港埠六公司担任固机队队长,掌管公司装卸生产的核心力量——18 台 40 吨门机。这是当时世界上最大的门机,离地高度 1.5 米。一次,12 号门机发生故障,转柱回转大轴承下支撑面出现一条长约 1 米的裂缝,如不立即修好,将严重影响公司生产。而修复门机的前提是将重168吨的门机上盘抬起。按道理,干这活儿只能租用海吊,可海吊预订期限通常是两个月,肯定来不及。怎么办?孔祥瑞带领伙伴们查找资料,反复研究,终于想出了办法:用10个承压30吨的千斤顶顶起门机上盘。由此,催生出一项新成果——焊接在大法兰盘下的新型顶升支座技术。以该支座为每个千斤顶的下支点,采用一边松法兰盘螺栓、一边同时顶升的工艺,将门机底盘成功顶起。门机修复了,前后仅用了9个小时。

"可以没有文凭,不可以没有知识。"孔祥瑞十分欣赏这句话。20世纪80年代,孔祥瑞也曾考上了职工大学,但由于工作忙等原因没能在课堂里安坐下来,但他在学习上从未懈怠,通过多年努力和坚韧不拔的毅力,他读完了大专函授课程。多年来,他把工作岗位当成课堂,靠着勤奋学习储备的知识,靠着长期实践积累的经验,把门机的"脾气秉性"吃了个透,成长为工人专家。2000年,孔祥瑞所在的固机队先后8次刷新生产纪录,创造了公司年吞吐量2 717万吨的优异成绩。由于孔祥瑞技术过硬,管理到位,门机的完好率一直保持在85.4%以上。

孔祥瑞操作法

孔祥瑞刚到天津港工作时,面对着从匈牙利进口的3台门式起重机,面对着新设备和复杂的操作参数,在师傅的鼓励下啃起了设备使用说明书,一页页看、一条条记,直到吃透弄懂。

"那段时间,工友们休息我看书,拼的就是耐力,靠的就是勤学好问,这也让我第一次感受到了知识的力量。"经过三个月的艰苦学习,孔祥瑞精通了起重机的设计参数、工作原理,更让他成了队里的技术专家、吊装高手。

2001年,在天津港冲击亿吨大港的过程中,作为当时全港最大的装卸公司,孔祥瑞所在的装卸队承担了2 500万吨货物的装卸任务。设备还是这些设备,人还是这些人,可任务量却增加了近30%。还有没有潜力可挖?那阵子,孔祥瑞每日围着门机转,门机抓斗作业的第一个动作到最后一个动作,在他眼前不停地过电影。经过反复观察,他发现门机抓斗在放料时,纵向斗瓣先打开,继而横向斗瓣打开,一前一后间,起升动作会出现10秒左右的停滞现象。如果能把这个作业空当利用起来,就会提高工作效率。

根据这一发现,孔祥瑞与队里的技术骨干共同研究,把抓斗起升、闭合控制点合二为一,并将主令控制器手柄移动轨迹由"十"字形丰富成"星"形,在抓斗打开和提升的两个轨迹之间增加一个新轨迹,让上述两个动作沿新轨迹,用一个指令同时完成。实践表明,门机每完成一次作业可节省时间15.8秒,平均每天可以多装卸480吨,从而使全年装卸量达到了2 717万吨,超过了预定目标。统计一下,当年就为公司创效1 600万元。

2002年,"门机主令器星形操作法"被天津市总工会以孔祥瑞的名字命名,这项操作法后来被命名为"孔祥瑞操作法",成为天津市职工十大优秀操作法之一。现在,这个港口产业工人自己创造的"金点子"已成为同行业关注的新技术，在全市乃至全国推广。

不是科研人员，照拿发明专利

直到今天，孔祥瑞的身份仍是工人。可就是凭着一种执着的钻研精神和创新意识，并非科研人员的孔祥瑞，在1999年到2000年带领队里的骨干攻克了门机中心受电器发生短路的技术改造难题，这项创新成果于2003年获得了国家发明专利。

孔祥瑞清楚地记得1999年7月1日那个酷热难耐的下午，他刚刚参加完局里的业务培训，突然接到队里的电话：1号门机滑环烧了。他立即从几十千米以外赶回，看到1号门机无力地垂着头，机房内还冒着丝丝青烟。原本在太阳底下晒了一天的机房已经格外闷热，再遭此"劫"，更成了"烤箱"。孔祥瑞第一个钻进机房，随后，其他技术骨干也跟着钻进了这个"大闷罐"。

查线、纠偏、更换滑环……汗水流进眼眶，滴进嘴角，修复一步步进行，机房内的空气却越来越浑浊。为防止出现人身意外，孔祥瑞下令：两人一组，分组出去换气，而他自己却一直留在机房里。直到凌晨两点，故障终于得以排除。

抱着一定要彻底解决问题的决心，他带领队里的技术骨干成立了攻关小组，仔细翻阅资料，深入分析研究，终于查找出其设计上的三大缺陷：一是同心度不够；二是结构不合理；三是受电器高度过高。针对故障原因，他们重新设计出改造方案。

经过3个月的探索攻关，他们一举完成了对门机中心受电器的技术改造。这项效益巨大的革新，投入的资金仅有区区2 000元。随后，他们的革新方案即被生产厂家采用。2003年，该项发明被国家知识产权局授予实用新型发明专利。

天津港把孔祥瑞确定为"港口工人的坐标"，号召大家向他学习。面对赞扬，孔祥瑞说：我是个工人，干不出什么惊天动地的大事，不过就是有一种责任感，把企业的事当成自己的事，一点一滴地做，忠诚老实地做，最大限度地做。我们天津港企业文化的核心价值理念是"发展港口，成就个人"，只有企业发展好了，工人才有前途，国家才能富强。

学习思考

作为全国劳动模范"蓝领专家"孔祥瑞干一行、爱一行，专一行、精一行，带动群众锐意进取、积极投身改革开放和社会主义现代化建设。劳动最光荣、劳动最伟大。正是劳动，成就了一个充满活力魅力的现代中国，也正是劳动，让我们今天无比接近实现中华民族伟大复兴的梦想。

功崇唯志，业广唯勤。中国特色社会主义进入新时代，我们更需要像孔祥瑞一样的劳动模范，用奋斗与追求树立起一面面光辉旗帜，激励千千万万奋斗在各行各业的劳动者辛勤耕耘、拼搏奉献，在全面建设社会主义现代化国家、实现中华民族伟大复兴中国梦新征程上，勇于创造一个又一个令世界瞩目的"中国奇迹"。

中国故事 5　　吴孟超：披肝沥胆 医者仁心

人物简介

吴孟超（1922年8月31日—2021年5月22日），福建闽清人，著名肝胆外科专家，中国科学院院士，中国肝脏外科的开拓者和主要创始人之一，李庄同济医院终身名誉院长，被誉为"中国肝胆外科之父"和有可能获得诺贝尔生理学或医学奖的中国大陆学者之一。

民国二十九年（1940年）进入同济附中，1949年毕业于原同济大学医学院（今华中科技大学同济医学院）。1991年当选中国科学院院士，2005年获国家最高科学技术奖，2011年5月，中国将17606号小行星命名为"吴孟超星"。2012年2月3日，光荣当选感动中国2011年度人物。2019年1月14日，吴孟超院士退休。2021年5月22日13时02分，吴孟超因病医治无效在上海逝世，享年99岁。

悠悠赤子情，肝胆照乾坤

在吴老胸前的资历架上方，永远佩戴着一枚鲜红的党徽——这份忠诚，源自他儿时质朴的红色情怀。

1927年，年仅5岁的吴孟超漂洋过海，随母亲到马来西亚投奔做工的父亲。抗战爆发后，正读中学的他和同学们一起，主动把毕业聚餐费捐给国内抗日将士们，不久后竟然收到了以毛泽东、朱德名义发来的感谢电。那封电报像烧红的烙铁一样，深深地烙在了年轻的吴孟超心里，成为他最初的红色记忆。

1940年正值国内抗战紧张时期，年仅18岁的他毅然回国参加抗日活动，因战乱无法赴延安，遂进入同济大学附中学习，决心"读书救国"。在这里，他考取同济医学院，成为"中国外科之父"裘法祖的学生。

吴孟超常说："我这一生有三条路走对了：回国、参军、入党。如果不是在自己的祖国，我也许会很有钱，但不会有我的事业；如果不在人民军队，我可能是个医生，但不会有我的今天；如果不是加入党组织，我可能会做个好人，但不会成为无产阶级先锋队的一分子。而从医，让我的追求有了奋斗的平台。"

经历了抗战胜利、解放战争，吴孟超亲眼看到了上海解放。此时，"我要加入中国共产党""我要成为一名解放军"成为吴孟超的强烈愿望。从1949年到1956年，他连续递交了19封入党申请书，终于在1956年光荣地成为一名共产党员。入党70余载始终以忠诚和奉献书写着一名党员、一名军人的人生华章。面对改革大潮市场冲击，多次婉拒地方单位高薪聘请，倾心党的教育教学事业。

从风华正茂到耄耋之年，吴孟超始终如一、不知疲倦地为党工作，97岁时的吴老，只要身体允许他仍坚守在临床一线，经常每周亲上两三台手术，按时查房开会。有时候医院怕他太劳累，建议取消他的门诊，他都不同意。

吴老常说："一个人，找到和建立正确的信仰不容易，用行动去捍卫自己的信仰更是一辈子的事！"这句简简单单的话，他践行了一辈子。漫长的人生道路上，信仰的力量一直激励着吴孟超，他不断向一座又一座医学高峰发出挑战，夺取一项又一项科学成果。

一身肝胆：敢为人先、勇攀高峰

"中国肝脏外科之父"是业界给吴孟超院士的荣誉，吴孟超是我国肝脏外科的开拓者和主要创始人、国际肝胆外科的著名专家。

从20世纪60年代起，吴孟超就是全国医疗战线上的一面旗帜。半个多世纪过去了，这面旗帜依然熠熠生辉、历久弥新。

从医70余载，吴老手执柳叶刀，在崎岖的创新之路上突破多个"禁区"，提出了一系列开创性、前瞻性的医学思想。他注重攻坚克难，首创肝脏外科"五叶四段"解剖学理论和间歇性肝门阻断切肝法，完成以世界首例中肝叶肿瘤切除为代表的一系列标志性手术，创造切除肿瘤重量最大、肝脏手术年龄最小、肝癌术后存活时间最长等世界纪录。他注重基础创新，开辟肝癌基础与临床研究新领域，主持创建世界最大肝脏疾病研究诊疗中心，在肝癌信号转导、免疫治疗等方面取得重大突破性成果，带领中国肝脏外科迈向世界领先地位。他注重潜心为学，主编出版《腹部外科手术学图谱》《肝脏外科学》等专著20余部，在国内外学术刊物发表论文1 200多篇，先后获国家、军队科技进步奖24项，2005年成为荣获"国家最高科技奖"的医学界第一人。由他主持建成国家肝癌科学中心早已屹立在上海安亭，成为亚洲最大的肝癌研究和防治基地。

一世清明：德技双馨、行为世范

从医75年来，吴孟超共成功救治了1.6万多名患者。尽管这在世人眼中已是天文数字，他却常感慨地说："我老了，能工作的时间不像年轻人一样多了，所以更要争分夺秒！"

他坚持人民至上、视患如亲，用双手常年在肝脏的方寸之地破译生命密码，给无数家庭增添了欢笑、温暖和希望。在吴孟超看来，"一个好医生，眼里看的是病，心里装的是人。"冬天查房，他会先把听诊器焐热了。每次为病人做完检查，他都帮他们把衣服拉好、把腰带系好，弯下腰把鞋子放到最容易穿的地方。

他坚持心系打赢、为兵服务，遇有军人住院，不管将军还是战士，都要去病房看看病历、问问病情、唠唠部队的训练生活，如有军人需要开刀治疗，只要时间允许一定亲自参与手术。

他坚持甘为人梯、提携后学，将个人获得的1 000余万元奖金全部捐献，用于资助培养中青年优秀医学人才，先后培育研究生260余名，一大批学生成长为全国知名专家教授。他坚持生命不息、奋斗不止，耄耋之年还坚持每天按时上班、深夜下班，特别是90多岁依然在手术一线救死扶伤、言传身教，成为一个时代的丰碑和榜样。

> **学习思考**

吴孟超是最先提出中国人肝脏解剖"五叶四段"的新见解，在国内首创常温下间歇肝门阻断切肝法，率先突破人体中肝叶手术禁区，建立了完整的肝脏海绵状血管瘤和小肝癌的早期诊治体系。他主持建立了肝胆外科疾病治疗及研究专科中心，先后获国家、军队和上海市科技进步奖24项，出版《腹部外科手术学图谱》《肝脏外科学》等医学专著19部，发表论文220余篇。

"朴素的报国心，伴随一生的选择。为人民服务，则是一生的信仰！"回想走过的人生路，从医73年、有着60年军龄和党龄的吴孟超说："选择回国，我的理想有了深厚的土壤；选择从医，我的追求有了奋斗的平台；选择跟党走，我的人生有了崇高的信仰；选择参军，我的成长有了一所伟大的学校。"在自己选择的路上，吴孟超老人执着地前行着。他说，"即使有一天，倒在手术室里，也将是我一生最大的幸福！"

2019年年初，在海军军医大学"感动校园人物"颁奖典礼上，刚退休、银发矍铄的吴老一出场就引起掌声雷动，大会现场给他的颁奖词是：一颗心许党报国，一双手济世苍生。呕心沥血，创建肝胆外科；鞠躬尽瘁，献身医学事业。德技双馨照亮坦荡襟怀，年近百岁续写医者传奇。

吴孟超院士有着传奇般的人生，他创造奇迹的根本动力，来源于他无比忠诚的政治信仰、崇高无私的人生追求和永不懈怠的精神气概。传奇永续，吴老不朽，愿天下再无肝癌。

中国故事6　　吴大观：为国铸"心"

人物简介

吴大观（1916年11月13日—2009年3月18日），男，汉族，江苏省扬州人，中共党员，生前曾任原航空工业部科技委员会常委，著名航空发动机专家。吴大观1942年毕业于西南联大，后到美国莱康明发动机厂和普惠公司学习深造。1947年3月，他拒绝了美国有关单位的高薪聘请，毅然回来报效祖国。1949年11月，他任我国重工业部航空筹备组组长，参与了我国航空工业的筹建，是我国航空发动机事业的奠基人和创始人。

航空发动机被喻为现代工业"皇冠上的明珠"，是一个国家科技、工业和国防实力的重要体现。世界上能研制战机的国家不多，能自主研制航空发动机的更是屈指可数。

1958年5月29日，在沈阳国营黎明机械厂的试车台上，经过近20个小时的性能测试，我国首台喷气式发动机喷发-1A成功诞生。1个多月后，歼教-1战机搭载着喷发-1A飞上蓝天。从此，我国有了自己造的航空发动机。

摘取这颗"明珠"的先驱吴大观，在他93岁的生命轨迹里，有68年与航空发动机相伴——组建新中国第一个航空发动机设计室，研制第一款喷气式发动机，创建第一个航空发动机试验基地，被誉为"中国航空发动机之父"。

穿山越海，漫漫求学路

1916年，吴大观出生于江苏镇江，自幼家贫，幸而得到舅舅的资助和鼓励才完成中学学业。1937年抗日战争全面爆发，受共产党驻湖北代表徐特立的影响，吴大观曾有参加抗日的想法，后来意识到学习先进知识可以更好地为国家工作，才决定继续学业，但共产党员的朴素、真诚让年轻的吴大观印象深刻。

从长沙经广州到香港，乘船至越南海防，再坐火车辗转至昆明，吴大观在西南联大机械系继续深造。在云南求学期间，他亲眼看见日军战机将百姓的家园变成焦土，萌生出强烈的"航空救国"愿望，于是毅然从机械系转到航空系。1942年大学毕业，他选择到中国历史上第一个航空发动机厂——贵州大定航空发动机厂——工作，在这个只有一百多人的小厂里，却有8位从英、美留学归来的硕士和博士。

1944年10月，吴大观被工厂派往美国接受发动机制造方面的专业技术培训。"那个路可不好走啊！"沿驼峰航线穿过喜马拉雅山到巴基斯坦，在军舰的护卫下，从印度乘船经过日军染指的南太平洋到澳大利亚……回忆求学之路，吴大观偶尔会"炫耀"其中的艰辛和危险，更多的却是对祖国科技落后的无奈与不甘。在美国培训期间，他一天工作、学习16个小时以上，不仅系统地学习和掌握了活塞发动机设计的全过程，还接触了当时最先进的喷气发动机，并专攻了齿轮加工技术。

信心——让战机装上一颗强大的"中国心"

1958年5月，我国第一台喷发-1A发动机试制成功，并通过了20小时的试机运行，这台发动机被安装在歼教-1型飞机上并试飞成功。自此，中国有了自己的战机，这架战机的强劲"心脏"，是由时任沈阳国营黎明机械厂发动机设计室主任吴大观牵头研发的。

1958年8月1日，在歼教-1首飞成功的万人祝捷大会上，吴大观作为代表发言，他的脸上露出久违的笑容。21年航空报国梦，一朝梦圆。

1959年9月，吴大观设计并试制的"红旗2号"喷气发动机成功试机运行，为10周年国庆献上了一份厚礼。1969年，涡喷7甲发动机试制成功，1971年，我国第一型涡轮风扇发动机——涡扇5发动机试制成功。1978年，我国第一型大推力涡轮风扇发动机——涡扇6发动机试制成功。

一个个成功的背后，是以吴大观为代表的航空先驱辛勤且沉痛的付出。然而，所有这些发动机在当时都没有实现定型并装备部队，由于各种原因，最终纷纷下马。其中具有里程碑意义的涡扇6发动机，历经4次上马，3次下马，5次转移研制地点，最终因周期过长错过了装备部队的最佳时期。

1980年，从英国引进的"斯贝"发动机（国产涡扇9发动机，后更名为"秦岭"）试制成功，并装载于歼轰7（"飞豹"）上。此后主张引进国外成熟发动机的声音越来越大，只有少数人坚持自主研制。

"中国必须探索出一条自主研制飞机发动机的道路，否则我们在技术上将永远受制于人。我们要制造有'中国心'的发动机！"1985年，在吴大观与其他8位专家的竭力争取下，久拖不决的"太行"发动机（涡扇10）成功立项，直到2005年，"太行"发动机终于研制成功，从此我国第三代发动机诞生。我国航空事业步入发展的快车道。

"由于错综复杂的主客观原因,航空工业整体上不能满足空军和民航的需要。"在引进仿制和自主研制之间徘徊的重要原因之一,是航空工业需要承担准备打仗的任务,要保证快速、持续地完成飞机生产任务,在当时的历史条件下,必须走上以仿制生产为主的道路。

"经过不断地探索和尝试,现在我国航空发动机研制已经形成了'生产一代、研制一代、预研一代、探索一代'的良好发展格局。"吴大观终于为我国航空事业的发展蹚出了一条科学之路。

初心——跟党走是他一生的理想追求

在为国铸"心"的人生轨迹上,吴大观曾有一段难忘的经历。

1948年,吴大观从国外学成归来后,到北大教书。后来,他带着妻子华国和不满一岁的女儿,辗转来到解放区。

"吴先生原来是做什么的啊?"时任华北军区司令员的聂荣臻热情地接待了吴大观一家,像老朋友一样与吴大观亲切握手。

"我是搞航空发动机的……唯一的愿望就是投奔共产党、解放区,希望将来造飞机,造发动机!"吴大观吐露心声。

聂荣臻高兴地说:"吴先生,很好啊!没问题,你将来大有作为!"

那一刻,吴大观的眼神里写满了坚定与决心。"现在到了我向往的世界,祖国航空工业、祖国繁荣昌盛全靠共产党领导。我要为她献身!"

1949年11月,吴大观加入中国共产党。在漫长的人生道路上,他始终坚守着一名共产党员的崇高信仰。"什么时候拿出你们的产品献给党?"写在吴大观工作笔记本扉页上的这句话,是他"一生跟党走"的真实写照。

20世纪60年代,我国开展国产涡扇发动机的选型工作,从涡喷发动机到涡扇发动机,技术跨度很大,对结构、材料、工艺提出了很高的要求。在选型方案会上,看着设计人员迟疑不决,吴大观心急如焚地说:"还有两年我就50岁了,我们自己的涡扇发动机什么时候才能出来啊?"

在研发发动机的日子里,吴大观每天都在与时间赛跑,办公室的灯光常常是彻夜通明。

付出的努力与汗水,终于迎来了收获。他带领团队先后攻克了114项关键技术难题,用实际行动践行了共产党人的报国情怀。

1982年,66岁的吴大观调任航空工业部科技委常委。离开一线的吴大观依旧忙碌,每天都是从清晨忙到深夜。同事周晓青说,每次路过吴大观的办公室,都能看到他戴着眼镜一丝不苟地工作,一有时间他就搜集整理各种航空发动机的最新资料,打印出来后一摞摞装订好,准备送给还在一线工作的学生们。

有人回忆说,83岁高龄的吴大观,曾这样度过3个"小长假":新春佳节,他关门闭户自学发动机课程;五一劳动节,几乎全部在办公室工作;国庆节,他完成《先进燃气涡轮发动机燃烧技术》一书的序言……

他曾在日记中这样写道:"唯有共产党才能救中国,才能振兴中华,才能振兴航空工业……放弃国外优越的物质生活条件回到祖国,投奔共产党,是我一生最大的光荣与幸福!"

"给予"的人生才有意义

1938年,吴大观偶然看到电影《悲惨世界》,其中的台词"人生是给予,不是索取"便成了他的座右铭。

刷着半截白灰半截油漆的老墙,吊着一根老式日光灯的天花板,一张可以折叠的简陋饭桌,磨白了皮的破沙发,一排用当年从沈阳搬家过来的包装箱打的衣柜,厨房里的搪瓷碗更有如出土文物一般……走进吴大观的家,像是穿越到20世纪80年代,唯一有现代气息的是一台电脑,那是他80岁时为了方便查阅资料买的。"父亲生前一直穿着这件60年代的蓝色涤卡呢衣服。"女儿吴晓芸拿起一件破旧的蓝色上衣说,这件上衣早已洗得发白,袖口也已磨坏。

然而从1963年至2009年,吴大观共交纳特殊党费21.1万元;救灾、济贫、助学捐款共计9.3万元,总计30.4万元,约占其总工资收入的1/3。

"从根本上讲,我们国家穷。只有我们过艰苦的生活,我们的后代才能过上幸福的生活。多交党费,代表一个党员的一点心意。"弥留之际,他最后一次仰望晴空,仿佛将自己的心化作一架架战鹰的"中国心",继续拱卫祖国的安宁与繁荣。

学习思考

吴老一生的信条是"人生是施与,不是索取"。他坚定的共产主义信仰支撑着他连续46年把工资总收入的三分之一用于交纳特殊党费及各项救灾捐款。他的一生只做出一个选择,就是报效祖国;他的一生只有一个信仰,就是共产主义;他的一生只有一个理想,就是为中国的战鹰装上一颗"中国心",他将自己一生的心血、精力和才华献给了这个伟大事业。而这一切都是源于他对祖国无限的爱和对党深厚的情。

吴大观对航空发动机事业的卓越贡献,为航空发动机研制的后来者树起了一座永远的精神丰碑。他用坚定的理想信念、高尚的品德情操、毕生的拼搏奋斗,忠诚践行了中国航发人"国为重、家为轻"的家国情怀和"择一事、终一生"的价值追求。作为新时代的青年,我们要学习吴老对党无限的热爱和对祖国无限的忠诚,学习他在科研工作中不畏困难、持之以恒、钻研创新的精神与气魄。永怀一颗热烈的爱国心,为实现中华民族伟大事业大复兴贡献力量。

中国故事7　庄仕华——爱洒天山南北的天使

人物简介

庄仕华,男,汉族,四川简阳县人。武警新疆总队医院原院长。他扎根新疆40多年,医术精湛,7项医疗成果填补国内空白,带领团队为10余万患者解除病痛。他对群众充满感情,对患者无私关爱,体现了一名优秀的人民军医、一名优秀共产党员高尚的道德情操、真挚的为民情怀。他先后获评"自治区优秀共产党员""中国武警十大忠诚卫士""全国道德模范""全国民族团结进步模范个人""当代雷锋"等数十项荣誉称号，并当选为自治区第十届人大代表、党的十七大和十八大代表。

庄仕华曾经被许多人问过一个问题："为什么能坚持留在新疆？"

或许他的一段话可以为这个问题做个简单的回答："最初，我在新疆当兵待了三年，知道了两点：第一，新疆各族人民对我非常好，他们非常朴实；第二，我知道了新疆处于祖国的边陲，那个时候缺医少药还是比较明显的。部队送我上了第四军医大学，我就想要回报。所以我就去最艰苦的地方工作，坚持回到了新疆。"

"最美医生"是这样炼成的

在武警新疆总队医院肝胆外科中心，存放着1万多面锦旗。患者用送锦旗的方式，表达着对庄仕华和他的医疗团队的感谢。

每天清晨，庄仕华来到医院，手术、查房、会诊，马不停蹄，一忙就是一整天。46年来，他每天重复着这样紧张、烦琐而又复杂的工作，从不知疲倦。

胆结石是新疆的多发病，当时武警新疆总队医院的胆结石医疗技术相对于全国比较落后，庄仕华建议医院引进时间短、刀口小、愈合快、费用低的腹腔镜下切除胆结石技术。

从18岁离开家乡入伍参军、立志当一名救死扶伤的医生那天起，庄仕华就认定，必须把病人生命当作自己的生命，把病人的痛苦当作自己的痛苦。在医院刚创建肝胆科室时，由于资金不足，庄仕华和4名科室人员拿出个人积蓄，购买了手术设备。许多医院对这项技术应用比较谨慎，不敢用于临床。为了节省手术时间，让病人少受罪，他又买来葡萄和动物肝脏，反复做剥离葡萄皮和果肉的"模拟手术"等练习，这一坚持就是20多年。凭着这种执着和努力，庄仕华练就了一手绝活：一台腹腔镜手术不过10分钟，单纯剥离胆囊最快只要1分钟。这也让他创下了13万多例胆囊微创手术的医学纪录。

无论是做一名普通医生还是当了医院院长，无论再忙再累，庄仕华每天坚持查房。他说："我看不到患者，做手术时就心里没底；患者看不到我，他们心里也没底。"

岗位变追求不变

2012年12月12日，总队医院肝胆外科中心气氛异常紧张，一群病人家属焦虑地在楼道内走来走去，比他们更焦虑的是肝胆外科的专家。此时，主刀的庄仕华却异常镇定。5个多小时的手术中，庄仕华和医护人员先后化解了呼吸骤停、心脏停搏等险情，手术成功时，他脚上的布鞋已被汗水打湿。

这名患者叫王强，他18岁因患摄入营养功能坏死等多种疾病，有专家曾诊断，他活不过30岁。由于肠道多次做手术，腹腔镜已无法手术，只能开刀把结石取出。但开刀必须注射麻药，他这种情况麻醉后最容易出现心脏猝停。

收治还是不收治？12万多例成功手术的记录来之不易，面对大家的顾虑，庄仕华郑重地告诫医护人员："哪怕只有1%的希望，我们就要尽100%的努力。作为军医，我们的阵地就是手术台，必须把治病救人放在最重要的位置；作为医生，我们就要用不熄的拼搏、全部的热情托起各族群众生命的希望。"

肝胆手术对医生的技术要求相当高。大家常说"肝胆相照"。肝和胆是粘连在一起的，胆囊壁就像纸一样薄，手术中稍有偏差，就会伤及肝脏引起大出血，危及病人的生命。于是，庄仕华反复练习剥葡萄皮掌握了腹腔镜下的手术要领。

2008年12月，1岁零9个月的杨怡菲送到医院后，检查结果让人大吃一惊：胆囊里有1.1厘米大的石头。

这么小的孩子竟然会得胆结石，医学检索这是第一例。解除病人的痛苦是医生的第一要务，必须尽快手术。庄仕华连夜召集肝胆外科、小儿科、麻醉科的专家会诊，针对儿童术前麻醉等难题制定了详细的手术方案和应急预案，又专门为孩子准备了一套手术器械，在做了充分准备的情况下，手术只用了12分钟就取得了成功，再一次创造了此类手术国内首例纪录。

在庄仕华的手术记录中，上有102岁的老人，下有1岁多的幼童。无论手术风险有多大，他总是一次次挑战医学极限，为绝望的患者托起生命的希望。

担任院长后，不论工作多么繁重，他都坚持每天用3个多小时查房，用4至6个小时给病人做手术，平均每天要做近30例手术，从未间断。2009年6月8日，庄仕华连续做了28例手术后，突感身体不适，当最后一位哈萨克族病人塔斯肯别克被推出手术室时，他却因体力不支晕倒在手术室。这天，他共为49位患者做了手术，也是手术最多的一天。

时代变情怀不变

39年来，无论寒来暑往，山高路远，无论时代怎么变化，外界观念怎么变化，庄仕华始终风雨无阻，用小小的手术台传递着对新疆各族人民的真情挚爱。

"一个病人，关系到一个家庭的幸福；一个家庭，关系到一个社会的和谐。身为军医，我们绝不能纯粹考虑金钱利益，考虑个人的安危，更要考虑到人民群众的疾苦和难处。"这是庄仕华常常挂在嘴上的话。39年来，庄仕华没有收过病人一个红包，却收获了12 608面锦旗。

天山的路长又长，庄仕华爱民为民的情更长。与庄仕华共事30年的医院军人病区心理科主任冯晓芸说，庄仕华的爱民为民不是一时的，1984年刚当外科医生时，工资才40多元，那时就经常看到庄仕华时不时地为贫困患者垫付几角钱、几块钱的挂号费、住院费。

从医生到院长，他一直站在医疗第一线；他上高原、进大漠、爬雪山、越戈壁，跑遍了天山南北，行程40多万千米，为基层官兵和各族群众巡诊38万人次；他勇于创新，完成了全国首例腹腔镜下肝包虫内囊摘除、胃修补、胆总管探查等21种手术，7项成果填补了国内空白，他创造了腹腔镜下胆囊切除手术10万多例无一失败的医学奇迹。他始终心系患者，努力解决就医难、就医贵的问题，使药品成本最多降低了70%，总体标准比自治区医保规定的范围还低了26%。

荣誉变坚守不变

荣誉在很多人看来是一生孜孜追求的辉煌，然而有人问39年来，庄仕华最看重的是哪块奖牌，哪个称誉？庄仕华却淡然地说："最看重的是人民群众的口碑；最在意的是共产党员这个称号。"

2005年11月28日，北京人民大会堂，医疗行业最高奖项"中国医师奖"颁奖仪式正在举行，这个奖是医生最高的荣耀，但庄仕华为了救治病人毅然放弃领奖的宝贵机会。

原来就在颁奖前几天，庄仕华收治了重病患者李修竹，她患重症心房全颤、心功能Ⅳ级全心衰。12月31日上午11时，庄仕华开始对李修竹进行腹腔镜胆囊摘除手术。李修竹急性左心衰发作，呼吸停止，心电监护显示室颤发作。庄仕华与手术人员有条不紊地按照预定方案实施紧急抢救，又是3个小时的紧张抢救，李修竹脱离了危险并最终康复出院。

不慕荣誉辉煌，却赢得了人民群众口中的赞誉；不计利益得失，却收获了各族百姓心中沉甸甸的分量。39年来，庄仕华深知，作为一名党员和医生，在人民群众的心中，自己的一言一行都代表着党。

随着"庄一刀"的名气越来越大，慕名而来的患者络绎不绝，以各种优厚条件"挖"他的人也越来越多。面对这些诱惑，庄仕华始终不为所惑，扎根边疆服务各族群众的信念从没动摇。几年前，一位在内地办医院的香港老板找庄仕华，许诺以当时工资4倍的报酬聘用他，还有私人医院的老板愿以年薪百万元聘请庄仕华任院长，他都婉言谢绝了。

几十年来，他和他的团队创造了腹腔镜下胆囊切除手术120 640例无一失误的医学奇迹，300多例疑难杂症手术全部成功。他长年为各族群众送医送药，39年行程40多万千米，相当于绕地球10圈，巡诊近百万人次；义务帮助19家偏远贫困农牧区医院改善医疗条件，培养120名技术骨干，帮助580多位患者脱离了贫困。

庄仕华，武警新疆总队医院院长，一个平均每天做30多台手术的将军院长，一位扎根边疆倾情奉献的共产党员。他把治病救人的职业当作为民造福的崇高事业，把救死扶伤的手术台当作传承雷锋精神的大舞台，用满腔的赤子情怀，守护着各族群众的健康幸福，架起了党同边疆各族人民群众的"连心桥"。

学习思考

庄仕华作为一名共产党员，他扎根边疆倾情奉献。12万例手术无一失误，300多例疑难杂症手术全部成功，137个奖杯和功勋章，记录着庄仕华对祖国、对人民的无限忠诚，对党的事业的执着追求。从一名普通卫生员成长为一名将军医生，无论职务怎么升迁，岗位怎么变化，在每个岗位上，他都创造了不平凡的业绩。

庄仕华同志始终牢记我党我军全心全意为人民服务的宗旨，时时处处自觉传承和践行雷锋精神，成为弘扬时代精神的音符。他始终以忠诚之心献身党的事业，牢记党的宗旨，坚定理想信念，把为党分忧、为民解难作为人生追求，主动到艰苦的边疆地区工作，从当医生到院长，始终坚守在医疗第一线，像老黄牛一样为边疆各族人民服务，在党和人民最需要的地方发光发热。他始终以公仆之心服务人民群众，把人民放在心中最高位置，为数十万名患者解除了病痛。他用手术台，架起了党和各族群众的连心桥，他始终以赤子之心维护民族团结，与少数民族群众肝胆相照，他用实际行动诠释着共产党员的初心和使命。

五、明辨思考

思考 1：为什么在今天，我们仍然要弘扬中国革命道德？

思考 2：结合自身，谈谈当代大学生如何践行新时代公民道德规范，引领社会风尚。

六、实践课堂

实践项目 1：校园观察——校园不文明现象之我见我行

实践目的

通过组织学生对校园内不文明现象进行观察，进而了解大学生在公共生活领域中的社会公德表现，让学生在观察、调查、分析中明辨是非，升华道德情感，并养成遵守社会公德的良好习惯。

实践方案

（1）任课教师宣布实践活动主题，并明确实践活动要求。

（2）将学生分为若干调查小组（每组 6~8 人），并选定 1 人为小组组长，负责小组组内工作。

（3）以小组为单位对校园中多个场合（教室、宿舍、食堂、操场……）进行观察，观察内容以学生的不文明行为为主，可用照片、视频等形式记录。

（4）各小组对观察到的不文明现象进行记录，并对所做记录进行分析和整理。

（5）各小组对不文明现象存在的原因进行分析并设计解决问题的对策。

（6）根据设计制定的解决对策展开实际行动，可用照片和视频的形式对对策实施前后的实际情况进行记录。

（7）各小组编写观察报告。

（8）各小组对发现的问题在课堂上进行讨论和交流。

（9）各小组推选代表在课堂上进行汇报。

（10）任课教师对学生本次实践活动进行综合点评。

实践项目2："感恩的心"实践教学

> **实践目的**

以感恩教育为主旨，通过生动、鲜活的教育形式和活动载体，把富有人性的情感教育渗入教学的各个环节中，让学生受到心灵的熏陶和潜移默化的感染，结合中华传统节日，使"知恩图报"这一传统美德得以弘扬和传承；通过学生之间、师生之间、父母与子女之间、朋友之间的心灵互动，让学生懂得对社会、家庭和他人心存感激是一种美德，学会理解和关心他人，激发一种回报恩情、立志成才的情感，使感恩父母、感恩朋友、感恩生活、感恩社会真正成为人生的坐标和行动指南。

> **实践方案**

（一）实践活动内容

本实践活动力求通过各种富有情感内涵的形式，引导学生常怀感恩之心，学会感激，在感激中懂得珍惜，在珍惜中知道回报，从而迸发出爱的火花；由爱父母、爱老师、爱同学、爱朋友到爱学校，最后升华为一种爱国情怀，进而完善自己的道德品质，养成良好的行为规范。为此，本实践活动构筑了以下四个板块。

（1）感恩父母：旨在弘扬中国传统的孝文化。自古以来，"孝"一直是中国家庭生活乃至社会生活中基本的道德规范，中华孝文化更是中华民族灿烂文化中的浓墨重彩的一笔，它以"子女敬亲养亲"为核心价值取向，形成了一整套尊老敬老的道德伦理、风俗礼仪和行为规范，成为中华民族整体生存方式和深层次文化心理的重要组成部分。

（2）感恩老师：旨在弘扬尊师重教的传统道德规范。尊师重教一直是中华民族的优良传统，在我们的人生历程中，老师不但"传道""受业"，而且教会我们怎样做人、做个什么样的人。因此，作为学生，要懂得感恩老师，立志成才。

（3）感恩朋友：旨在赞颂友情，倡导伙伴文化。朋友是我们人生历程中的重要伙伴，在我们失意潦倒的时候，朋友往往会无私地伸出援助之手；在我们高兴的时候，朋友会在一旁默默祝福着我们。友情如同亲情一样，会终身陪伴着我们的生活。

（4）感恩社会：旨在倡导团结友爱、互帮互助的社会价值观。"人是一切社会关系的总和"，社会给我们提供了施展才华的大舞台，也是检验诚信、责任和友爱的试金石。作为学生，要懂得如何去感恩社会、回报社会、奉献社会。

（二）作品形式

"感恩父母"板块，要求学生写一封饱含亲情、激情和感恩之心的家书，以谢父母的养育之恩，并表达对父母的敬爱之情。

"感恩老师"板块，要求学生通过书信、微博、抖音小视频等形式表达对老师的感恩之情。

"感恩朋友"板块，要求学生以写信、制作图片或抖音小视频等形式，赞颂友情，感恩朋友。

"感恩社会"板块，要求学生以制作图片、抖音小视频或"做一件有意义的事"等形式，感恩社会。

（三）实践教学组织实施

1. 实践准备

结合本章内容，教师在思政课上对学生进行实践教学活动的动员，让大学生认清实践的目的和要求，使大学生在思想上、心理上做好充分的准备，统一思想和行动。

2. 实践过程

（1）所有学生在老师的组织下，从"感恩父母、感恩老师、感恩朋友、感恩社会"四个主题中任选其一，给父母书写一封饱含深情的感谢信，或者通过书信、微博、抖音小视频等形式表达对老师、朋友、社会的感恩之情。

（2）教师要针对可能出现的特殊情况（如学生心理障碍）制定处理预案。

3. 实践要求

（1）每个学生必须参与到此次实践活动中，并提交自己的作品。

（2）教师要对学生的作品认真阅批，并筛选出优秀作品参展。

（四）成绩考评及成果展示

1. 评定标准

文字形式：要求具有真情实感，重经历过程或细节的描述，切忌下载拼凑或抄袭。

图片、视频形式：要求亲自拍摄、制作，内容真实、健康，有感染力和说服力。

行为形式：必须是学生自己的行为，必须提供佐证材料，如图片、摄像、证明、鉴定意见。

2. 评定等级

等级评定将按优秀、良好、合格、不合格四个等级执行。

3. 成果展示

将筛选出的优秀作品在校园网展出。

>> 在线答题

第六章　学习法治思想　提升法治素养

一、知识框架

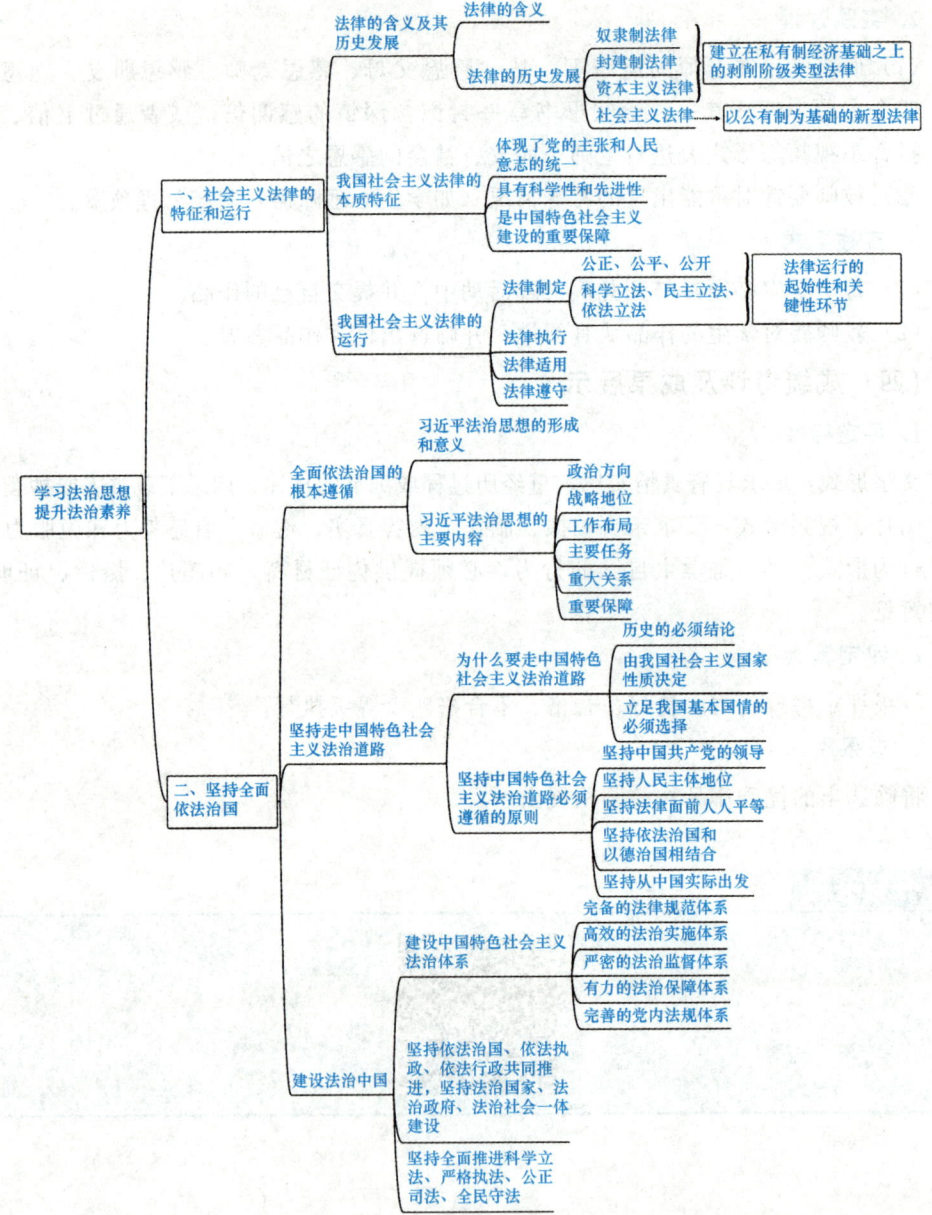

第六章　学习法治思想　提升法治素养

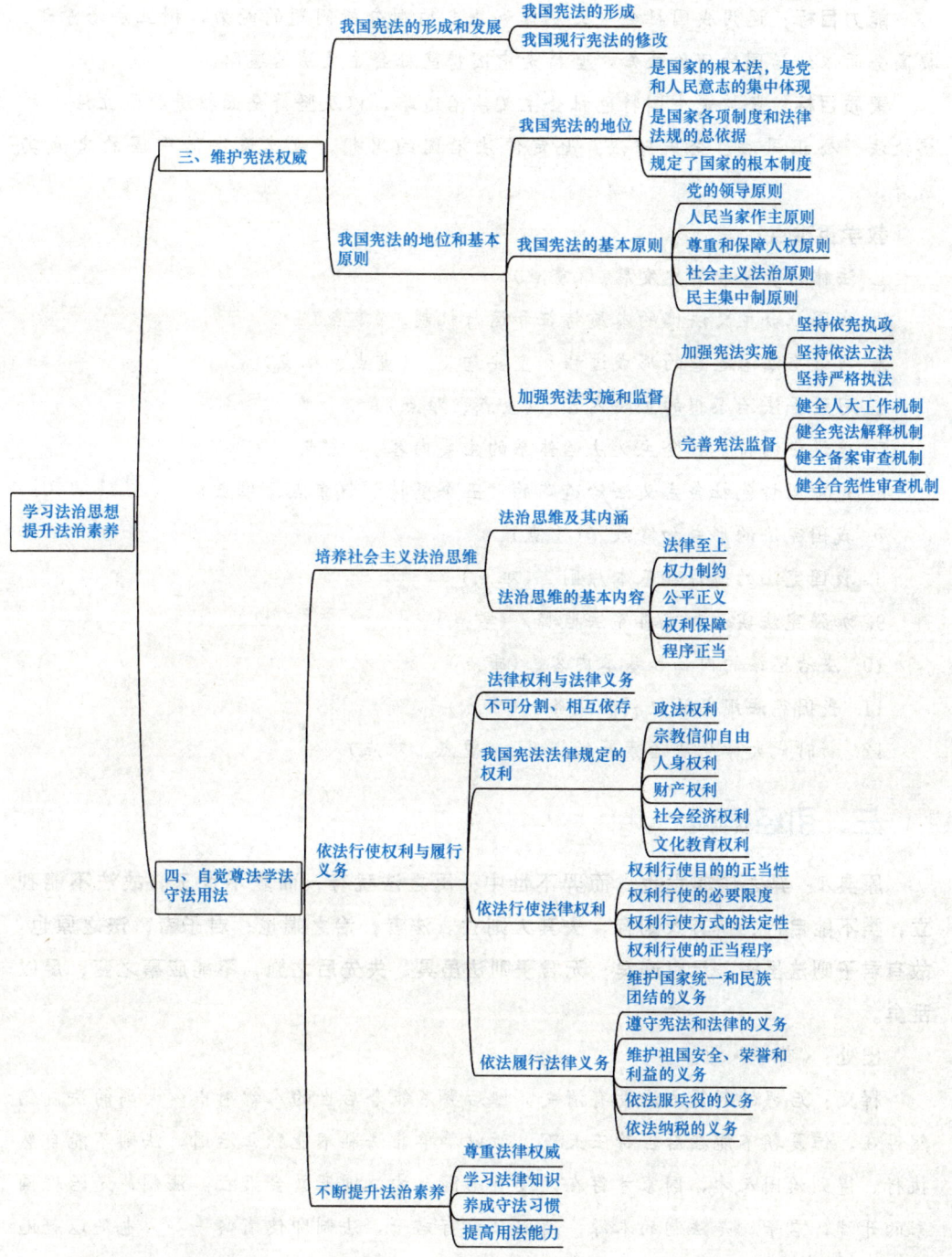

二、教学目标

知识目标：把握法律的含义和历史发展，理解我国社会主义法律的本质特征和运行过程，掌握习近平法治思想的形成过程、重大意义和主要内容，明确坚持走中国特色社会主义法治道路的原则。

能力目标：运用我国社会主义法律和基本原则分析问题的能力，树立法治意识。提高全面依法治国的理论认知，坚持走中国特色社会主义法治道路。

素质目标：坚持走中国特色社会主义法治道路，以及坚持全面推进科学立法、严格执法、公正司法、全民守法。坚定依法治国的思想，做建设法治中国的忠诚实践者。

教学重难点：

1. 法律的含义和历史发展。（重点）
2. 我国社会主义法律的本质特征和运行机制。（重点）
3. 习近平法治思想的形成过程和重要意义。（重点、难点）
4. 习近平法治思想的主要内容。（重点、难点）
5. 建设中国特色社会主义法治体系的主要内容。（重点）
6. 走中国特色社会主义法治道路的"五个坚持"。（重点、难点）
7. 我国宪法的形成和修改。（重点）
8. 我国宪法的地位和基本原则。（难点）
9. 加强宪法实施和完善宪法监督。（重点）
10. 法治思维的内涵和基本内容。（重点）
11. 我国宪法规定的权利和义务。（重点）
12. 新时代大学生法治素养的提升。（重点、难点）

三、引经据典

原典1：羿之法非亡也，而羿不世中；禹之法犹存，而夏不世王。故法不能独立，类不能自行，得其人则存，失其人则亡。法者，治之端也；君子者，法之原也。故有君子则法虽省，足以遍矣；无君子则法虽具，失先后之施，不能应事之变，足以乱矣。

出处：《荀子·君道》

释义：后羿的射箭方法没有消失，但后羿不能令后世的人都射中。大禹的法制仍然存在，但夏朝不能在后世称王天下。所以单单靠法制不能独立治国，法则不能自然执行。得到治国人才，国家才存在，没有治国人才，国家就会灭亡。法制，是治理国家的开端，君子，是法制的本源。所以只要有君子，法制即使省略一些，也足以普遍地使用。没有君子，法制即使俱全，实施时也会失去先后次序，不能够应付事情变化，足以造成混乱。不知道法制的意义，只知做修正法制条文的人，虽然知道的多，遇到事情一定会混乱。所以英明君主会急于得到君子，而昏昧的君主就会急于得到权势。急于得到君子的，自己就会安逸而国家得到治理，功绩大而声名美好，做好可以成为王者，差一些也可以成为霸者。不急于得到君子而急于得到权势的，自己就会劳累而国家混乱，功绩偏废而名声受辱，社稷一定危险。

解读：法律的生命在于付诸实施，法律既要彰显治理思想的价值，也要在实践中不断完善和补充。法律作为治理国家的开端，并非一经确立就固定不变，法是"为人而立，为治而设"，国家治理面对的事态形势总是错综复杂又经常变化，法律体系本身不能对所有情况都囊括尽收，因此要制法有道，促进法律应用时"有法可依"。在荀子看来，"有君子则法虽省，足以遍矣；无君子则法虽具，失先后之施。"法律制度的有效运转除了法律体系本身的完备、细致，更在于有合礼仪、知法义的君子进行执法。"有治人，无治法"即强调执法者素质修养和专业化水平对于法治建设的重大意义。既有"良法"，更需"治人"，加强执法队伍建设，提高执法队伍整体素质，能够有效提高行政执法的总体水平。

原典2：盖君子之为政，立善法于天下，则天下治；立善法于一国，则一国治。如其不能立法，而欲人人悦之，则日亦不足矣。使周公知为政，则宜立学校之法于天下矣；不知立学校而徒能劳身以待天下之士，则不唯力有所不足，而势亦有所不得也。

出处：〔北宋〕王安石《周公》

释义：宋神宗熙宁二年（1069年），王安石领导了中国历史上著名的"熙宁变法"。针对北宋当时的政治、经济状况，王安石认为问题的症结在于缺少明确的"法度"。他不仅强调立法，而且强调立"善法"；指出要使法"善"，就必须实行改革。在《周公》一文中，王安石借评价西周初期杰出的政治家周公提出政见："立善法于天下，则天下治；立善法于一国，则一国治。"这里所说的"国"，是指周朝时的诸侯国，为"天下"的一部分。他认为，周公辅政应将广设学校之法推行天下。如果不设立学校培养人才，而仅凭自己的"一沐三握发，一饭三吐哺"招贤纳士，那么不仅能力不够，而且最终也是行不通的。"善法"之说出自《管子·任法》："今天下则不然，皆有善法而不能守也。"虽各有侧重，但不论《管子》中的"守善法"，还是王安石的"立善法"，均顺应时势。

解读：法律是社会的基本规则。这就要求，法律应该是对国家发展有益、对社会治理有益的，这样的法才是善法。对于一个国家，所谓的善法，首先，要是符合自己国情的法，不可能原样照搬其他国家地区的法律，哪里有抽象的适用于所有社会的法呢？其次，它要是以人为本的法，要能正确反映和统筹兼顾不同方面群众的利益，着力解决人民最关心、最直接、最现实的利益问题，切实维护公民合法权益。最后，它还应该是有利于国家发展、社会稳定的法，能把国家各项事业发展纳入正确轨道，从制度上、法律上解决国家发展中带有根本性、全局性、稳定性和长期性的问题。

原典3：国无常强，无常弱。奉法者强则国强，奉法者弱则国弱。……故有荆庄、齐桓则荆、齐可以霸，有燕襄、魏安釐则燕、魏可以强。今皆亡国者，其群臣官吏皆务所以乱，而不务所以治也。其国乱弱矣，又皆释国法而私其外，则是负薪而救火也，乱弱甚矣！

出　处：〔战国〕韩非子《韩非子·有度》

释　义：韩非子是战国时期法家思想的集大成者。"有度"，就是有法度。韩非子把"奉法"作为治乱兴亡的关键，提出"国无常强，无常弱。奉法者强则国强，奉法者弱则国弱"。意思是，国家不会永远富强，亦不会长久贫弱。执行法度的人坚决，国家就会富强；执行法度的人软弱，国家就会贫弱。韩非子认为，各国皆有法度，关键是能否秉公执法。他以荆庄王（楚庄王）、齐桓公、燕襄王、魏安釐王为例，说明君主若能坚决推行法治，国家就能强盛，"故有荆庄、齐桓则荆、齐可以霸，有燕襄、魏安釐则燕、魏可以强。"他接着指出："今皆亡国者，其群臣官吏皆务所以乱，而不务所以治也。其国乱弱矣，又皆释国法而私其外，则是负薪而救火也，乱弱甚矣！"意思是，现在这些国家都已衰落，是由于他们的大臣官吏，都去做使国家乱而不是使国家治的事情。国家已经衰落，又都舍弃国法而营求私利，如同负薪救火，国家就更衰落了。

解　读：管用而有效的法律，既不是铭刻在大理石上，也不是铭刻在铜表上，而是铭刻在公民的内心里。如何让法治成为全民信仰？这就需要像这句古语一样，让"奉法者强"。作为领导干部和立法、司法、执法者，一定要首先在实践中贯彻法治思维，做到知行合一、铁面无私。习近平总书记强调，要努力让人民群众在每一个司法案件中都能感受到公平正义。人民群众的法治信仰，就是建立在这种"守法者得利、违法者受罚"的司法、执法过程中，建立在这种管用有效、已定必行的法制体系上。

（参考文献：人民日报评论部．习近平用典［M］．北京：人民日报出版社，2015．）

四、中国故事

中国故事1　段莉萍：平凡岗位上的最美法官

人物简介

段莉萍，女，汉族，1970年12月生，1993年7月参加工作。现任云南省楚雄市人民法院民事审判第一庭庭长，四级高级法官。

率先垂范，勇挑重担，用实际行动带动身边人

2021年6月，楚雄市栗子园社区开展"三官一师"送法进社区活动，作为值班法官，段莉萍每月都会定期到社区，以走访交流、法律咨询等形式对社区群众进行法律服务，对居民反映的法律问题进行答疑解惑，真正让群众感受到"司法服务在身边"，使司法惠民的阳光温暖人心。

在法律咨询现场，段莉萍针对居民反映的法律问题进行答疑解惑。两名社区群众分别就与自己相关的破产清算、工伤赔付执行案件前来咨询。段莉萍仔细查看裁判文书，了解案件进度，耐心听取群众诉求，现场联系承办法官核实情况，针对每一个问题都提出了细致的解答，并给予一些法律风险的建议。

根据居民反映："段法官耐心解答了我的法律问题，告诉我接下来应该怎么做，这样面对面的交流让我的心里更有底了。"

"敢挑最重的担子、敢啃最硬的骨头，善于用行动做出最好的表率"，这是同事们对段莉萍的评价。自参加工作以来，段莉萍不论在任何岗位上都率先垂范，用自己的实际行动影响和带动身边的人，成了勇挑重担、敢于创新的实干者。

在她的带领下，速裁庭全体法官推行"简案快办、调判结合、即调即执、案结事了"的案件繁简分流改革，实现了16%的法官快速审结50%以上相对简单的民商事案件，约50%民商事案件审理周期明显缩短，审判效率显著提高，群众满意度、司法公信力不断提升。

倾注真心，司法为民，在案结事了上下功夫

在段莉萍看来，"法院的判决要让人信服，就需要付出更多的真心和耐心、时间和精力"。速裁团队虽然承办的案件相对简单，但她把每一件诉讼案件都当作决断当事人人生的大事来对待。她在审判工作中，坚持用情去讲解、用理去劝导、用心去感受，在化解矛盾、案结事了上下功夫。

2017年9月，在一起交通事故赔偿案件中，李某为王某运输货物，因操作不当造成交通事故致自己双下肢受伤残疾，构成二级伤残。纠纷经镇人民调解委员会调解，双方达成协议后，王某、李某向法院申请司法确认。在依法对人民调解协议进行审查中，段莉萍发现人民调解委员会的调解书遗漏了赔偿权利人李某的被抚养人，如不及时更正会对案结事了留下隐患。因此，她及时向双方当事人释明并引导他们到调解委员会申请了更正调解协议。在当场制作确认调解协议的裁定书并送达给双方后，赔偿义务人王某当庭将12万元赔偿款交给原告。看到坐在轮椅上行动不便的李某，段莉萍担心他携带现金不安全，又带领法警和李某一起到银行将12万元赔偿款存入李某的账户。李某为段莉萍耐心、真心、贴心的司法服务所深深感动，眼含热泪连声道谢。

爱岗敬业解民忧

法庭不大连社会、法槌虽小重千金。为使每个案件都能成为铁案、精品案，段莉萍始终秉承严谨细致、认真负责、清正廉洁、公正司法的工作作风，刻苦钻研业务，真正做到"辨法析理、胜败皆服"。

在一起房屋租赁合同纠纷案中，罗女士以债权冲抵租金的形式向其债务人转租房屋，后债务人与房屋的出租人发生纠纷，导致出租人与罗女士的债务人成立的公司之

间的房屋租赁合同不能继续履行，罗女士被房屋出租人告上法庭，要求其搬离出租房屋，罗女士对债务人及债务人成立的公司另行提起诉讼，要求赔偿相应的经济损失。办案过程中，段莉萍耐心细致地进行法律释明，积极地促成罗女士与其债务人调解。在她的主持下，罗女士与债务人成立的公司达成调解协议。案件结案后，段莉萍没有一判了之，而是积极关注罗女士的情况，与执行局进行对接，保证执行程序的顺利进行。最终，罗女士的经济损失得到弥补，其权益也得到了保障，于是她感激地向段莉萍送上了锦旗。

不忘初心，心系群众，助力脱贫攻坚第一线

段莉萍始终不忘初心、牢记使命，忠实履行宪法法律赋予的审判职责，将满足人民群众日益增长的司法需求作为自己的工作目标，坚守一名基层法官对法治的信仰和对人生价值的追求。

1993年7月，20岁刚出头的段莉萍从云南政法高等专科学校毕业到楚雄市法院工作，职场第一站就来到了距离楚雄市区120多千米的洒鸡口人民法庭。她把艰苦的工作生活条件当作对自己的挑战和磨炼，克服交通不便、缺水、无电等种种困难，较快适应了山区的工作生活环境，与最基层的群众融入一起，为她以后法官生涯中敢啃硬骨头、能够挑重担、心中有百姓的作风打下了坚实基础。

在脱贫攻坚工作中，段莉萍帮扶的3户结对贫困户分布在3个不同村民小组。她定期到贫困户家中走访，每到一户贫困户家中，就仔细询问该户家中种养殖业情况、家庭经济收入来源，分析致贫原因等，向他们宣传好党的扶贫惠民政策，打消其等靠要思想，依托现有政策帮扶，帮助他们脱贫致富。在段莉萍的帮扶下，她所结对的贫困户在2016年年底如期实现脱贫。段莉萍为楚雄市脱贫攻坚工作尽了一份心、出了一份力。

走进群众弘扬正义

2021年，楚雄市法院成立"段莉萍法官工作室"后，又开设"段莉萍普法讲堂"，组织普法团队坚持"线上+线下"普法相结合，积极参与普法讲座、培训，深入挂点联系村委会、社区开展普法宣传。

段莉萍帮助群众。努力办好每一件小案件，耐心接待每一个当事人，精心开展每一次普法宣传。段莉萍沿着这样的路，一直认真走着，不偏不倚。在一起涉案人数多、关系错综复杂的遗产继承权纠纷案件中，父亲因病去世未留下遗嘱，继母和继子因遗产分配问题对簿公堂，承办法官段莉萍从亲情和法律角度，耐心地与当事人及其代理人做工作，告知当事人应放下成见，心平气和地解决问题。

她默默扎根基层，秉持公心、收获民心，在平凡的岗位上用微光暖化每一位当事人，用行动和良知践行一名人民法官的铮铮誓言。

第六章 学习法治思想 提升法治素养

温情如水,坚毅如铁,用乐观传播正能量

"我取得的成绩离不开家人的支持。"段莉萍说。在家人的眼里,她是一名好女儿、好母亲。2006年,段莉萍的丈夫因交通事故去世,当时女儿还不满五岁,这对于她无疑是十分沉重的打击。面对不幸,她没有就此消沉,也没有怨天尤人,而是用坚强和乐观的心态驱散生活的阴霾,让自己尽快从悲痛中走了出来,用积极的态度去生活,安慰和照顾好公公婆婆,用心教育培养孩子……一转眼多年过去了,现在女儿已经读大二,和她一样乐观开朗,学业有成。

生活中的段莉萍,就是一位平凡而伟大的母亲,一位孝顺的女儿。她用来自内心的光芒和力量在工作中、生活中传递着正能量,感染和感动着周围的人们。

2019年4月,"2018年度云南省十大法治新闻人物"颁奖典礼举行,段莉萍获奖并致辞,她在获奖感言中这样说:"作为一名法官,我只是尽我所能做好自己岗位上的工作,尽自己最大的努力去让我案件中的当事人感受到司法的正义与温暖。回首25年历历在目,从山区法庭的书记员,到定分止争的法官,一路走来,是案件当事人对法院判决的遵从、对法治的信赖成就了我,是我身边同事们的通力协作帮助了我,也是家人朋友对我的关爱支持着我……感受到群众对我工作理解信任的快乐,使我对法官人生充满了自信!未来,我将继续植根司法沃土,更加努力地履行人民法官的神圣使命,为法院增辉,为法徽添彩。"

学习思考

"公道自在人心,你把群众放在心里,群众就把你捧在手心。"对段莉萍而言,司法工作不只是职业,更是事业、是使命,是她始终秉承"努力让人民群众在每一个司法案件中感受到公平正义"的信念,她因热爱而甘于坚守。她一步一个脚印践行司法为民、公正司法的初心,办好一件件老百姓身边的小案子,解决好一个个群众身边的民生问题,用"办案千件零错案、解纷千起零投诉"生动演绎"认真、勤勉、负责、担当、公正、耐心"的职业精神,赢得了人民群众的普遍赞誉。她把天平放在心里,一手托着法律,一手托着正义。在清脆的法槌声中,她公正裁判,解"法结"更解"心结"。因业绩突出,段莉萍先后多次获评全国、全省先进个人,2020年被中组部、中宣部命名为"最美公务员",2021年3月被全国妇联授予"全国三八红旗手"称号。

不忘初心,方得始终。段莉萍法官的初心是国徽下庄严许下的铮铮誓言,是融入血脉的全心全意为人民服务的不变宗旨。

初心铸就榜样,使命召唤担当。进入新时代、迈步新征程,作为新时代的青年,我们必须把牢记初心使命转化为责任担当,以攻坚克难的决心砥砺前行,勇做新时代的"筑梦者"和"奋斗者"!

中国故事 2　张库：让检查站成为温暖家

张库，男，汉族，1970 年 5 月出生，中共党员，二级高级警长，三级警监警衔。张库于 1989 年参加公安工作，历任北京市公安局房山分局社区民警，派出所警长、副所长、政委、所长，检查站站长等职。参加公安工作以来，先后荣立个人二等功 3 次，三等功 5 次，被授予全国公安系统二级英雄模范、第四届全国公安楷模等荣誉称号。

京港澳高速是入京的主要通道之一，违法犯罪分子没少在这条路上动进京的心思，却毫无例外地在窦店公安检查站这个防护前沿败下阵来。这个站的党支部书记、站长叫张库，从建站之初就一直守护在这里。七年来，他带领全站抓获了 3 200 余名违法犯罪嫌疑人，查获毒品 7 600 余克，各种违禁物品 8 000 余件，为群众提供的帮助数不胜数。

由于履行房山分局京港澳高速窦店公安检查站站长的职责，张库为检查站的筹建和发展倾注了全部心血。刚建站时，检查站只有 4 名民警，20 名辅警。队伍教育、管理岗位设置、设备摆布、业务工作、后勤保障等基本都从零开始。每一项工作都在张库心头反复酝酿。在他的带领下，检查站全体人员对工作一丝不苟，以不让任何一个不安全因素进京的原则，苦练查控的火眼金睛，经受着严寒酷暑和急难险重任务的考验。检查工作看似简单，但干好并不容易。且不说发现违法犯罪的能力，体力就是第一层考验。

验证个人信息、检查车载物品……光是 30 多厘米一格的台阶，每名执勤人员每天就得登上迈下多达万次。站立时间长、休息时间短，腰椎间盘突出、痔疮、肩周炎成了大家的职业病。检查站到处弥漫着汽车尾气，大车驶过时，更是浮尘扑面。长时间的工作及恶劣的工作环境下，张库几乎每天都要在车流中检查工作运转情况，一天下来，经常是灰头土脸。不仅如此，他还要时刻关注队伍的精神状态，不断通过家访、谈心、组织活动、伙食调节等方法，始终保持队伍的战斗力，以保证每个人都能够轻装上岗、尽职尽责。

2022 年 12 月，张库当选"2022 年度法治人物"，在颁奖现场，有着 33 年警龄的张库动情地说，"从我干公安第一天起，就抱定了为百姓服务的信念，因为人民警察的称谓中，人民为先。"

张库的成绩来自平时的点滴用心。他始终站在守护平安、服务群众的角度，把看似简简单单的查控工作，化为一股精神力量，一种群众感觉得到的温暖。

张库疾恶如仇，千方百计地提升队伍对违法犯罪的发现、打击水平，但是对群众却满怀春风，热情周到。他通过细致观察、征求民意，不断创新工作方式，让检查站成为一个服务站、暖心站。

在工作中，张库发现经常有车辆受损的群众到检查站寻求帮助，于是他购置了简单的修车工具、医护器材、饮水机等设备,放在检查站检查通道旁边供群众使用。检查站还数次帮助群众扑救汽车自燃火灾,解决车胎充气、补胎等故障问题,帮过往群众,如给孩子冲奶粉,尽自己最大努力为群众送上一份方便和温暖。

这些年,窦店公安检查站帮助过很多的过往群众。民警们的每一句"别急,我们来想办法""放心有我"都温暖着过往群众的心。

从当上警察那天起,张库就树立了为人民群众服务的理想。在当社区民警时,他几乎走访到了辖区的每一户人家。了解民情、征集民意、汇集民需,在工作中做到有的放矢,成绩一直名列前茅。被提升为长阳派出所副所长后,他从管一个社区变成了管八个社区。他把自己在干社区民警时总结的经验和爱民护民的工作理念,带给了派出所每一名社区民警,手把手地教、面对面地谈、肩并肩地走访。那几年,派出所的社区工作全面走在分局前列。

"要始终让党旗在查控一线高高飘扬。"在张库的带领下,窦店公安检查站党支部将党建工作与业务工作同部署同开展,将思想发动、干部表率、党建引领一抓到底。在健全支委班子的同时,窦店公安检查站创建了专兼职党务小分队,选配了党性过硬、阅历丰富的专职党务民警1人、兼职民警3人,分别编入4个党小组中,强化组织建设,形成基层党务工作"层层渗透、发挥优势、公开透明、身边影响、主动参与"的良好氛围。

同时,窦店公安检查站还在党员中开展"三亮、三比、三评、三结合"党建活动,即亮标准、亮身份、亮承诺,比技能、比作风、比业绩,采取群众评议、党员互评、领导点评,结合保安全缓拥堵、"我为群众办实事"实践活动、检查站基础建设,持续强化爱岗敬业教育,实现公开承诺具体化、岗位亮牌示范化、群众评议经常化、党群共建统筹化"四化"党建目标。

带着原则干工作,带着感情干工作,让张库一路走来,收获了无数赞许和肯定。张库带领的窦店公安检查站先后荣立集体一等功1次、集体二等功4次、集体三等功4次,2018年被评为"北京市政法系统先进基层党组织";窦店公安检查站党支部书记张库被授予"全国公安系统二级英雄模范""全国公安楷模"等荣誉称号。2022年5月,被评为"全国模范公安单位"。

> **学习思考**

"守望一条大路,你知道车轮上回家的人,心里装着沉沉的思念;小站一夜无眠,你更懂身后普通人,万家灯火中企盼的平安。"这是"2022年度法治人物"评选时,对张库的颁奖词。以张库为代表的首都外围防线公安民警始终坚持执法力度与执法温度并重,把服务群众作为第一响应,多次为过往故障车辆和事故车辆排除险情。他们的每一句"欢迎回家",每一句"放心有我",都在温暖着过往群众的心,他们用勇毅担当，筑牢首都大门的钢铁屏障，他们用大爱深情，铸就爱岗为民的心碑！

中国故事 3 "庭前独角兽"邹碧华：做一名有良心的法官

人物简介

邹碧华，汉族，江西奉新人，1967 年 1 月出生，中共党员，1988 年 7 月参加法院工作，上海市高级人民法院原党组成员、副院长。2014 年 12 月 10 日，在工作中突发疾病，经抢救无效因公殉职，年仅 47 岁。曾获"改革先锋""全国优秀共产党员""时代楷模""全国模范法官"等荣誉。

独角兽獬豸（xiè zhì），怒目圆睁，能辨曲直，勇猛公正，这是中国古代神话传说中的神兽，也是法律与公正的象征。

"庭前独角兽"微信号在朋友圈 2014 年 12 月 9 日后再无更新；微信号主人邹碧华，时任上海市高级人民法院副院长，他的生命指针永远停留在了 2014 年 12 月 10 日，年仅 47 岁。

2014 年 12 月 14 日上午，邹碧华的遗体告别仪式在上海市龙华殡仪馆举行，来自上海和全国各地的法律人士、亲朋好友、群众近 3 000 人，自发赶到送他走完最后一程。

"法官当如邹碧华"成为社会各界的共鸣，这被大家称为"邹碧华现象"。

做一个有良心的法官

1984 年，邹碧华从江西考入北京大学法律系经济法专业，毕业后任职于上海高院经济庭。邹碧华把当法官的消息告诉母亲，只有小学文化程度的母亲再三叮嘱他，一定要做一个有良心的法官。母亲的这句话，从此成了邹碧华一生的追求和坚守。

为了做一个有良心的法官，邹碧华敢于"讲真话"；为了做一个有良心的法官，邹碧华对知识的追求一直如饥似渴。邹碧华具备的专业素养受到法律学界推崇，大家称他是"学者型法官"。

邹碧华北大博士毕业后，作为上海法院系统首个外派法官，去美国联邦司法中心进修了 1 年。从美国回来时，他没有携带当时时髦的电器产品，而是背回了数大箱复印的法律资料。邹碧华的书房，书柜从天花板一直到地上，有几千本书，绝大多数是法律书。长宁法院副院长胡国均说："他读的书多，可我觉得他不书生，不教条。"为了看懂日本法律书，他每周两次参加日语学习。工作之余，他将一本中文法律文书翻译成英文并在国外期刊上发表。邹碧华的同事称他是一个真正把法律当作一项事业来做的人。

邹碧华是一个工作狂，工作经常连轴转。有一次出差去兰州参加司法改革会议，邹碧华下午 6 点多下班后从单位直接去机场，凌晨抵达兰州。第二天开一整天会，邹碧华不但在会上发言，还及时审阅了许多工作材料。会议结束后，邹碧华连夜赶回上海。

邹碧华的同事们称他将两年并成一年用,他的办公室里放着一张行军床,累了就在床上躺一会儿。有一次,他忙到凌晨 3 点才回家,可是早上 5 点多他又走出了家门。对邹碧华而言,晚上两三点休息是常态,12 点睡觉对他来说已经是一种奢侈。与邹碧华共事过的人都知道邹碧华有 3 句口头禅:"没事,我不累。""你们先去忙吧。""没事,有我在就行。"

信念坚定,忠诚捍卫公平正义

邹碧华同志对党无限忠诚,对司法事业无比执着,始终秉持"做一名有良知的法官"的职业理念,依法公正审理了上海社保基金追索案、我国首例涉及英国皇家建筑协会 JCT 文本的建筑工程案、北方证券破产案件、艾滋病群体诉讼案等一大批在全国具有重大影响的案件,特别是在审理上海社保基金追索案件中,他提出了"先予执行"的方案,破解了追索 38 亿元案款的难题,为案件的成功审理做出重要贡献。他积极践行全心全意为人民服务宗旨,在长宁法院担任院长期间,率先在全市搭建诉讼服务平台,建立心理咨询师参与信访接待制度,方便群众参与诉讼。他坚持每周一次接待群众来访,时常带着同事走访当事人,答疑解惑化解纠纷,千方百计为困难群众排忧解难。

攻坚克难,开拓创新

邹碧华法官自从事审判工作以来,为无数群众解决了难题,法律法理是死的,而人情思想是活的,他遇到问题从不退缩、善于思考、攻坚克难。他敢于改革,不怕困难,在司法改革中做出了很大的贡献,为发展法律事业、建立法律共同体做出了不懈的努力。

人民法官植根于人民,也服务于人民。公正无私是法官的本分,社会评价是人生的价值,邹碧华法官用他的一个个事例证明了他的价值,他政治坚定,作风正派,坚定理想信念,坚守法治精神,努力做出无愧于时代、无愧于人民、无愧于历史的业绩,以实际行动体现了一名共产党员的追求是在司法改革中,敢啃硬骨头,甘当"燃灯者",生动诠释了一名共产党员对党和人民事业的忠诚。

司法改革"燃灯者"

邹碧华为自己的微博和微信取名为"庭前独角兽",意味深长。他取名"独角兽",正是他坚定法治精神、恪尽法官职守、守卫社会公平正义的真实写照。

邹碧华曾说:"法律是公平公正的,当然要保护弱者的合法权益。我们要用法的精神解决问题,服务百姓。"2009 年,一位身患白血病的男童让邹碧华"揪心"。5 岁男孩小铭被亲生父母抛弃,爷爷奶奶没钱给孙子看病,走投无路,来到上海市长宁区人民法院,要以小铭的名义起诉他的亲生父母,索要抚养费为其治病。当时,还没有未成年儿童状告亲生父母的案例,法院一时难以立案。时任长宁区法院院长的邹碧华得知后,带领长宁区法院少年庭的法官们开了两天会,研究法条,决定立案。最终，法院将小铭父亲名下的房产划归小铭作为治病的医药费，孩子因此坚强地活了下来。

为了继续提高业务水平，邹碧华持之以恒地学习、钻研。他在核心期刊上发表20多篇论文，还主编撰写了《公司法疑难问题解析》《中国法官助理制度研究》《法庭上的心理学》《要件审判九步法》等十多部著作，其中《要件审判九步法》一书连续两年成为法律出版社的畅销书。很多一线法官评价此书"逻辑清晰、思路严密，审判时按图索骥，大大提高了办案效率"。还有人评价说，"要件审判九步法是法庭上的独孤九剑"。

邹碧华反复强调，在职务上绝不搞"一刀切"。在经过大量数据测算和分析后，邹碧华发现，助理审判员在实际工作中承担的工作量很大，而有的审判员已常年不在办案岗位。因此，他坚持按照新的法官入额办法对现有法官进行考核、考试和遴选，以保证所有入额的法官都是办案骨干。

上海高院民二庭原庭长俞秋玮曾说："我曾问他如何辨别一个人是想做官还是想做事……他的回答是，做官可以混，做事混不了，二者的区别就是'担当'两字。担当需要魄力、决心和勇气，更需要全身心付出。"为了挑起肩头的担子，邹碧华书房的灯经常亮到凌晨。邹碧华走了，但邹碧华精神将永留人世。在他的精神中，党员干部看到了理想信念，人民群众看到了公平正义，法律工作者看到了崇法尚德。在全面深化改革、全面推进依法治国的伟大进程中，邹碧华精神将与我们同在，有如一盏明灯，激励我们前行。

邹碧华同志是新时期公正为民的好法官、敢于担当的好干部。他崇法尚德，践行党的宗旨、捍卫公平正义，特别是在司法改革中，敢啃硬骨头，甘当"燃灯者"，生动诠释了一名共产党员对党和人民事业的忠诚。

学习思考

"燃灯者"就是点亮信仰之光，坚守共产党人的追求。无论是作为新时代的党员干部还是有为青年，我们都应当像邹碧华那样，甘当"燃灯者"。"燃灯者"越多，我们的事业就越兴旺发达，我们的社会就越温暖如春，我们的国家就越充满光明。做"燃灯者"，就要点亮理想之光，彰显信仰力量，始终忠诚党、忠诚人民，坚守共产党人的精神追求；就要发扬奉献精神，为社会传递温暖，欢乐百姓的欢乐、忧虑百姓的忧虑，像善待亲人一样善待百姓；就要敢于担当、勤政敬业，树立问题意识，弘扬改革精神，勇于直面和解决困难矛盾，用铁的肩膀扛起应该肩负的担子。

"人生的价值，应当看他贡献什么，而不应当看他取得什么。"邹碧华以自己的一言一行潜移默化，为我们树立了正确价值观。他用一生书写司法的意义，把对党和人民的热爱融入了自己的信念与追求。我们要学习邹碧华甘当"燃灯者"的精神，乐于

第六章 学习法治思想 提升法治素养

奉献、锐意进取，努力做出无愧于时代、无愧于人民、无愧于历史的业绩。

中国故事 4　申纪兰的底色

人物简介

申纪兰（1929年12月29日—2020年6月28日），女，汉族，出生于山西省平顺县，中共党员，全国劳动模范、全国优秀共产党员、第一至第十三届全国人民代表大会代表、"改革先锋"称号获得者、"共和国勋章"获得者、山西省平顺县西沟村党总支副书记。

申纪兰1946年10月参加工作，1953年8月入党。历任金星农林牧生产合作社副主任、中共平顺县委副书记、山西省妇联主任、长治市人大常委会副主任、全国妇联第二至四届执行委员。

2018年12月18日，党中央、国务院授予申纪兰同志改革先锋称号，颁授改革先锋奖章。2019年9月17日，国家主席习近平签署主席令，授予申纪兰"共和国勋章"。2019年9月25日，被评选为"最美奋斗者"。

2020年6月28日凌晨1时31分，申纪兰在长治逝世，享年91岁。

要幸福就要奋斗

作为全国唯一一位第一至第十三届全国人大代表，60多年来，申纪兰用自己的行动，诠释着一名共产党员的初心和使命，同时也践行了一位人大代表的职责与担当。申纪兰的一生是奋斗的一生。她的命运改变也是从一场奋斗开始的。

1951年12月10日，以李顺达互助组为依托的西沟初级农业生产合作社正式成立，李顺达被选为社长，全村51户，入社的26户，申纪兰则被选为合作社副社长。

为了解决社里缺劳力的困境，申纪兰开始走家串户动员妇女离开锅台、炕台和碾台，走向田间。

横在申纪兰面前的有两个困难，一个困难是"好男人走到县、好女人走到院"的古训，让妇女们走出"院门"都不容易，更别提抛头露面下地劳动；另一个困难是，西沟初级社实行工分制，干1天活儿，男人记工10分，女人只记工5分。很多下地的妇女反映，在外面辛苦一天，还不如在家纳鞋底挣得多。

在申纪兰的提议下，女社员开始跟男社员学技术，比撒肥，比间苗，比锄苗，样样不落后。经过多次争取，妇女们终于能够干一样的活儿，得一样的工分。劳动不分性别，要和效益挂钩，妇女们就这样被发动起来了。

秋后，社委会组织评选劳动模范，总共评选21个，妇女就占了9个，男人们终于服气了。

打坝造地，当年的申纪兰抢锤掌钎、开山放炮、采运石料，干的全是男人干的活儿。在申纪兰的带领下，西沟逐渐有了走得下拖拉机的路，有了满山的树，矗立在

239条大小沟壑中的上千座谷坊和拦洪大坝,彻底改变了西沟人的生存环境,西沟由一个逃荒人聚集的地方变成了山绿、果红、能吃饱的村庄,从组织互助组、合作社,一步步成为全国农村走社会主义道路的典型。

1953年1月25日,《人民日报》报道了申纪兰带领西沟村妇女争取男女同工同酬的事迹,在全国引起了强烈反响。

申纪兰的第一次奋斗,不仅成为中国妇女解放史具有里程碑意义的事件,也将申纪兰送到了世界的舞台。

1953年,申纪兰加入了中国共产党,并被评为全国农业劳动模范。同年4月,申纪兰被选为全国妇女代表,出席了第二次全国妇女代表大会。6月,申纪兰作为中国妇女代表团成员,出席了在哥本哈根举行的世界妇女大会。

"劳动就是解放,斗争才有地位。"申纪兰用实际行动诠释着农村妇女执着的个性和对劳动的信仰。1954年9月,在中华人民共和国第一届全国人民代表大会上,申纪兰提出的"男女同工同酬"倡议被写入了中华人民共和国第一部宪法。

1984年冬天,申纪兰辞去山西省妇联主任的职务,回到西沟,开始了她在改革年代的新奋斗。

带着几名村干部一路南下考察,她办起了平顺县第一个村办企业。村民们回忆,改革开放40年,西沟村的变化翻天覆地,建起了香菇大棚,引进了光伏发电和服饰床品企业,发展起了红色旅游和绿色休闲观光农业。

"幸福都是奋斗出来的。"在申纪兰的带领下,西沟村如今家家户户基本实现"六通"——路通、水通、电通、电话通、闭路通、网络通;建成了4个居民小区;村里建有高标准小学两个、卫生院1个、卫生所1个、敬老院1个、农家书屋1个、农民人均纯收入9 800元。

"我的根在农村,我只是一名农民"

1973年到1983年,申纪兰曾担任山西省妇联主任十年,她坚持"不转户口、不定级别、不领工资、不要住房、不调工作关系、不脱离劳动"。她一辈子坚持自己只是个农民。

在西沟村委门口、村里道路两边有不少石墩子、石条凳,村民们没事就喜欢坐在上面聊天,申纪兰也是一样。村民有时候端着碗坐在路边吃饭,偶尔也会碰到端着碗的申纪兰。

站在村子的路边,能看到申纪兰的一小块玉米地,绿油油的苗子比周围地里的要高一些,壮实一些。申纪兰的邻居张相和说:"她说种地和做人一样,人哄地皮,地皮哄肚皮。种地就实打实地种,别人家上化肥,她坚持往自己的地里上粪疙瘩。"

让村民们印象更为深刻的是,申纪兰虽然担任一些村办企业的董事长,企业的一些产品也打着申纪兰的商标,但是申纪兰既无股份,也不领工资,没从村办企业中拿一分钱。

申纪兰说:"不是西沟离不开我,是我离不开西沟,离不开劳动。我的根在农村,我只是一名农民。"

自我定位为妇女代表、农民代表的申纪兰,曾荣获"全国劳动模范""全国优秀共产党员""全国脱贫攻坚'奋进奖'""改革先锋"等称号。2018年12月18日,党中央、国务院授予申纪兰同志改革先锋称号,颁授改革先锋奖章。2019年9月17日,国家主席习近平签署主席令,授予申纪兰"共和国勋章"。

申纪兰是从电视上得知自己被授予"共和国勋章"的,"党和人民给了我这么高的荣誉,我自己做得太少了,我自己非常感动,也很激动。"她说,"我虽然年龄大了,但还能做一些事情,党需要我,我就要一直干下去,听党话、跟党走,是我一辈子的承诺。"

2020年6月27日早上,申纪兰的病情突然加重。经全力抢救,意识清醒后,她用了一个小时,跟时任西沟村党总支书记的郭雪岗最后一次探讨了村里的工作安排。

申纪兰逝世后,到西沟村参观学习的人仍然络绎不绝。乡政府里那把磨破的皮质椅子,向一拨拨来客无声诉说着"申大姐"对党忠诚、执着为民、甘于奉献、改革创新的故事和精神。村民们说,申纪兰虽然走了,但她的贡献会被永远铭记,她的精神永不落幕,她的故事将永远流传,永远回荡在太行山间。

学习思考

申纪兰,一位地地道道的农村妇女,是中国唯一一位从第一届连任到第十三届的全国人大代表。申纪兰生长在"无土光石头,谁干也发愁"的太行山干石山区。千百年来,顽强的体力劳动是人们生存所需,也培养了山里人劳动的品质和习惯。申纪兰生长在一个崇尚劳动、尊重劳动的时代。她以山里人的艰辛劳动,获得了巨大荣誉,得到了全社会尊重。

66年里,申纪兰提出的建议和议案涵盖三农、教育、交通、水利建设等各个领域。她率先提出的"男女同工同酬",写入1954年《宪法》,为"妇女能顶半边天"奠定了法律和经济基础。也是在中华人民共和国的首届人民代表大会上,中国妇女们第一次真正参与到国家最高权力中心的决策。

申纪兰见证了新中国由弱到强的历史,也见证了人民代表大会制度的诞生与成长。她66年的代表生涯,是观察人民代表大会制度的实践样本。

人民代表大会制度是中国共产党领导中国人民在人类制度历史上的伟大创造。这么多年来,也许人大代表的职业身份会发生改变,关注的现实问题在变,但"中国式民主"的内核始终未变。最广大的人民以主人翁的姿态投身国家治理和社会建设,国家民族前途命运也将牢牢掌握在人民手中。

中国故事 5　"辱邱少云烈士案"：英雄先烈名誉不容侵害

邱少云（1926年7月12日—1952年10月12日），男，汉族，四川省铜梁县（今重庆市铜梁区）人，中共党员。1949年入伍，生前系中国人民志愿军第15军87团9连战士。1952年10月中旬，在抗美援朝一次战斗中，邱少云所在营奉命担负潜伏任务。潜伏前，邱少云向党支部递交了入党申请书，写道："宁愿自己牺牲，决不暴露目标，为了整体，为了胜利，为了中朝人民和全人类的解放事业，愿献出自己的一切。"执行任务过程中，邱少云在距敌前沿阵地60多米的草丛中潜伏时，敌人突然向潜伏区逼近，为了掩护潜伏部队，指挥所命令炮兵对敌进行打击。敌人遭到打击后出动飞机侦察，并盲目发射侦察燃烧弹，一颗燃烧弹正好落在邱少云身边，飞溅的火星溅落在他的左腿上，烧着了他的棉衣、头发和皮肉。他身旁就是水沟，只要往水沟里一滚，就可以把火扑灭。但为了不暴露潜伏部队，他严守纪律，咬紧牙关，双手深深插进泥土中，以惊人的毅力忍受着剧痛，一声不吭、一动不动，直至壮烈牺牲，年仅26岁。上级党委追认他为中国共产党党员。他被中国人民志愿军总部授予"一级英雄"荣誉称号，并追记特等功一次。朝鲜民主主义人民共和国追授他英雄称号和金星奖章、一级国旗勋章。

历史是一个国家、一个民族安身立命的基础。历史就是历史，事实就是事实，任何人都不可改变历史和事实。然而在现实中，一些人把历史当作"任人打扮的小姑娘"，将党史庸俗化、娱乐化，甚至做出贬损、丑化革命烈士、英雄模范的违法犯罪行为。

2013年5月22日，孙杰（微博账号"作业本"）在新浪微博发文对邱少云烈士进行侮辱、丑化，在网络和现实社会中引起了强烈反响。而加多宝公司于2015年4月16日以该公司新浪微博账号"加多宝活动"发博文称："多谢@作业本，恭喜你与烧烤齐名。作为凉茶，我们力挺你成为烧烤摊CEO，开店十万罐，说到做到。"孙杰用"作业本"的账号于2015年4月16日转发并公开回应："多谢你这十万罐，我一定会开烧烤店，只是没定哪天，反正在此留言者，进店就是免费喝！！！"孙杰与加多宝公司以违背社会公德的方式贬损烈士形象用于市场营销的低俗行为，在社会上造成了极其恶劣的影响。

法院认为，将"邱少云烈士在烈火中英勇献身"比作"半面熟烤肉"是对邱少云烈士的人格贬损和侮辱，属于故意侵权行为。尽管被告孙杰已经删除博文并在微博上道歉，但该言论通过微博已大量转载并在网上广泛流传，造成了严重的社会影响。因此，孙杰应当在全国性媒体刊物上予以正式公开道歉，消除不良影响。

为此，2015年6月30日邱少云烈士的胞弟邱少华向大兴法院提起诉讼，要求判令二被告立即停止侵害、消除影响、赔礼道歉，并赔偿原告精神损失费人民币1元。

2016年7月15日上午，该案在北京市大兴区人民法院开庭审理。

2016年9月20日上午，北京市大兴区人民法院对本案进行公开宣判。一审判决二被告于判决生效之日起三日内公开发布赔礼道歉公告，向原告邱少华赔礼道歉，消除影响，该公告须连续刊登五日；二被告连带赔偿原告邱少华精神损害抚慰金1元，于判决生效后三日内履行。

作为公民，孙杰固然享有言论自由的权利，但不应侵犯他人合法权益和社会公众利益。作为知名饮料公司，加多宝公司利用网络社交平台搞营销宣传，本来无可厚非，但越是知名人士、知名公司，就越该明白，拥有话语权和影响力，越应有坚定的社会责任感，传播正确的价值观。侵犯他人权益，必将受到法律严惩。

"对不起，我错了。"庭审结束后，新浪微博账号"作业本"发表微博表示，4年前的那条微博损害了邱少云烈士的名誉，伤害了亲属的感情。通过微博再次向邱少华老先生及亲属诚恳道歉。

2016年9月20日傍晚，加多宝公司通过新浪微博账号"加多宝凉茶"发表声明："今天，加多宝接到了大兴区法院的判决，加多宝在2015年的一次活动中，由于未尽到合理审慎的注意义务，对邱少华老先生及亲属造成了情感伤害，对社会公众造成了负面影响，加多宝表示诚恳的歉意。我们将吸取教训、引以为戒，在今后的企业经营活动中，加多宝将努力回馈社会，传播社会正能量。"

事实证明，强调商业公司在开展商业营销时坚守法律与道德底线，始终有其现实意义。随着新媒体的发展，商业公司的营销手段越来越多，营销技巧也越来越丰富，从某个层面看，商业营销的竞争也越来越激烈。但是，不管技术环境怎么变化，公众对商业营销的底线要求是不会改变的。加多宝公司的败诉，给所有参与网络营销的商业公司一个警示：不要挑战公众的道德底线，也不要把严肃的历史叙述当作儿戏。

近年来，新浪微博、微信等平台迅速崛起，活跃于此类网络平台上的大量"微博大V""知名微信公众号"等自媒体，已经拥有不亚于主流传统媒体的影响力和传播力，随之而来的伴生现象是：一方面，个体言论自由权利的行使更加充分和便利；另一方面，不诚不实的网络言论泛滥，对他人名誉权、隐私权等人格权的侵害变得更为容易和严重。因此，司法机关在处理该类案件时需要审慎权衡，在保护言论自由的前提下，对滥用言论自由侵害他人人格权的行为予以惩罚和制止，这将有利于净化和规范网络空间，引领社会诚信，因为网络言论自由权的行使应当以不妨碍、不侵犯他人自由和权利为前提。

本案是具有广泛示范效应和公益性的案件，本案中邱少云烈士生前在战斗中表现出的舍生取义、爱国为民的精神，在当代中国社会有着广泛的道德认同，是中华民族宝贵的精神财富，同时也是邱少云享有崇高名誉和荣誉的基础。像他一样的许许多多革命先烈的事迹，早已写入了中华民族的共同历史记忆。

邱少云本人的事迹,早已有大量史料记载,更有目睹其牺牲经过的当事人佐证。这样一段明明白白的历史,却还有人肆意歪曲,触碰了中华民族和中国人民的底线。侮辱邱少云不是侮辱一个普通人的问题,而是侮辱了中国人的历史观和道德观。

法院认定被告孙杰发表的言论是对邱少云烈士的人格贬损和侮辱,属于故意的侵权行为,且该言论通过公众网络平台快速传播,已经造成了严重的社会影响,伤害了社会公众的民族和历史感情,同时损害了公共利益,也给邱少云烈士的亲属带来了精神伤害。被告加多宝公司的言论及互动在网络平台上迅速传播,遭到了广大网友的谴责,产生了较大负面影响,再次给邱少云烈士的家属造成了精神损害。

据此,大兴法院依法判决支持原告的全部诉讼请求,北京律师协会理事、海淀副会长张丽霞认为一审判决认定事实清楚,适用法律正确,并且符合公序良俗的原则,弘扬了社会的正能量!共和国英雄先烈的名誉是无价的,任何人都不应当对英雄先烈进行侮辱、污蔑和诋毁,有理性、有良知的共和国公民都不愿意让共和国英雄先烈的名誉受到侵害。

北京市律协理事、宣传联络与表彰工作委员会主任沈腾同时表示,邱少云烈士的名字、形象故事已经是固有英雄符号,已成为整个中华民族固有的精神元素之一。任何人以任何方式误读、误解和抹黑邱少云烈士形象和名称,不单单是损害了家属的心理感受,同时也损害了对邱少云烈士有共同认知所有人的心理感受和精神崇拜。

此次纠纷不像家族式的人格名誉权纠纷,更像是家族纠纷与公益诉讼交叉性诉讼。因为对邱少云烈士语言和形象的贬低,任何人都有义务拿起法律武器保护英雄形象,维护自己的心理损害。

北京市大兴区人民法院的判决,恰恰是回答了这样一个集体概念,英雄形象不容损害。民族精神是一种心理支撑,任何人损害了英雄形象就等于损害了人民心中的信仰。法院在法律程序、法律依据、法律伦理方面都到位,符合法律标准和社会价值标准,也符合民众对英雄精神永存的期待。

学习思考

1952年,在抗美援朝战场上,中国人民志愿军战士邱少云,为了不暴露目标,忍受烈火烧身的剧痛,直至最后牺牲,牺牲时年仅26岁。邱少云的事迹体现了舍生取义、爱国为民的精神,有史料记载,有当事人佐证,是不争的事实。然而在本案例中,被告人通过发表历史虚无主义的言论来搏出位、吸引公众注意力,发表不当言论,对邱少云烈士的人格进行贬损和侮辱,此类言论已构成侵权行为。该行为通过公众网络平台快速传播,并已经造成了严重的社会影响,伤害了社会公众的民族和历史感情,损害了公共利益,给邱少云烈士的亲属带来了精神伤害,遭到了广大网友的谴责。

"灭人之国，必先去其史"。历史记忆是国家和民族的宝贵财富，它犹如一面镜子，映照着人们认知过去、对待自我的态度，也照见了喧嚣背后的世道与人心。今天，我们正踏上实现第二个百年奋斗目标新的赶考之路，实现中华民族伟大复兴的中国梦，是全体中华儿女共同的心愿。英雄烈士是民族脊梁，英雄事迹凝聚着民族情感，是国家自立自强的精神内核。我们要敬畏历史，尊重英雄，让英雄的光辉形象潜移默化地走进每个人心中，用英雄精神汇聚民族复兴的磅礴力量。

捍卫英烈名誉，就是守护红色信仰。英烈不容戏谑，不可污名，不可侮辱！虽然生活在和平国度的我们不需要向英雄烈士那样冲锋陷阵，但我们需要像守护生命一样守护英烈的名誉和荣誉。我们要同歪曲史实、否定英烈事迹、破坏英烈纪念设施、侮辱英烈肖像等行为做坚决的斗争，甚至在必要时要拿起法律武器予以坚决抵制和回击。我们要认真学习贯彻《中华人民共和国英雄烈士保护法》，加强对英雄烈士的保护，维护社会公共利益，传承和弘扬英雄烈士精神和爱国主义精神，培育和践行社会主义核心价值观，激发实现中华民族伟大复兴中国梦的强大精神力量。

五、明辨思考

思考1：谈谈你对依法治国和以德治国的理解。

思考2：当代大学生如何提升自己的法治素养？

六、实践课堂

实践项目1：模拟法庭庭审

通过组织模拟法庭庭审活动，为学生提供一个感受法律、理解法律、运用法律的

平台。这不仅有利于学生熟悉法庭庭审过程，进一步掌握法律实务，感受法律的权威性与公平性，还有利于学生在实践中拓展思维模式，提高辩论技巧，提升分析问题、解决问题的能力，使学生在未来学习、工作和生活中真正做到尊法、学法、信法、守法、用法和护法。

实践方案

（1）任课教师宣布实践活动主题，并明确实践活动要求。

（2）准备阶段。

①选择庭审的案件，根据案件的需要选拔扮演角色的人员并进行角色分配，如法官、书记员、法警、原告、被告、诉讼代理人、证人、后勤等。

②组织学生了解案件梗概、要点及庭审过程。

③带领学生完成模拟法庭的场地申请、布置及宣传任务等。

④组织入选学生排练自己被分配到的角色，在条件允许的情况下可以邀请相关专业人士到现场指导。

（3）实施阶段。

①案情展示。

可以通过情景模拟的方式展现案情，并向在场人员分发事先准备好的案情介绍材料，使在场人员对案件的整体情况有所了解。

②由主持人宣布模拟庭审正式开始。

③法庭庭审阶段。

庭审准备阶段：首先，在开庭之前，书记员检查当事人及相关诉讼人员是否到庭，并宣布法庭纪律；其次，开庭审理时，由审判长核对当事人，宣布审判人员、书记员名单，告知当事人有关诉讼权利和义务，询问当事人是否提出回避申请。

法庭调查阶段：第一，当事人分别陈述诉讼请求和理由；第二，审判长根据当事人分别陈述的诉讼请求以及理由，归纳案件争议焦点或者法庭调查重点，并征求当事人的意见；第三，当事人各自举证及相互质证；第四，法庭出示证据及当事人质证；第五，审判人员认证并就法庭调查认定的事实和当事人争议的问题进行归纳总结。

法庭辩论阶段：第一，原告及其诉讼代理人发言；第二，被告及其诉讼代理人答辩；第三，第三人及其代理人发言或答辩；第四，互相辩论；第五，辩论终结，由审判长按照原告、被告、第三人的先后顺序征询各方最后意见。

合议庭退庭合议。

有奖问答阶段：主持人可根据庭审过程向观众提出不同层次的问题，向答对的同学赠送小奖品，活跃活动现场氛围。

合议庭入庭，由审判长宣读判决书，退庭。

④邀请法律界专业嘉宾对此次活动进行点评。
⑤任课教师对此次活动进行总结。

实践项目2:"我思故我在,我辩故我明"法律辩论赛

实践目的

为丰富学生的课余生活,促进学校的学风建设;锻炼学生的应变、表达能力;提升"思想道德与法治"课程中法律内容的教学实效,加强学生之间的交流,培养学生的团队合作意识,锻炼学生的随机反应能力,举办"我思故我在,我辩故我明"法律辩论赛,引导学生形成一种勤于思考、敢于思辨、善于思辨的良好学习氛围,增强学生对辩论知识的认知,促进学生的全面发展。

实践方案

(一)活动主题

"我思故我在,我辩故我明"

(二)活动安排

1. 赛制环节

(1)初赛要求每5人组成1支参赛队伍(领队1人,队员4人),共组成若干支队伍。班级间(淘汰制)比赛后,每位思政课教师推选1支队伍参加校级组织的半决赛。

(2)推选队伍半决赛通过二轮淘汰制比赛,从中选出6支队伍参加决赛,决赛采用循环记分制,胜队每场记2分,负队每场记1分,最后按分数高低排出冠军队伍1组、亚军队伍2组、季军队伍3组。

2. 奖项设置

(1)团体奖项:本次比赛设冠军、亚军、季军,优秀组织奖若干。

(2)个人奖项:本次比赛将评选出优秀辩手5名(半决赛2名,决赛3名),最佳辩手1名(决赛中产生),最佳领队1名(决赛中产生),向选手颁发荣誉证书及奖品。

(三)辩题参考

辩题1:正方:律师应该为死刑犯做无罪辩护。反方:律师不应该为死刑犯做无罪辩护。

辩题2:正方:真理越辩越明。反方:真理不会越辩越明。

辩题3:正方:情在理先。反方:理在情先。

辩题4：正方：拒绝盗版，消费者扮演比政府更重要的角色。反方：拒绝盗版，政府扮演比消费者更重要的角色。

辩题5：正方：社会良好秩序的形成主要靠道德。反方：社会良好秩序的形成主要靠法律。

辩题6：正方：程序法比实体法更重要。反方：实体法比程序法更重要。

辩题7：正方：恶法是法。反方：恶法不是法。

辩题8：正方：公平与效率相比公平重要。反方：公平与效率相比效率重要。

辩题9：正方：当代中国应该废除死刑。反方：当代中国不应该废除死刑。

（四）辩论程序及细则

1. 辩论程序

辩论赛分立论、攻辩、自由辩论及总结陈词四个程序进行，具体程序如下：

（1）知己知彼：正方一辩发言3分钟，反方一辩发言3分钟。

（2）防守反击：

①反方二辩和正方三辩进行一对一攻辩；反方二辩先发问，2分钟（双方各1分钟）。

②正方二辩和反方三辩进行一对一攻辩；正方二辩先发问，2分钟（双方各1分钟）。

③正方一辩进行攻辩小结1分钟。

④反方一辩进行攻辩小结1分钟。

（3）短兵相接：双方轮流发言，正方先开始，10分钟（双方各5分钟）。

（4）一锤定音：反方四辩总结陈词4分钟，正方四辩总结陈词4分钟。

2. 辩论细则

（1）知己知彼阶段：开篇立论无须在理论的层面上过多纠缠。立论要求逻辑清晰，言简意赅。

（2）防守反击阶段：由反方二辩、正方三辩和正方二辩、反方三辩进行一对一攻辩。正反方一辩做攻辩小结。每次发言简洁明了，各方累计时间不得超过1分钟。攻辩双方必须单独完成本轮攻辩，不得中途更替。每一轮攻辩，攻辩角色不得互换，辩方不得反问，攻方也不得回答问题。攻方提问应贴近辩题，不宜刁难。辩方回答时应有针对性，切忌答非所问。重复提问和回避问题的要被扣分。正反方选手站立完成每一轮攻辩，在规定时间内辩方选手落座视为完成本轮攻辩。

两轮攻辩阶段完毕，先由正方一辩再由反方一辩为本队做攻辩小结。正反双方的攻辩小结要针对攻辩阶段的态势及涉及内容，对脱离比赛实际状况的背稿，相应扣2~5分。

(3) 短兵相接阶段：自由辩论发言必须在两队之间交替进行，首先由正方发言。各队耗时按累计计算。发言辩手落座为发言结束，即为另一方发言开始的计时标志，另一方辩手必须紧接着发言，若有空隙，累计时照常进行。

同一方辩手的发言次序、次数、用时不限。如果一方时间已经用完，另一方可以继续发言，也可向主席示意放弃发言。

提倡积极交锋，对重要问题回避交锋两次以上的一方扣 2～5 分，对于对方已经明确回答的问题仍然纠缠不放的，适当扣 5～10 分。

自由辩论赛要求简洁明了，加强本方观点，机智有力地反驳对方论点，不能流于空洞无物的攻击，有意回避对方的质询及发生观点、语言的混乱。

提倡辩手语言平和、自然，不提倡咄咄逼人，气势汹汹，以及朗诵、表演的语言风格。倡导良好辩风，注重普及知识、启迪智慧和展示风度，切忌搞人身攻击，尽量避免政治人物、政治事件，尽量避免当前敏感的国际问题和民族、宗教问题。

(4) 一锤定音阶段：辩论双方应针对辩论赛整体态势进行总结陈词，并注意升华辩题内涵；脱离实际，背诵事先准备的稿件，适当扣 2～5 分。

（五）评分标准及胜负判断

1. 胜负判断

每场比赛的胜负判断由五个老师的综合评定决定，分数高者获胜。单场最佳辩手只作为个人奖项的评审依据，与判断每场胜负无关。单场最佳辩手由评委集体商议评出，不设置分数标准。

2. 评分标准

(1) 团体部分。

审题：对所持立场能否从逻辑、理论、事实等多层次、多角度理解，论据是否充足，推理关系是否明晰，对本方的难点是否有较好的处理方法。

论证：论证是否有说服力，论据是否充分，推理过程是否合乎逻辑，事实引用是否得当。

辩驳：提问是否能抓住对方的要害，问题是否简单明了。是否能正面回答对方的问题，能否给人以有理有据的感觉。不回答或不正面回答应相应扣分。

配合：是否有团队精神，能否相互支持，论辩衔接是否流畅，自由辩论时发言是否错落有致，回答是否形成一个有机整体，给对方有力打击。

辩风：语言是否流畅、用词得当、语调抑扬顿挫、语速适中，是否尊重对方辩友、尊重评委、尊重观众；表演是否得当，落落大方，且有幽默感。

(2) 个人部分。

仪表：举止是否落落大方，是否能适当地运用身体语言。

论证：陈词是否流畅，说理是否透彻，逻辑性是否强，引用实例是否得当。

辩风：提问是否合适，回答是否中肯，反驳是否有力、有理，反应是否机敏，用语是否得体。不能言辞过激，影响对方辩手的情绪，不能针对对方辩手做人身攻击，否则适当扣分。

3. 评分表

团队评分表如表 6-1 所示。

表 6-1 团队评分表

辩论队	审题 20 分	论证 20 分	辩驳 20 分	配合 20 分	辩风 20 分	总分
正方						
反方						

个人评分表如表 6-2 所示。

表 6-2 个人评分表

	辩手姓名	仪表 20 分	论证 40 分	辩风 40 分	总分
正方					
	辩手姓名	仪表 20 分	论证 40 分	辩风 40 分	总分
反方					

▶▶ 在线答题

参 考 文 献

[1] 黄旭华：为国隐"功"埋名 30 年的中国核潜艇先驱，https：//news. southcn. com/node_f0c2558359/e3e4fe5cb6. shtml.

[2] 心中的长征 青春的赞歌，http：//images1. wenming. cn/web_wenming/sdkm/hwxiu/yxjl/201907/t20190702_5170926. shtml.

[3] "共和国勋章"获得者张富清一辈子坚守初心 深藏功名 不改本色，https：//baijiahao. baidu. com/s? id=1752862264193525581&wfr=spider&for=pc.

[4] 王杜娟：掘进"民族盾构梦"，https：//www. workercn. cn/c/2022－08－05/7125804. shtml.

[5] 致敬艾爱国：平凡的"爱"只为中"国"，https：//tougao. 12371. cn/gaojian. php? tid=5116559.

[6] 困难面前不低头 敢把沙漠变绿洲——甘肃古浪县八步沙林场"六老汉"治沙造林精神的启示，http：//www. wenming. cn/sdkm/8bs6lh/xxfx/202004/t20200416_5530370. shtml.

[7] 拉齐尼·巴依卡：永不折翅的"帕米尔雄鹰"，https：//m. gmw. cn/baijia/2021－03/03/34658059. html.

[8] 感动中国丨江梦南：从无声的世界里突围心中有嘹亮的号角，https：//baijiahao. baidu. com/s? id=1726639875651751113&wfr=spider&for=pc.

[9] 专访丨主持人陈贝儿：我们的拍摄也是一条"无穷之路"，https：//baijiahao. baidu. com/s? id=1744178702659650193&wfr=spider&for=pc.

[10] 弘扬科学家精神丨"为了搞航空，我把母亲给牺牲了……"，https：//www. thepaper. cn/newsDetail_forward_23095612.

[11] 顾诵芬：造飞机、卫祖国，一生的事业！，https：//m. gmw. cn/baijia/2022－06/15/1302998036. html.

[12] 百年芳华 青运人物 丨 陈独秀：新青年应是怎样的?，https：//m. thepaper. cn/newsDetail_forward_17890491.

[13] 屠守锷："洲际导弹"之父，国家派军队保护，打破国外技术封锁，https：//m. 163. com/dy/article/HBR0D8P605531HL3. html.

[14] "人民科学家"南仁东，https：//mp. weixin. qq. com/s?__biz=MzUzaNDc2-MDk1Mg==&mid=2247489240&idx=1&sn=90a253c03e081341ac701c223-be27a4f&chksm=&scene=27.

[15]《南海名人》系列：詹天佑－中国铁路之父，http：//www. nanhai. gov. cn/fsnhq/rwnh/nhfz/gjnh/content/post_4858388. html.

[16] "中国氢弹之父"于敏：隐姓埋名28年与核共舞，最大遗憾亏欠妻子，https：//www.sohu.com/a/628689259_121643671.

[17] 情系高原的齐鲁赤子孔繁森，http：//sd.subaoxw.com/sdyw/2021/0605/12915.html.

[18] 樊锦诗：我心归处是敦煌，https：//baijiahao.baidu.com/s?id=16480-55657417316120&wfr=spider&for=pc17.

[19] 张桂梅：用生命托起大山的希望，https：//baijiahao.baidu.com/s?id=1694257699764136282&wfr=spider&for=pc18.

[20] 先生｜于漪：一辈子做老师，一辈子学做老师，https：//m.gmw.cn/baijia/2022-02/23/1302816640.html.

[21] 谭竹青：为官一任 为国分忧 为民解难，https：//www.cctv.com/chinatvonline/special/C15332/01/index.shtml.

[22] 中铁一局电务公司电力工高级技师窦铁成——施工现场成长的"工人教授"，http：//cpc.people.com.cn/n1/2019/0214/c421684-30671091.html.

[23] 二十三载无怨坚守 绽放大凉山最美索玛花，https：//www.sohu.com/a/307438905_100253948.

[24] 宋玺："海军蓝"锻造的"国系'90后'"，https：//baijiahao.baidu.com/s?id=1674223963614750418&wfr=spider&for=pc.

[25] 中国甘肃网记者手记：八步沙"六老汉"治沙先进事迹家喻户晓 感召陇原儿女再续绿色生态传奇，https：//new.qq.com/rain/a/20230418A01NH200.

[26] "七一勋章"获得者｜"当代愚公"黄大发：绝壁天渠映初心，https：//baijiahao.baidu.com/s?id=1706077134081445938&wfr=spider&for=pc8.

[27] 卓越工程师｜孔祥瑞：蓝领专家 港务专才，https：//baijiahao.baidu.com/s?id=1719666764782047791&wfr=spider&for=pc.

[28] 人民日报刊文追记吴孟超：披肝沥胆 医者仁心，https：//baijiahao.baidu.com/s?id=1700502457475933444&wfr=spider&for=pc.

[29] 「爱国情 奋斗者」庄仕华：爱洒边疆 肝胆相照民族情，https：//baijiahao.baidu.com/s?id=1635920204844943735&wfr=spider&for=pc.

[30] 全国"最美公务员"段莉萍，再添一个荣誉，https：//www.thepaper.cn/newsDetail_forward_11939208.

[31] 「致敬公安英雄」张库：忠诚履职 全力守护首都西南大门，https：//baijiahao.baidu.com/s?id=1714016742718977668&wfr=spider&for=pc.

[32] 做一个有专业思维方式的法官——追记司法为民公正司法的模范法官邹碧华，https：//www.chinacourt.org/article/detail/2015/02/id/1558223.shtml.

[33] 申纪兰，让我们再次走近您，https：//baijiahao.baidu.com/s?id=1651542-10465-8162904&wfr=spider&for=pc.

[34] 英烈名誉不容诋毁 警惕历史虚无主义，https：//www.chinacourt.org/article/detail/2022/05/id/6669147.shtml.